Die Nikitin-Kinder sind erwachsen

Nikitin/Butenschön

Die Nikitin-Kinder sind erwachsen

Ein russisches Erziehungsmodell auf dem Prüfstand

Aus dem Russischen übersetzt von
Marianna Butenschön, Ingrid Gloede,
Brigitte van Kann, Tatjana Wassenberg

Kiepenheuer & Witsch

© 1990 by Verlag Kiepenheuer & Witsch, Köln,
Alle Rechte vorbehalten. Kein Teil des Werkes darf in irgendeiner Form
(durch Fotografie, Mikrofilm oder ein anderes Verfahren) ohne schriftliche
Genehmigung des Verlages reproduziert oder unter Verwendung elektroni-
scher Systeme verarbeitet, vervielfältigt oder verbreitet werden
Aus dem Russischen von Brigitte van Kann (I, 1–3; IV, 2)
Ingrid Gloede (I, 4; II, 1–3, V, 2–3) Tatjana Wassenberg (III, 1–3)
Marianna Butenschön (IV, 1; V, 1)
Umschlag Manfred Schulz, Köln, nach einer Konzeption von Hannes Jähn
Satz Froitzheim, Bonn
Druck und Bindearbeiten Spiegel, Ulm
ISBN 3 462 02031 5

Inhalt

Gesprächsteilnehmer

LA   – Lena Alexejewna
BP   – Boris Pawlowitsch
Al   – Alexej, Aljoscha
An   – Anton, Antoscha
O   – Olga, Olja, Oljetschka, Oljenka
Ju   – Julija, Julka
A   – Anja, Anka, Anjuta
I   – Iwan, Wanja, Wanka
L   – Ljubow, Ljuba, Ljubotschka
Je   – Jelena, Lena/ Alexejs Frau
K   – Katja, Katjuscha/ Antons Frau
M   – Marianna Butenschön
Im Laufe der Gespräche werden erwähnt:
Natascha, Nataschka, Alexejs Tochter
Nadja/ Olgas Tochter
Aljoscha/ Antons Sohn
Tolja/ Olgas Mann
Kolja/ Anjas Mann

Vorwort

Das Buch, das Sie in den Händen halten, ist ein ganz und gar ungewöhnliches Buch aus der Sowjetunion. Es ist deshalb so ungewöhnlich, weil es auf Gesprächen beruht – auf Gesprächen, die ich in Bolschewo mit den Nikitins geführt habe, jener Pädagogen-Familie, die immer noch Rußlands berühmteste und umstrittenste Familie ist. Und weil es sich um Gespräche handelt, in denen jeder sagt, was er denkt, ist es auch ein sehr ehrliches und aufrichtiges Buch.

Es wendet sich in erster Linie an Leser, die seit langem »Nikitinianer« sind und gespannt auf Nachrichten aus Bolschewo warten. Es ist aber auch ein Buch für Leser, die sich ganz allgemein für Fragen der frühkindlichen Erziehung interessieren. Es ist überdies ein aktuelles Sowjetunion-Buch, wie es in dieser Form in der Fülle der »Perestrojka«-Bücher nicht zu finden ist.

Ich möchte nun bewußt davon absehen, das vorliegende Buch inhaltlich zu kommentieren. Es spricht für sich selbst. Aber wie es entstanden ist, möchte ich schon erzählen. Das ist eigentlich eine längere Geschichte, aber, kurz gesagt, war es so:

»Was ist eigentlich aus den Nikitin-Kindern geworden«, wurde und werde ich bis heute in zahlreichen Zuschriften gefragt. Das hat mich natürlich auch interessiert, den Verlag sowieso, und deshalb bin ich im März 1988 zwei Wochen in Moskau gewesen und habe die Nikitins von dort aus täglich in Bolschewo besucht. Die Erlaubnis dafür zu bekommen war nicht einfach, weil Bolschewo faktisch Sperrgebiet ist, obwohl der Ort nach der reinen Kilometerentfernung innerhalb des für Ausländer »erlaubten« Umkreises der sowjetischen Hauptstadt liegt. Deshalb hat die Nachrichtenagentur

Nowosti, die auch für die Betreuung ausländischer Journalisten in der UdSSR zuständig ist, sich anderthalb Jahre lang nicht entschließen können, mich offiziell dorthin zu lassen. Das hing aber vielleicht auch mit der nach wie vor ablehnenden Haltung der Bildungsbürokratie gegenüber der Familie Nikitin und ihren unorthodoxen Erziehungsmethoden zusammen. Erst nachdem am 8. Januar 1988 in der Parteizeitung *Prawda* unter dem Titel »Ein Schatz in unseren Händen« ein Interview des Schriftstellers und Soziologen Jurij Rjurikow mit den »alten« Nikitins erschienen war, bekam ich plötzlich »grünes Licht« für den geplanten Besuch und das neue Buch. Die Perestrojka hatte also auch Bolschewo erreicht.

Ehrlich gesagt, hatte ich bei der Durchführung meiner Idee, ein »Gespräche-Buch« zu machen, allergrößte Hemmungen. Letztlich ging es ja darum, die Familie auszufragen. Aber ich hatte die Nikitins seit 1981 nicht mehr gesehen und auch nur wenig über sie gelesen. Die »Kinder« waren längst erwachsen. Alexej, Anton, Olga und Anja haben eigene Familien. Ich würde es also mit sieben jungen Leuten zu tun haben, die mir, einer Fremden und Ausländerin dazu, Auskunft über sich geben sollten – ein unerhörter Eingriff in die Intimität der »Altfamilie« und der jungen Familien, die ohnehin lange genug im Zentrum der pädagogischen Diskussion in der Sowjetunion gestanden haben und von Neugierigen im Übermaß bedrängt worden sind.

War es überhaupt möglich, sieben Biographien an die Öffentlichkeit zu zerren, und wie sollten die Fragen formuliert werden? Würden die Nikitins überhaupt geschlossen mitmachen wollen? Und *wie* würden sie über sich reden? Über die Eltern und ihre Beziehung zu ihnen? Schließlich sollten Lena Alexejewna und Boris Pawlowitsch ja an dem Familiengespräch teilnehmen. Überdies war mir auch ganz klar, daß ich in vierzehn Tagen das Leben von sieben jungen

Menschen und ihren Familien nicht würde ergründen können. Das Ergebnis der Gespräche würde notwendig fragmentarisch bleiben, unvollständig, aber vielleicht nicht oberflächlich ...

In Bolschewo wurde ich mit offenen Armen und warmer Herzlichkeit empfangen. Trotzdem war es nicht leicht, einen Anfang zu finden. Es stellte sich nämlich heraus, daß nicht alle Nikitins von der Idee eines neuen Buches begeistert waren.

Natürlich, Boris Pawlowitsch, der rührige Vater, der sich unter seinen Namen auf der Visitenkarte die Bezeichnung »Berufsvater« hat drucken lassen, war unbedingt dafür. Der inzwischen 73jährige, dem man sein Alter nicht anmerkt, ist nach wie vor leidenschaftlich und temperamentvoll damit beschäftigt, sein »Familienexperiment« zu propagieren und die sowjetische Öffentlichkeit über Wege der frühkindlichen Erziehung aufzuklären.

Ich habe selbst erlebt, wie Boris Pawlowitsch an einem jener letzten Sonntage im Monat, an denen wißbegierige Eltern aus allen Teilen der UdSSR nach Bolschewo strömen, im »Gesellschaftlich-politischen Zentrum« in der Isajewstraße drei Stunden lang im Stehen vor Hunderten von Zuhörern Vortrag hielt und anschließend auf Fragen antwortete, umgeben von seinen Schautafeln und Tabellen.

»Die Familie ist gewachsen, und auch das, was ich die ›nicht-traditionelle‹ Erziehung nenne, ist gewachsen«, begründet Nikitin sein Interesse an dem neuen Buch. »Darüber weiß man wenig, im Ausland weiß man wenig darüber und bei uns auch nicht.« Boris Pawlowitsch hofft, daß das Buch, nachdem es in deutscher Sprache erschienen ist, auch in der UdSSR gedruckt werden wird.

Lena Alexejewna, der ruhende Pol, die Seele der Familie, sprach sich auch für dieses Buch aus, aber aus einem anderen Grund. Sie, die im Laufe der Jahre viel Abstand zu dem gewonnen hat, was in der Familie und mit der Familie geschah, und mit kritischen Anmerkungen nicht hinterm Berg hält, sagte zu der Buchidee: »Wer A sagt, muß auch B sagen, ob wir das wollen oder nicht.« Sie und ihr Mann hätten mehrfach versucht, eine Fortsetzung der ersten Bücher zu schreiben, aber das sei nicht gelungen, weil es ihr schwer gefallen sei, »Aussagen über ihre erwachsenen Kinder zu machen und damit in das Leben selbständiger Menschen einzugreifen«. Sie sei aber für das Buch, »weil wir vor den Menschen dazu verpflichtet sind, die uns bisher gefolgt sind«.

Auch Alexej fand, daß es an der Zeit sei, »Bilanz zu ziehen«, Bilanz dessen, was »wohl oder übel« als »Experiment« zu bezeichnen sei. Alexej ist überzeugt, daß es »einige Dinge gibt, die für andere nützlich sein könnten«. Dagegen wollte Anton sich kein Urteil darüber erlauben, ob die Familienerfahrung von Bolschewo irgend jemandem von Nutzen sein könnte. In diese Richtung gingen auch die Überlegungen von Julija, die meinte, daß die beabsichtigten Gespräche »für uns selbst am interessantesten« sein würden, vorausgesetzt allerdings, »daß wir offen zueinander sind«.

Neu war für mich im Laufe der ersten Gesprächsrunde, in der es um den Sinn des neuen Buches ging, daß die Nikitins mit dem, was in der sowjetischen Presse all die Jahre über sie geschrieben wurde, mehr als unzufrieden sind. Die allermeisten der über 400 Veröffentlichungen in Zeitungen und Zeitschriften, die Boris Pawlowitsch in dicken Aktenordnern verwahrt, finden die jungen Nikitins »nicht objektiv«, »häufig gedankenlos«, mit wenigen Ausnahmen sogar »einfach schlimm«. Warum?

Die Kinder wurden entweder zu positiv oder zu negativ dargestellt. Besonders Anja hat immer geärgert, »daß man über uns geschrieben hat, als ob wir nicht normal wären«.

Die Journalisten hätten viel zu häufig mit dem einfachen Ziel über sie berichtet, Neugier zu wecken. »Und darunter hatten wir«, so fand Olga, »ziemlich stark zu leiden.«

Aus den Texten der Eltern wurden immer wieder kritische Überlegungen und Selbstzweifel, die vor allem Lena Alexejewna vorbrachte, gestrichen oder verkürzt übernommen. »Alles, was über uns geschrieben wurde«, so meinte Julija, die Radikale der Familie, schließlich, »ist totaler Blödsinn und hat mit der Realität überhaupt nichts zu tun.« Die Idee, das neue Buch als Gespräche-Buch zu konzipieren, wurde daher von allen begrüßt, weil es unter diesen Umständen am besten sein würde, »wenn wir selbst über uns erzählen«.

Um so dankbarer bin ich für das Vertrauen, das die ganze Familie mir entgegengebracht hat. Alle Nikitins haben die für den Druck vorbereiteten Texte gelesen und genehmigt. Ich kann daher nur noch einmal sagen, daß ein wirklich aufrichtiges, ein wahres Buch zustandegekommen ist.

Wer sich nun aber denkt, es sei leicht gewesen, alle Gesprächsteilnehmer am runden Tisch zu versammeln, der irrt! Es war ein umfangreiches logistisches Unternehmen, das meine Nerven auf eine harte Probe gestellt hat. Denn zur Durchführung der Gespräche mußten ja auch alle sieben »Kinder« nach Bolschewo kommen. Da Alexejs Frau Jelena und Antons Frau Katja auch mitmachen wollten, tauchte das Problem der Unterbringung ihrer vier Kinder auf. Sie mußten mitgebracht werden. Anjas Mann Kolja, Lehrer von Beruf, war unabkömmlich, so daß Anja allein mit drei kleinen Kindern aus Perm angereist kam. Da waren insgesamt sieben Nikitin-Enkel zu Gast. Hinzu kamen die beiden Töchter von Olga, die mit ihnen und ihrem Mann Tolja, einem Chemiker, in zwei Zimmern des Hauses ihrer Eltern in Bolschewo lebt. Auch Julija, Iwan und Ljuba wohnen noch bei den Eltern. Mit einem Wort, an jenem Wochenende, als wir nach tagelangen Vorbereitungen endlich beginnen konnten, hielten sich 18 Personen in der Graschdanskaja-Straße 53 auf, und das alte Haus glich einem Bienenstock.

Natürlich konnten die Gespräche auch erst beginnen, nachdem die kleinen Kinder abgefüttert und ins Bett gebracht worden waren. Auch das ständig klingelnde Telephon mußte schließlich abgeschaltet werden. Das schloß allerdings nicht aus, daß immer wieder Besucher eintrafen, die gerne zuhören wollten...

Zum Glück hatte Alexej sich bereit erklärt, nicht nur die Fragen mit mir zusammen zu konzipieren, sondern auch die Gesprächsleitung zu übernehmen, so daß ich mich auf das Zuhören und gelegentliche Zusatzfragen beschränken konnte. Die Tatsache, daß Alexej »talkmaster« war, hat sicher dazu beigetragen, daß er die Runde dominiert. Anton, ein großer Schweiger, ließ am liebsten die anderen reden. Olga, eine feine junge Frau, war auch eher zurückhaltend, was allerdings daran gelegen haben mag, daß sie nach einem langen Arbeitstag einfach erschöpft war. Julija, sehr lebhaft und skeptisch, war das Salz in der Suppe. Von ihr kamen die bissigsten Einlassungen, und häufig hat sie das Gespräch durch provokante Bemerkungen vorangebracht. Anja war auch sehr offen und gerne bereit zu erzählen. Iwan, ein ruhiger junger Mann, löste mit seinem trockenen Humor immer wieder Lachsalven aus. Ljuba, als jüngste in der Runde von den älteren Geschwistern immer noch nicht so richtig ernstgenommen, hat trotzdem gut mithalten können. Alles in allem saß da ein munteres Völkchen beisammen, das sich stritt, längst nicht immer einer Meinung war und auch ständig durcheinander redete, was die Redaktion der Texte nicht gerade erleichtert hat.

Ja, was ist nun also aus ihnen geworden, den berühmten Nikitin-Kindern? Als ich diese Frage gleich nach meiner Ankunft Lena Alexejewna stellte, sah sie mich abwartend an und antwortete mit einer Gegenfrage: »Meinen Sie, was beruflich aus ihnen geworden ist, oder meinen Sie, was für Menschen aus ihnen geworden sind?«

Eine Karriere im landläufigen Sinn hat keines der Nikitin-Kinder gemacht. Nicht einmal Alexej und Anton haben promoviert, aber beide sind das geworden, was sie immer werden wollten: Physiker der eine, Chemiker der andere. Alexej, geb. 1959, arbeitet, nach einem Umweg als Lehrer, im Physikalischen Institut der Akademie der Wissenschaften. Anton, geb. 1960, arbeitet in einem chemischen Werk. Olga, geb. 1962, ist Juristin geworden und arbeitet in der Rechtsabteilung eines großen Betriebes in Bolschewo. Anja, geb. 1964, ist nicht Kinderärztin geworden, sondern »nur« Krankenschwester in einem Bezirkskrankenhaus im Gebiet Perm. Julija, geb. 1966, wäre gerne Schriftstellerin oder Journalistin geworden, hat aber den Beruf einer Bibliothekarin erlernt, der ihr überhaupt nicht zusagt. Iwan, geb. 1969, hat technischer Zeichner gelernt, fühlt sich aber neuerdings auch zu den Geisteswissenschaften hingezogen. Ljuba, das 1971 geborene »Nesthäkchen«, arbeitet als Hilfskraft in einer Bibliothek und ist damit auch nicht zufrieden. Sie wäre gerne Kostümbildnerin geworden.

Alexej, Anton, Olga und Anja erklären, daß sie sich beruflich »verwirklicht« hätten, Anja mochte eine Fortsetzung ihres Studiums nicht ausschließen. Julija und Ljuba sind, man kann es nicht anders sagen, kreuzunglücklich über ihre Berufswahl, Iwan dürfte noch mit Überraschungen aufwarten...

Für mich stellte sich nun sehr schnell die Frage, warum diese intelligenten und begabten jungen Leute, die so zielstrebig erzogen wurden, die Möglichkeiten, die in ihnen angelegt waren, allem Anschein nach nicht in vollem Umfang nutzen konnten. Auf diese komplizierte (und vielleicht sogar unzulässige) Frage gibt das vorliegende Buch eine ganze Reihe von Antworten.

Zum einen hat die Schule die Kinder in ihrer Entwicklung zurückgeworfen, eine Tatsache, die viele Leser der ersten Nikitin-Bücher geradezu verblüffen dürfte. »Wir sind dort alle gebremst worden«, heißt es an einer Stelle, »die Schule bringt einem nicht einmal das Lernen bei« an einer anderen. Alle Nikitin-Kinder sind sich darüber einig, daß sie »die ganze Schulzeit von der frühen Entwicklung gezehrt haben«.

Aus einigen Gesprächspassagen, die aus Platzgründen gestrichen werden mußten, ergibt sich noch deutlicher, daß die Nikitins die Schule, man kann es nicht anders sagen, als »Horrortrip« in Erinnerung behalten haben. »Die Schule war etwas ganz Furchtbares, und nach dem Abschluß mußte man alles so schnell wie möglich wieder vergessen«, sagt Alexej, der die Schule als »organisierten Unfug« und als »System der Unterdrückung« erlebt hat. »In der Schule lief alles in tief eingefahrenen Bahnen«, erinnert sich Iwan, »da war alles von anderen ausgedacht.« Das war, nach den ungebundenen Jahren der frühen Kindheit, wohl der größte Schock für die sieben Kinder. »Da muß etwas Einschneidendes mit uns passiert sein«, meint Julija, die sich auch nur ungern an die Schulzeit erinnert.

Zum anderen war die sowjetische Gesellschaft der sechziger und siebziger Jahre, die heute als »Jahrzehnte der Stagnation« bezeichnet werden, so beschaffen, daß sie begabten Kindern außerhalb der Schule keine Gelegenheit zu individueller Entfaltung bot. »Unsere Möglichkeiten sind nur in geringem Maße realisiert worden und das auch nur durch unsere eigenen Bemühungen«, so lautet Alexejs Befund, »als wir anfingen, bewußt am Leben teilzunehmen, brauchte unsere Gesellschaft keine fähigen Köpfe. Sie waren im Grunde überflüssig, und es gab für sie keinen gangbaren Weg.«

Natürlich fragte ich mich, als ich all das hörte und aus dem Staunen nicht herauskam, ob beruflicher Erfolg überhaupt

ein Kriterium für »erfolgreiche« Erziehung ist. Natürlich
nicht. Was ist das überhaupt, eine gelungene Erziehung? Ich
weiß es nicht. Aber ich werde nicht vergessen, welches Erstaunen die Tatsache in mir auslöste, daß die »Wunderkinder« von Bolschewo in der Schule gescheitert waren. Aber
vielleicht habe ich, und damit dürfte ich nicht allein stehen,
vor zehn, fünfzehn Jahren vieles von dem, was ich aus Bolschewo hörte, mißverstanden?
Sie habe keine »Wunderkinder« erziehen wollen, sagte mir
Lena Alexejewna in der Rückschau, sondern selbständige
Menschen, die für sich eintreten und »nein« sagen können.
Das war für die UdSSR der sechziger und siebziger Jahre ein
unerhörtes Ziel, und dazu hat die »Schule des Wettstreits«,
die in Bolschewo mit Hilfe der vielen sportlichen Wettkämpfe, der Spiele und der Tests praktiziert wurde, bestimmt ganz erheblich beigetragen. Aussagen der jungen Nikitins wie »Jeder von uns war in der Familie auf seine Weise
der Größte« oder »Wir sind von Anfang an respektiert worden« lassen darauf schließen, und das ist auch im Kreise der
Familie deutlich zu spüren, daß in Bolschewo ein basisde-
mokratisches Familienmodell verwirklicht wurde, dessen
Wert in einer spättotalitären oder autoritären Gesellschaft
gar nicht hoch genug eingeschätzt werden kann, in einer Gesellschaft, in der dem einzelnen nichts Schlimmeres passieren
kann, als anders zu sein als die anderen, intelligenter, unan-
gepaßter und anspruchsvoller.
Auf der anderen Seite muß ich aber auch gestehen, daß ich
mich, als ich die Gespräche dann das erste Mal *las*, unwill-
kürlich an die Theaterstücke von Anton Tschechow, besonders an *Die drei Schwestern*, erinnert fühlte. Die »Gespräche
in Bolschewo« sind nämlich sehr russisch. Stichworte wie
»Ausweglosigkeit«, Aussagen wie »Und wie gerne hätte ich
etwas gelernt« und »Wie gerne würde ich etwas tun« (Julija),
»Man macht etwas, was niemanden interessiert« (Ljuba), die

ständigen Klagen über den allgemeinen Mangel an Kultur im Lande, aber auch die Art und Weise, wie die Eltern ihre Kinder charakterisieren, deuten darauf hin, daß die jungen Nikitins keine »Kämpfernaturen« geworden sind. Sie können ihre Situation analysieren, aber können sie auch handeln? Einigen von ihnen mangelt es, ganz wie den Personen bei Tschechow, vielleicht doch ein wenig an Energie und Durchsetzungsvermögen.

Wo liegt also das Besondere an diesem »Familienexperiment«, was haben die Eltern erreicht? Die jungen Nikitins schwören darauf, daß ihnen die »frühe Entwicklung«, die übrigens eine heftige kontroverse Diskussion auslöste, eine »gewisse Leichtigkeit beim Lernen«, die Fähigkeit, »sich mit allem Möglichen sinnvoll zu beschäftigen« gegeben hat. Die vier Älteren, die mit ihrer beruflichen Situation zufrieden sind, meinen, daß sie in jedem Beruf »eine gute Fachkraft« geworden wären, weil sie gelernt hätten, akkurat zu arbeiten, und weil die »frühe Entwicklung« ihnen ein »breites Feld von Möglichkeiten« eröffnet hätte.

Ein Nebeneffekt des Familienlebens in Bolschewo, das sich ja relativ isoliert von der Umwelt vollzog, war sicher der enge Zusammenhalt in der Familie. »In der Familie war es immer am schönsten«, sagte Julija einmal, und der liebevolle Umgang, den die Großfamilie miteinander pflegt, ist einer der stärksten Eindrücke, die ich mit nach Hause genommen habe.

Ich glaube, daß ich auch eine Antwort auf die Gegenfrage von Lena Alexejewna gefunden habe, »was für Menschen« ihre Kinder geworden seien. Liebenswerte, intelligente, integre junge Leute, denen der Ruhm nicht zu Kopf gestiegen ist, denen dieser Ruhm vielmehr enorm zu schaffen macht. Und das spricht für sie.

Bleibt noch die Frage, woher die ungeheure Popularität der Nikitins in der UdSSR rührt. Zum Teil sicher daher, daß die offizielle Pädagogik sie entweder angefeindet oder totgeschwiegen hat. Von den 1700 Mitarbeitern der Akademie der pädagogischen Wissenschaften hat es all die Jahre kein einziger für nötig gehalten, nach Bolschewo zu fahren und sich angemessen mit der »nicht-traditionellen« Erziehung der Familie auseinanderzusetzen. In der sowjetischen Gesellschaft ist aber gerade das, was offiziell mißbilligt wird, Garantie für Qualität im weitesten Sinn – wenn die Obrigkeit etwas nicht mag, kann das Abgelehnte nur Vorzüge haben. Auf der anderen Seite besteht in dieser Gesellschaft tatsächlich ein echter Mangel an Informationen, auch im Bereich der frühkindlichen Erziehung. Die Kindergärten sind zu Aufbewahrungsanstalten degradiert, in denen die Kinder viel zu häufig krank werden, ein Problem, das insbesondere berufstätige Mütter vor riesige Probleme stellt, denn kranke Kinder sind auch in der Sowjetunion ein Mütterproblem.

Diese beiden Faktoren, der Mangel an Aufklärung und das Versagen der vorschulischen Einrichtungen, dürften die Hauptgründe für die Tatsache sein, daß die Bücher der Nikitins zu Bestsellern wurden. Sie alle sind in riesigen Auflagen erschienen, wie zum Beispiel das letzte Buch *Wir und unsere Kinder*, Moskau 1980, von dem 200 000 Exemplare gedruckt wurden. Zwei kleine Broschüren von Lena Alexejewna, *Das Vaterhaus*, Moskau 1982, und *Ich lerne, Mutter zu sein*, Moskau 1983, erschienen in einer Auflage von 405 200 und 459 000 Exemplaren. Die Bücher und Broschüren sind in keinem Buchladen zu haben und werden auf dem Schwarzen Markt zu Höchstpreisen gehandelt. Dort kostet »*Wir und unsere Kinder*« 35 Rubel, umgerechnet 105 Mark.

Die »Nikitinianer« schreiben unveröffentlichte Aufsätze und praktische Anleitungen für den Umgang mit Vorschulkindern mit der Hand und mit der Schreibmaschine ab und sorgen auf diese Weise für weiteste Verbreitung. In Zeitungsanzeigen fragen junge Eltern nach den Büchern, in

Moskau hängen solche »Anzeigen« manchmal an den Bäumen. Anfang 1982 suchte ein junger Leningrader in der lettischen Zeitschrift *Rigas bals* (Stimme Rigas) sogar nach einer Lebensgefährtin, einer »künstlerisch interessierten«, »intelligenten« Frau, die »einverstanden ist, Kinder nach dem System von B. und L. Nikitin zu erziehen«. Eine »Spießbürgerin« sollte sich möglichst nicht melden… In der *Kaliningradskaja prawda* (Kaliningrader Prawda) annoncierte ein junger Mann im Mai 1985 nach einer »gleichgesinnten Partnerin, die sieben Kinder haben und sie wie die Nikitins erziehen will«. Ich weiß nicht, ob die Anzeigen erfolgreich waren, aber Boris Pawlowitsch verwahrt sie in seiner Kuriositätensammlung…

Und schließlich: Ist dieses »Familienexperiment« übertragbar? Boris Pawlowitsch glaubt felsenfest daran, daß es um so besser für die Menschheit wäre, je mehr Eltern ihre Kinder genauso erziehen, wie er es getan hat. Er ist mehr denn je von der Richtigkeit seiner »Hypothese von der Entstehung und Entwicklung der schöpferischen Fähigkeiten« (vergl. *Die Nikitin-Kinder. Ein Modell frühkindlicher Erziehung*, Köln 1978) überzeugt. Lena Alexejewna hingegen warnt vor blinder Nachahmung. Sie hält es vor allem für ihre Pflicht, »in den Menschen eigene Gedanken zu wecken, einen Meinungsstreit über Wege der frühkindlichen Erziehung hervorzurufen und Widerspruch zu erzeugen, damit die Menschen lernen, selbst nachzudenken«. Am meisten bedauert sie die vielen »Anhänger« der Familie, die nach Bolschewo kommen und »nicht fähig sind, die Informationen, die sie bekommen, kritisch zu analysieren«.

Und deshalb kann ich mit ruhigem Gewissen das wiederholen, was ich vor zwölf Jahren in meinem ersten Vorwort geschrieben habe: »Die Schriften der Nikitins sind für Eltern, die lernen wollen, auf ihre Kinder einzugehen und sie als Partner zu akzeptieren, eine wahre Fundgrube für Anregungen, Ideen, Kommunikationsformen.«

Das vorliegende Buch wirft, wie könnte es anders sein, vielleicht mehr Fragen auf, als es beantwortet, und das ist gut so. Die Geschichte der Nikitins ist ja auch noch nicht zu Ende.

Hamburg, im Oktober 1989   Marianna Butenschön

PS Mitte November bekam ich per Eilpost ein Päckchen aus Bolschewo. Es enthielt das neueste, soeben erschienene Buch der Nikitins: »*Wir, unsere Kinder und Enkel.*« Das Buch ist eine erheblich erweiterte Fassung des Sammelbandes »*Wir und unsere Kinder*« und enthält auch die »*Hypothese*«, die nun zum ersten Mal ein größeres sowjetisches Publikum erreicht. Denn die Auflage von »*Wir, unsere Kinder und Enkel*« beträgt, sage und schreibe, 300 000 Exemplare, und natürlich war sie nach wenigen Tagen vergriffen. Das Vorwort zu diesem Buch hat übrigens Julija geschrieben, die damit ein bemerkenswertes Schreibtalent unter Beweis stellt. Sie hat ihrem Vorwort auch den einzig richtigen Titel gegeben: »*Wir und unsere Eltern*«. Wie Boris Pawlowitsch mir schreibt, haben er und Lena Alexejewna zwei weitere Buchmanuskripte über praktische Fragen der Vorschulerziehung zu Hause und im Kindergarten abgeschlossen. Aber es gibt auch sozusagen »private Neuigkeiten« aus Bolschewo. Katja und Anton erwarten ihr drittes Kind, und Ljuba hat Anfang Oktober geheiratet, Pawel, einen Mathematiker. Das junge Paar lebt in Moskau.

I. In der Familie

1. »Was für Enthüllungen nach zwanzig Jahren ...« (Sieben Lebensläufe, sieben Charaktere)

Das letzte Buch der Nikitins, das in deutscher Sprache erschienen ist, hieß VOM ERSTEN LEBENSJAHR BIS ZUR SCHULE, *Köln 1982. Darin haben Lena Alexejewna und Boris Pawlowitsch die ersten sieben Lebensjahre ihrer Kinder und den Alltag in Bolschewo beschrieben. Über die Schulzeit und was dann kam, haben die Eltern nichts veröffentlicht. Es lag also auf der Hand, zunächst einmal zu fragen: »Wie ist es eigentlich weiter gegangen?« Ich bat also, auch um das Gespräch in Gang zu bringen, um sieben kurze autobiographische Erzählungen.*

LA   So, Kinder, nun zeigt euch von eurer besten Seite (ironisch).

K   Von eurer Lieblingsseite ...

Al   Wer will, kann sich auch selbst an den Pranger stellen. Das ist alles Geschmackssache.

An   Nach alter Seemannstradition ...

Al   ... wird zuerst das rangniedrigste Mitglied der Mannschaft geopfert. (allgemeines Gelächter)

An   Nein, als erster muß der Schiffsjunge seine Meinung sagen.

Ju   Ich finde, der Älteste fängt an!

Al   Ich mach den Anfang, weil meine Geschichte ja auch die meiste Zeit in Anspruch nimmt. Außerdem kann das, was ich zu sagen habe, den anderen vielleicht als Formulierungshilfe dienen. Also, schulisch gesehen ist mein Lebenslauf extrem bewegt. Das macht mir so leicht keiner nach ... (allgemeines Gelächter)

LA Und wir haben immer geschrieben: Unsere Kinder hatten es leicht in der Schule...

Al Das Problem mit der Schule hab ich am eigenen Leibe erfahren: in sieben verschiedenen Klassen, an vier verschiedenen Schulen und an der Erzieher-Fachschule. – Die Hochschule laß ich erst mal aus. – Die Schule war für mich wirklich kein Zuckerschlecken, im Unterschied zu Anton... ich seh das jedenfalls so. Anton hat da mehr Glück gehabt. Obwohl ich jünger war als die anderen, war ich immer sehr widerborstig, und in all den Klassen, in denen ich gewesen bin, haben mich meine Mitschüler auf jede nur denkbare Art gequält. Freunde hab ich praktisch nicht gehabt. Eigentlich gehörte ich zu den »gefährdeten« Schülern.

LA Was für Enthüllungen nach zwanzig Jahren!

Al Kurz und gut, ich war ein miserabler Schüler. (allgemeines Gelächter) Mehr als einmal hab ich die Versetzung erst nach einer Wiederholungsprüfung geschafft.

LA Warum warst du eigentlich so schlecht in der Schule?

Al In erster Linie aufgrund meiner hemmungslosen Faulheit. Hausaufgaben hab ich so gut wie nie gemacht, nur wenn die Lehrer allzu sehr insistierten. Als ich dann selber Lehrer wurde, konnte ich einfach nicht guten Gewissens Hausaufgaben von den Kindern verlangen. In der Beziehung war ich sehr liberal. Die Schule ist für mich eine gute Vorbereitung aufs Leben gewesen, denn ich habe dort erfahren, was es heißt, ein Underdog zu sein, völlig isoliert vom Kollektiv zu existieren – wenn man von der Familie einmal absieht – immer allein dazustehen, keinen zu haben, der einen in Schutz nimmt und sich um einen kümmert. Das war eigentlich kein schlechtes Training. Aber meine Lehrer ist das Ganze wohl ziemlich teuer zu stehen gekommen.

Ju Du meinst Training im Sinne von innerer Widerstandskraft?

Al Ja, die Fähigkeit, an all den Widerwärtigkeiten des Lebens nicht zu zerbrechen. In der Schule gab es davon ja mehr als genug...

LA Du hast einmal gesagt, du hättest in der Schule gelernt, dich nicht zu unterwerfen.

Al Hab ich mich überhaupt schon jemals unterworfen?

LA Ich meine, du hattest gelernt, kein Konformist zu sein.

Al Den Lehrern hab ich offensichtlich viel Ärger gemacht. Ich konnte zum Beispiel mitten aus dem Unterricht rennen und die Tür ordentlich zuknallen, damit es der Lehrer auch mitbekam, wenn mir irgend etwas an seinem Verhalten nicht gefallen hatte. Meine arme Klassenlehrerin hab ich mehr als einmal zu Tränen gereizt.

K Woran lag das eigentlich? An deinen persönlichen Qualitäten, an der Umwelt, an der Schule? Oder lag es an der Qualität des Unterrichts?

Ju Er ist eben noch während der »Zeit der Stagnation«* in die Schule gegangen (boshaft).

Al Nein, nein! Das war noch früher, ich hab doch noch den alten Lehrplan** gehabt. Obwohl ich zwei Jahre früher eingeschult worden bin, ist mir das Lernen ziemlich leicht gefallen. Ich war einfach schrecklich faul, und dabei kommt ja bekanntlich nichts Gutes heraus. Deshalb lief ich aus dem Unterricht und schwänzte tagelang...

LA Ich möchte gern wissen, was dir geholfen hat, die Schule zu überstehen.

I Eben sein widerborstiger Charakter.

LA Soweit ich mich erinnere, haben wir Eltern uns vor der Schule mit euch beschäftigt und euch dann ins kalte Wasser springen lassen. Wir hatten praktisch keine Ahnung, was da in der Schule eigentlich passierte. Du warst schon in der fünften Klasse, als ich erfuhr, daß sie dich in der Grund-

* Gemeint ist vor allem die Amtszeit von Leonid Breschnew, 1964–1982.
** Aljoscha wurde vor der 1970 abgeschlossenen Reform der Grundschule eingeschult.

schule geschlagen haben. Nicht, daß wir uns absichtlich distanziert hätten, aber eigentlich haben wir an eurem Schulalltag keinen Anteil genommen. Ich weiß nicht, ob das gut oder schlecht war. Aber wie hast du das eigentlich alles überlebt, ohne auf Abwege zu geraten?

Al Eine schwierige Frage. Aber ich möchte jetzt die Schulzeit ruhen lassen und kurz von dem erzählen, was danach kam. Nach der achten Klasse wollte ich eine Lehre als Koch machen. Zum Glück ist durch einen Zufall nichts daraus geworden.

M Warum ausgerechnet Koch?

Al Kochen hat mir damals großen Spaß gemacht.

Ju Er hat damals die ganze Familie bekocht... (ironisch)

Al Wie dem auch sei, es ist nichts draus geworden, und ich ging an die Erzieher-Fachschule, wo ich zwei Jahre in einer ebenfalls überaus merkwürdigen Atmosphäre verbrachte. Ich war nämlich der einzige Junge unter den 30 Mädchen in meinem Kurs und entsprechend der einzige unter 300 Mädchen an der ganzen Fachschule. Und alle waren zwei Jahre älter als ich; ich war damals vierzehn. Eine Situation, aus der ich auch einiges gelernt habe. Aber leichter als in der Schule ist es nicht gewesen (lacht). Die Mädchen haben sich über mich lustig gemacht, wo sie nur konnten. Mit fünfzehn fing ich an, mich für Radioelektronik zu begeistern, und nach vier Semestern bin ich ohne Abschluß von der Fachschule abgegangen.

Ich hab dann gejobbt und auf der Abendschule das Abitur[*]

---

[*] Das sowjetische »Abitur«, das auch Reifezeugnis genannt wird, kann auf drei Wegen erreicht werden. Der gängigste Weg, den etwa 60 Prozent der Schüler gehen, ist der Besuch der bisher zehnklassigen (neuerdings elfklassigen) allgemeinbildenden Mittelschule, die mit einer Abschlußprüfung abschließt. Die restlichen 40 Prozent der Schüler verlassen die Mittelschule nach der 8. Klasse (heute nach der 9. Klasse) und gehen entweder auf eine Berufsschule, wo sie in drei Jahren einen Beruf erlernen und das »Abitur« nachmachen, oder auf ein Technikum, das im Laufe von zwei Jahren eine

nachgemacht, mit dem besten Zeugnis der ganzen Schule, ohne wie immer auch nur das geringste getan zu haben. Die Aufnahmeprüfung für die Pädagogische Hochschule hab ich dann eigentlich nur deshalb bestanden, weil ich heiraten wollte. Ich mußte einfach zugelassen werden, sonst hätte mir im Herbst 77 der Wehrdienst gedroht. Und in der Situation wollte ich einfach nicht weg. Als ich die Zulassung bekam, war ich schon verheiratet. Richtig Hochzeit gefeiert haben wir aber erst im Januar 78.

An der Hochschule lernte ich so recht und schlecht. Besonders in den letzten Semestern hab ich mir einen feinen Lenz gemacht. Wenn ich mal auftauchte, schrie die ganze Studiengruppe: »Hurra, Nikitin ist da! Endlich kriegt man ihn mal zu sehen. Wann bist du das letzte Mal dagewesen?« Im sechsten Semester kam unsere Natascha zur Welt, und deshalb bin ich nach der Abschlußprüfung treu und brav an die Schule gegangen, der ich zugeteilt worden war. Dort habe ich dann auch drei Jahre gearbeitet. Ich muß allerdings zugeben, daß ich auf jede nur mögliche Art versucht habe, mich da herauszuwinden. Ich bin sogar im Bildungsministerium vorstellig geworden, doch die haben mich natürlich zum Teufel gejagt.

A Also wieder in die Schule?

Al Ja, zurück in die Schule. Nach drei Jahren hatte ich den Direktor so gegen mich aufgebracht, daß es kein Problem mehr war, von der Schule wegzukommen. Dann habe ich in der Fabrik gearbeitet. Zuerst in der Autofabrik des Leninschen Komsomol, wo die Moskwitsch-PKW gebaut werden. Dort hab ich Werkbänke repariert – eine sehr sinnvolle Be-

---

Berufsausbildung und ebenfalls das Abitur vermittelt. Ein kleiner Teil der Jugendlichen holt das »Abitur« auf der Abendschule nach, während sie schon arbeiten. Das sowjetische »Abitur« entspricht nicht den Anforderungen eines deutschen Abiturs. Für die Zulassung zu einer Hochschule ist eine häufig sehr strenge Aufnahmeprüfung erforderlich.

schäftigung, bei der ich viel gelernt habe. Ich mußte nämlich meistens komplizierte ausländische Fabrikate reparieren, aus Ungarn, der Schweiz, aus Deutschland, ja sogar aus Japan. Ich habe da wirklich viel Praxis bekommen und daß ich die Stelle gewechselt hab, hing mit meiner Widerborstigkeit zusammen. Auf der nächsten Stelle hab ich es dann nur vier Monate ausgehalten. In der Autofabrik war ich also für meine Verhältnisse ziemlich lange. Aber daß sie da außer Arbeit auch noch Disziplin verlangten, konnte ich nicht ertragen und ging. Disziplin um der Disziplin willen kann ich einfach nicht ertragen. Für mich gibt es nichts Schlimmeres.

Ju (hüstelt bedeutsam, allgemeines Gelächter)

Al Dann hab ich vier Monate im Betrieb »Roter Proletarier« als Konstrukteur von Werkbänken gearbeitet. Was ich da eigentlich sollte, hab ich auch nicht kapiert, und deshalb hab ich wieder gekündigt. Ich wollte mich endlich mit Elektronik beschäftigen, aber da wollten sie mich eben nicht ranlassen. Dann habe ich vier Monate überhaupt nicht gearbeitet, sondern auf die Stelle gewartet, wo ich heute noch bin: im Physikalischen Institut der Akademie der Wissenschaften. Die hatten sich schon fünf Jahre um mich bemüht, schon seit dem letzten Semester an der Hochschule. Aber ich hab die ganze Zeit versucht, eine besser bezahlte Stelle zu finden. Jetzt bin ich zwar knapp bei Kasse, aber irgendwie lebt sich's doch besser als in der Zeit, wo ich in die Fabrik ging. So, das ist eigentlich alles.

LA Irgendwie ein trauriges Ergebnis...

Al Wieso? Schließlich und endlich hab ich einen Platz gefunden, wo man mich schätzt und mag...

LA Der reinste Faulpelz und ein Dickkopf obendrein!

Al Ja, ein Faulpelz und ein Chaot, und darauf bin ich auch noch stolz! Los, Anton, du bist dran!

K Anton wird bloß lachen... (allgemeines Gelächter)

An Mit der Schule will ich mich nicht lange aufhalten. Das einzige, woran ich mich noch erinnern kann, ist – schreckliche Langeweile! Immer nur dasitzen und ein und dasselbe wiederkäuen. So was bereitet mir Höllenqualen!

Al Wissenschaftlich ausgedrückt: Das Tempo der Materialausgabe in der Schule ist nicht zufriedenstellend...

An Irgendwann so um die achte Klasse herum hat mich dann endgültig die Faulheit gepackt. Hausaufgaben hab ich auch keine gemacht, wenn es hoch kam, eine halbe Stunde, na, vielleicht vierzig Minuten, falls ich mich überhaupt hingesetzt hab...

Al Das stimmt doch gar nicht!

Ju Aljoscha, halt den Mund!

An Aber dann kam ich Gott sei Dank auf eine Schule mit mathematischem Zweig. Da war es um einiges schwieriger, kein Vergleich mit der Schule davor. So wurde ich glücklicherweise ein bißchen gefordert. Nach der zehnten Klasse wollte ich auch auf die Pädagogische Hochschule, bestand aber – ebenfalls Gott sei Dank – die Aufnahmeprüfung nicht... Ja, ich meine wirklich »Gott sei Dank«... Dann bin ich auf die Chemiefachschule gegangen.

LA Bedauerst du das?

An Nein, auf der Fachschule waren die anderen ungefähr so alt wie ich. In der Schule war der Altersunterschied doch recht groß gewesen – im Durchschnitt vier Jahre, und an der Fachschule, na, maximal ein, zwei Jahre. Das macht es doch irgendwie leichter... Auf der Fachschule hatte ich nur Einsen, das hatte ich selbst nicht erwartet. Aber dann hab ich mich daran gewöhnt und konnte mich sogar an der Uni noch einige Zeit auf dem Niveau halten. Die Fachschule hab ich mit Auszeichnung abgeschlossen und dann an der Moskauer Universität Chemie studiert. 1982 hab ich mit gutem Ergebnis Examen gemacht und wurde dem Chemischen Institut der Akademie der Wissenschaften als Doktorand zugewiesen. Dort habe ich fast vier Jahre auf theoretischem Gebiet gearbeitet: über den Ablauf chemischer Reaktionen. Ich legte zwar alle Vorprüfungen ab, doch die Arbeit an der Dissertation selbst lief nicht so wie geplant: Die erwarteten Ergebnisse blieben aus, und nach vier Jahren hatte ich es satt, mich mit dem Quatsch zu befassen. Als man mir vorschlug, in einen Chemiebetrieb zu wechseln, habe ich nicht lange gezögert und zugesagt, denn dort ist die Arbeit doch konkreter...

LA Und seitdem vergiftest du dein eigenes Volk... (spitz)

An Damit hab ich nichts zu tun. In den letzten zwei Jahren habe ich die Forschungsabteilung eines Moskauer Chemiewerks geleitet.

O Und wieviel Untergebene hast du?

An Bis vor kurzem drei, aber im Zuge der Stellenkürzungen sind es jetzt nur noch zwei.

LA Du redest wie auf der Gewerkschaftsversammlung.

An Na und? Ich sollte meinen Lebenslauf erzählen, und das hab ich auch getan.

I Ein bißchen aufrichtiger, wenn ich bitten darf...

O Details, Details...

Je Und deine Lieblingsbücher?

LA Weißt du, Anton, das war dein äußerer Lebenslauf, aber interessant wäre doch...

Ju Das war nur die Fabel, aber wir brauchen das Sujet, das Sujet!

I Das hätten wir auch ohne dich erzählen können.

An Wer kann schon über sich selbst in Resultaten sprechen? (Gelächter, Zwischenrufe: »Du mußt dir eben Mühe geben!« »So redet man am frisch ausgehobenen Grab, also...« »Man kann auch ein bißchen über sich selbst nachdenken!«)

I Anton, was für ein Lebensgefühl hast du während der verschiedenen Abschnitte deines Lebens gehabt?

An Im Grunde genommen bin ich Optimist, ich würde sagen – mir geht es immer gut.

Ju Großer Gott, ein eingefleischter Optimist!

Al Ein unverbesserlicher Optimist!

LA Mich würde interessieren, ob dich auch manchmal die Schwermut packt, ob du auch manchmal – ich hab so was an dir zwar noch nie beobachtet – verzweifelt bist?

An Bis zur Verzweiflung geht es nie. Es kommt vor, wenn auch selten, daß ich schlechte Laune habe.

Al Was du von der Schule und der Zeit danach erzählt hast, klingt wie eine Kette von glücklichen Zufällen.

An Natürlich. Aber man kann jedes Ereignis im Leben als glücklichen Zufall betrachten.

Al Eine ausgezeichnete Methode! Genossen, das nehmen wir zu Protokoll. Mir hat's gefallen, obwohl es ein bißchen langweilig war. (Gelächter)

O Jetzt kurz zu mir: Was die gücklichen Zufälle betrifft, so stehe ich nach Anton sicher an zweiter Stelle – im großen und ganzen ist bei mir alles glatt gegangen: Mit sechs wurde ich eingeschult, nach der achten Klasse bin ich an die Erzieher-Fachschule gegangen, hab sie nach drei Jahren mit Auszeichnung abgeschlossen, dann hab ich an der Uni Jura studiert, ebenfalls mit Abschluß. Zeit zum Heiraten und zwei Töchter zu bekommen habe ich auch noch gefunden.
Jetzt arbeite ich schon zwei Jahre in meinem Beruf als Juristin in einem Betrieb. Im allgemeinen gefällt mir die Arbeit... Alles ganz trivial, ganz gewöhnlich.

LA Olga, findest du dein Leben wirklich so trivial und normal?

O Ja, ich sehe das so. Ein normales und sehr glückliches Leben, eben aufgrund dieser glücklichen Zufälle: Bis heute weiß ich nicht, wieso ich eigentlich die Aufnahmeprüfung für die Universität geschafft habe. Das war auch so ein Zufall. Auf eine Million kommt ein solcher Glückspilz.

Al Allmählich kriege ich den Eindruck, daß ich als Ältester der Pechvogel in der Familie bin.

O Nun, das lag vielleicht auch daran, daß ich ein friedfertiger Mensch bin. In der Schule war ich immer ein eifriges, fleißiges Mädchen und eigentlich auch noch an der Uni. Ich habe mich – ich will nicht sagen, ohne Reibungsverluste, aber doch ohne größeren inneren Widerstand – an meine Umgebung angepaßt.

Ju Wenn man für jeden von uns eine Überschrift finden müßte, so würde bei Olga stehen: »Mit ihr hat nie jemand geschimpft!« (Gelächter)

O Wieso denn? Manchmal bin ich auch ein bißchen ausgeschimpft worden, damit ich nicht überheblich wurde. Bei mir lief eben alles immer irgendwie glatt...

LA Packt dich nicht manchmal die Lust, diese Glattheit auch mal zu durchbrechen?

O Warum denn? Nein... na, vielleicht ein kleines bißchen, wegen der Abwechslung.

I (spitz) Und nur, wenn Iwan dir dabei hilft... (Gelächter)

Al So, wer ist der nächste?

A Ich bin an der Reihe. Ich wurde mit sieben Jahren in die zweite Klasse eingeschult, dann hab ich ein Jahr übersprungen und ein halbes Jahr in der vierten, ein halbes Jahr in der fünften Klasse verbracht. Ich war eine ziemlich gute Schülerin und habe nach der zehnten Klasse ein Reifezeugnis mit lauter Einsen und Zweien bekommen. Für den Komsomol hab ich mich nicht engagiert, den Unterricht besuchte ich mit Unterbrechungen – dafür habe ich zu Hause viel geholfen. Es war sogar so, daß die häuslichen Pflichten mich mehr beanspruchten als die Schule. Selbst in der neunten/zehnten Klasse lief der Unterricht irgendwie nebenher – wenn ich wirklich etwas für die Schule getan hätte, hätte ich vielleicht mit lauter Einsen abgeschnitten. Nach der Zehnten hatte ich keine Lust zu studieren, vielleicht weil mich das Beispiel der

Älteren abschreckte, ich war ja zwei Jahre jünger als meine Mitschüler. Ich habe eine Krankenpflegeschule besucht und nach dem Abschluß ein Jahr lang in einer Moskauer Kinderklinik gearbeitet. Dann habe ich mich um einen Studienplatz an der Medizinischen Hochschule beworben. Und da passierte es dann... die ersten Aufnahmeprüfungen habe ich mit zwei gemacht, dann habe ich meine Papiere genommen und meine Bewerbung zurückgezogen – aber die Geschichte ist wirklich zu lang, um sie hier zu erzählen. Dann habe ich wieder fast ein Jahr lang gearbeitet. Die Arbeit hat mir sehr gefallen, ich bin da buchstäblich hingerannt. Nicht so sehr die Arbeit als Krankenschwester, sondern der Umgang mit den Kindern – ich war auf einer Station für Jungen von drei bis fünfzehn. Die Arbeit hat mir einfach großen Spaß gemacht. Meine Kolleginnen haben sich immer gewundert, daß ich mich auch in den Pausen um die Kinder gekümmert habe. Anstatt herumzusitzen, zu schwatzen und Tee zu trinken, habe ich den Kindern vorgelesen oder ihnen etwas erzählt. Das hat mir alles sehr gefallen.

Eigentlich habe ich mir schon damals vorgestellt, daß meine zukünftige Arbeit etwas mit Kindern zu tun haben sollte. 1983 habe ich dann geheiratet und bin mit meinem Mann nach Perm gezogen. Ja, in Perm, wo wir mit den Schwiegereltern zusammenwohnten, habe ich mich wieder um Aufnahme in die Medizinische Hochschule beworben. Als ich die ersten beiden Prüfungen mit drei bestanden hatte, habe ich meinen Antrag wieder zurückgezogen und mich nicht weiter beworben... Gott sei Dank, muß ich heute sagen. Wir sind dann nach Otschor gezogen, wo mein Mann eine Stelle antrat, und ich fing an, im Städtischen Krankenhaus als Operationsschwester zu arbeiten. Im Grunde habe ich die Stelle noch heute. Ich habe dort ein halbes Jahr gearbeitet und war eigentlich auch recht zufrieden. Die Arbeit einer OP-Schwester ist natürlich anspruchsvoller als die einer einfachen Krankenschwester, und ich habe viel dabei gelernt. Aber so viel Freude wie der Umgang mit den Kindern hat mir die Arbeit nicht gemacht.

1984 kam unser Sohn zur Welt, und nach der Geburt bin ich anderthalb Jahre zu Hause geblieben. Dann wurde unsere Tochter Sascha geboren... vor dem gesetzlichen Mutterschaftsurlaub habe ich nur ein paar Tage gearbeitet. Anderthalb Jahre später habe ich dann immerhin drei Monate gearbeitet, bevor Tanjuscha, unsere zweite Tochter, zur Welt kam. Das war vor einem halben Jahr...

Was meine zukünftige Arbeit betrifft, so sehe ich mich eigentlich nicht mehr als Krankenschwester – ich fühle mich doch eigentlich mehr zu Kindern hingezogen, und wahrscheinlich werde ich in ein, zwei Jahren, wenn meine Kinder etwas größer sind, an die Pädagogische Hochschule gehen.

LA War das eigentlich schlimm für dich – diese zwei vergeblichen Versuche, an die Medizinische Hochschule zu kommen? Wie hast du das überlebt?

A Weißt du, Mama, zu verschiedenen Zeiten hab ich es unterschiedlich aufgenommen. Aber in der Situation selbst war es hart...

O Ich hab mich wahnsinnig geärgert, ich habe mich aufgeregt und unglaublich für dich mitgelitten. Ich dumme Kuh bin einfach so durch die Prüfung gekommen...

A Ehrlich gesagt, mich hat das alles nicht so sehr um meinetwillen mitgenommen, sondern weil ich wußte, daß es anderen etwas ausmacht. Wirklich!

O Ja, ich erinnere mich, daß ich völlig fertig davon war. Wenn es da oben einen Gott gibt, dann hatte er unrecht, wirklich!

Ju Leute, was redet ihr da!

A Wenn man die Sache heute ernsthaft überdenkt, so ist es sogar gut gewesen, daß ich nicht auf die Hochschule gekommen bin. Die zwei Jahre Arbeit im Krankenhaus sind für mich persönlich sehr wichtig gewesen. Je länger ich darüber nachdenke, desto mehr komme ich zu der Überzeugung, daß der Arztberuf nichts für Frauen ist. Man muß sich ganz der Arbeit widmen und darf keine eigene Familie haben, und ich wollte schon immer Kinder haben. Ich weiß noch, daß ich ganz neidisch war, als unsere älteste Schwester ihre Tochter Nadjuschka bekam. Vielleicht hab ich deshalb so früh geheiratet, wahrscheinlich ist das der Grund... (Zwischenrufe: »Jetzt ist Julija Borissowna dran!« »Sie geniert sich wohl, nach alldem, was wir gesagt haben.«)

Ju Alles, was hier gesagt wird, kommt mir ziemlich lächerlich und wie immer oberflächlich vor. Ich weiß nicht, wie es den anderen geht, aber mein inneres Leben hat absolut nichts mit irgendwelchen äußeren Ereignissen zu tun. Wann ich die Schule verließ, ans Technikum, an die Fachschule für Kulturarbeit ging, das hat mich in Wirklichkeit nie berührt. Alles, was wir hier reden, ist ziemlicher Schrott, denn die Schule ist doch der reinste Horror für uns alle gewesen. Ich bin mit fünfeinhalb Jahren eingeschult worden...

O Aber nein, du warst noch nicht einmal fünf.

Ju Ja? Um so schlimmer! Daß wir zwei Jahre früher in die Schule gekommen sind, hat uns aus dem Kreis unserer Altersgenossen herausgerissen. Soviel steht fest. Ich zum Beispiel habe völlig verlernt, mit Menschen außerhalb der Familie zu kommunizieren. Dann kam ich ans Technikum, wo niemand wußte, daß ich zwei Jahre jünger bin, und ich habe mich begeistert ins Gemeinschaftsleben gestürzt. Doch ziemlich bald wurde mir klar, daß es eigentlich niemanden gab, mit dem ich hätte reden können. Für uns alle ist die Familie der einzige wirklich befriedigende Umgang gewesen. Ich weiß nicht, ob das gut oder schlecht war. In Wirklichkeit haben wir von der Gesellschaft losgelöst existiert. Ehrlich gesagt, wollte ich mein ganzes Leben lang schrecklich gern etwas lernen, aber nirgendwo ist es mir gelungen, das auch wirklich zu tun...

O Du warst einfach zu faul.

Al Es gab niemanden, der einem hätte etwas beibringen können.

Ju Erstens gab es niemanden, und zweitens gab es nichts zu lernen. Mir hat einfach niemand klarmachen können, was ich eigentlich lernen soll. Ich knie mich in die Wissenschaften rein und stell dann fest, was für ein Scheißdreck das ist, daß das alles keinen Pfifferling wert ist... ein einziger Frust...

An Man beachte die Sprache. (Gelächter) Und ausgerechnet Julija hat als einzige von uns eine Fachschule für Kulturarbeit absolviert. (lautes Gelächter)

Ju Ja, und darauf bin ich auch noch stolz! Ihr redet ja alle wie auf der Gewerkschaftsversammlung. Das Technikum hab ich mit Auszeichnung abgeschlossen. Ich bedaure in meinem Leben nichts – es hat wohl alles so und nicht anders sein müssen. Vielleicht auch, weil alles schon gelaufen ist... Aber ich kann mit Bestimmtheit sagen, daß ich mich erst seit einem Jahr wirklich als Mensch fühle, also eigentlich als Mensch noch gar nicht existiere. Deshalb hab ich jetzt auch eigentlich nichts mehr zu sagen. Ich war auf der Kulturfachschule, arbeite – der Himmel möge es mir verzeihen – als Bibliothekarin. Unsere Gesellschaft finde ich so pervers und unbegreiflich, daß...

I Wessen Gesellschaft? (boshaftes Gekicher)

Ju Ein einziges Chaos! Wenn hier jemand irgend etwas machen möchte, so weiß er nicht, womit er sich eigentlich beschäftigen soll, denn alles, was man hier macht, verwandelt sich über kurz oder lang in Scheiße (lautes Gelächter). Etwas tun, heißt doch, sich dafür einsetzen, daß die Gesellschaft weiter existiert; und ich will nicht, daß sie so, wie sie ist, weiter existiert.

O Dann mußt du Bomben bauen!

An Oder arbeite doch so, daß sie nicht weiter existiert. (trauriges Lachen)

Al Mir fällt dazu noch etwas ein: Eigentlich hab ich schon lange und mehr als einmal darüber nachgedacht, es dann aber immer wieder vergessen, weil der Anlaß fehlte – ich habe auch immer Pech mit den Lehrern gehabt. Praktisch habe ich keinen einzigen guten Lehrer gehabt, mit Ausnahme von Konstantin Antonowitsch, dem ich sehr zu Dank verpflichtet bin. Das ist mein erster Chef, der mir die Grundlagen der Elektronik beigebracht hat.

Mir ist kein einziger guter Lehrer über den Weg gelaufen, auch nicht in der Zeit, in der ich dringend einen gebraucht hätte. Und das ist, ehrlich gesagt, sehr schlecht. Ich war immer auf der Suche, wußte aber auch nicht, wo ich hätte suchen sollen. Und jetzt ist es dafür schon zu spät – das fühle ich deutlich. Ausschließlich meinen eigenen Bemühungen hab ich zu verdanken, daß ich mich zum Elektronik-Fachmann entwickeln konnte. Aber erstens hätte ich auch fünf bis acht Jahre früher so weit sein können, und zweitens hätte ich besser qualifiziert sein können, wenn ich einen entsprechenden Lehrer gefunden hätte. Mein jetziger Chef ist ein reiner Theoretiker, ich muß mir alles selbst aneignen, aber das ist nicht ganz das Wahre. Ich bin jetzt so weit, daß ich anderen etwas beibringen könnte. Mir tut es leid um die unwiederbringlich verlorene Zeit, ich hätte das alles fünfmal schneller schaffen können.

Ju Ja, du hast völlig recht.

Al Das ist wohl in gewisser Weise unser aller Problem, denn unsere ursprünglichen Möglichkeiten sind nur in ganz geringem Maße realisiert worden und das auch nur dank unserer eigenen Bemühungen. Als wir anfingen, bewußt am Leben teilzunehmen, brauchte die Gesellschaft keine fähigen Leute, sie waren im Grunde überflüssig, es gab für sie keinen gangbaren Weg.

Je Zum Lernen ist es nie zu spät.

Al Stimmt, aber es ist schon so viel Zeit verstrichen. Das ist doch ein wichtiger Gesichtspunkt. Heute leistet mein Gehirn nur noch ein Fünftel dessen, was es im ersten, zweiten Semester leisten konnte. Rein von der Hirnkapazität her kann ich also heute nur noch ein Fünftel von dem tun, was ich damals geleistet habe. Ich brauchte nur vier oder fünf Stunden zu schlafen und konnte trotzdem ausgesprochen produktiv arbeiten. Heute kann ich das nicht mehr; die Zeiten sind vorbei. Das ist gewissermaßen der traurigste Punkt in meinem Leben. Ich halte mich eigentlich für einen glücklichen Menschen. Wenn ich mir meine Altersgenossen und andere Leute so ansehe, wenn ich mich und meine Familie mit anderen vergleiche, dann wird mir klar, was ich trotz alledem erreicht habe. Gleichzeitig habe ich aber auch unvorstellbar viel versäumt. Das ist ein trauriges Kapitel, und ich versuche, einfach nicht daran zu denken, obwohl der Gedanke sich von Zeit zu Zeit aufdrängt.

An Du hast recht: Das ist weniger unser persönliches Problem als das der Gesellschaft. Und einen guten Lehrer zu finden ist so schwer, weil er ja auch keine Möglichkeit hat, sich hervorzutun.

I Also, was kann ich erzählen? Während ihr alle geredet habt, habe ich in Gedanken überschlagen, daß mein Leben sich in mehrere Abschnitte gliedern läßt. Gott sei Dank sind es nicht so viele, insgesamt drei: die sieben Jahre bis zur Schule, dann acht Jahre in der Schule und vier auf dem Technikum. In dieser Zeit hatte ich am wenigsten von allen hier Versammelten mit Veränderungen in den Bildungseinrichtungen zu tun, das heißt, ich habe mich immer gut in der jeweiligen Institution eingewöhnen können. Die Zeit vor der Schule erinnere ich als glücklich, obwohl sie für mich psychisch gesehen ziemlich – nein, nicht hart – aber doch schwierig war. Ich mußte viel arbeiten. Von Anfang an war ich das allergewöhnlichste Kind in der Familie und wurde offensichtlich nicht für einen unbegabten Normalverbraucher gehalten. So kam ich in die Schule. Zuerst wollte ich sehr gern etwas lernen, in die Schule gehen wie jedes andere Kind auch. Mit sieben Jahren war ich so gebildet, daß ich in der Grundschule – in den ersten drei Klassen – absolut keinen Strich zu tun brauchte. Ich gewöhnte mich daran, in die Schule zu gehen und wieder nach Hause zu kommen (Gelächter) und dabei lauter Einsen zu bekommen. Ich hatte überhaupt nur gute Zensuren. In der Grundschule hatte ich mich so ans Nichtstun gewöhnt, daß ich aus purer Gewohnheit fortfuhr, nichts zu tun, als ich in die nächsthöhere Klasse kam, wo mein Siebenjahresvorrat an Wissen dann erschöpft war. Ich lernte, wenn es hoch kam, das, was in der Stunde dran war, und das reichte am Ende jeder Klasse völlig aus für ein ordentliches Zeugnis mit zwei, drei Dreien. Daran habe ich mich dann auch gewöhnt beim Lernen, ich habe mir nie ein Bein ausgerissen und mich nie angestrengt, um besser abzuschneiden.

Die Schule war für mich ein schwieriger Ort, der als alltägliche Bedrohung über meinem Kopf hing. Gelebt hab ich von Sonntag zu Sonntag, den Alltag versuchte ich irgendwie hinter mich zu bringen. Mein Leben spielte sich im wesentlichen zu Hause ab, da fühlte ich mich wohl. Nach der Schule hatte ich es immer eilig, nach Hause zu kommen, weshalb ich auch keine festeren Bekanntschaften in der Schule hatte, obwohl ich mit meinen Mitschülern gut auskam – offenbar, weil wir gleichaltrig waren. In der Beziehung hab ich es ziemlich leicht gehabt. Irgendwie habe ich acht Schuljahre hinter mich gebracht, und es gab für mich nicht den geringsten Zweifel, daß ich von der Schule abgehen und eine Lehre machen wollte. So kam es dann auch, und ich erlernte auf dem Kaliningrader Technikum den Beruf eines technischen Zeichners, der mir am Anfang ziemlich interessant zu sein schien, das heißt, am Anfang war ich damit zufrieden, und ich hatte große Pläne im Kopf in bezug auf diesen Beruf. Ich lernte ausgezeichnet in den berufsbezogenen und allgemeinen Fächern, war auf den ersten Plätzen bei der Olympiade, wurde Klassensprecher, ein geachteter Mensch, der immer den Höchstsatz des Stipendiums bekam. Ich komme gleich zum Schluß... Im Unterschied zur Schule, wo die Lehrer uns Nikitins nicht mochten (lautes Gelächter) und wo wir deshalb einiges auszustehen hatten, war ich im Technikum immer gut angesehen – die Zeiten hatten sich geändert, das Verhältnis zu den Nikitins ebenfalls. Trotzdem fand ich die Ausbildung nicht sonderlich interessant, das war wieder so ein Zeitvertreib. Geistig aufgetankt habe ich jeden Tag zu Hause. (Pause)

Gegen Ende dieses Lebensabschnitts bin ich wahrscheinlich ein Realist mit optimistischem Einschlag geworden (Gelächter) oder umgekehrt: ein Optimist mit realistischem Einschlag. So, ich warte auf die nächste interessante Frage und werde deshalb erstmal nichts mehr sagen.

Ju So, Ljubascha!

L Von allen ein bißchen zusammengenommen – das wäre mein Lebenslauf. Wie alle anderen hatte auch ich in der Schule einiges auszustehen, weil ich jünger war als die anderen, und mehr als die anderen habe ich unter der Berühmtheit der Nikitins gelitten, denn ich war das jüngste Kind, und die Familie war bekannter geworden. Ich hab mich deshalb immer geschämt und gedacht, daß es nicht mein Verdienst ist. Daß ich zwei Jahre jünger war, hat mich auch von meinen Altersgenossen isoliert. Auch heute noch fühle ich mich unfähig, Kontakt zu Gleichaltrigen zu finden, solche Kontakte habe ich praktisch nie gehabt.

Mit fünf kam ich in die erste Klasse und besuchte die Schule bis zur achten. Alles lief eigentlich ganz normal, nun, mir ging es genauso wie Wanja: Bis zur dritten Klasse reichte mein Wissen, ich brauchte nichts zu tun, nur Schreiben lag mir schwer auf der Seele, sonst ging alles gut, dann kam ich in die vierte Klasse, für jedes Fach ein anderer Lehrer, dafür war ich wohl noch zu klein ...

O Ljuba, hat es dir etwas ausgemacht, mit Iwan in eine Klasse zu gehen?

L Nein, dadurch war das Verhältnis zu anderen ausgeglichener – weil Iwan da war, haben sie sich an mich nicht rangetraut. Dann kam ich aufs Technikum, aber da ging es mir nicht so wie den anderen, daß niemand wußte, daß ich eine Nikitin bin. In der Schule wußten sie es, im Technikum wußten sie es, auf meiner Arbeitsstelle wissen sie es – überall schleppe ich die Last der Berühmtheit mit mir herum, und dabei kommt es mir so vor, als wäre ich dessen gar nicht würdig. Immer hab ich gleich das Gefühl, ich werde von allen Seiten betrachtet, als wenn ich etwas Besonderes wäre ...

An Stimmt, das ist schrecklich. Ich glaube, die meisten von uns kennen das Gefühl ... (Allgemeines Einverständnis)

A Ja, besonders im Alter von vierzehn bis sechzehn leidet man sehr darunter. Man möchte es gern verheimlichen, weil die Berühmtheit es mit sich bringt, daß man eine vorgefertigte Meinung von dir hat – da versucht man dann die ganze Zeit, diese Meinung zu ändern ...

L Ja! Da besteht gleich so eine Voreingenommenheit, ganz gleich, ob im Guten oder im Bösen, aber alle erwarten von dir etwas Außergewöhnliches. Was du eigentlich machen sollst, ist dir auch nicht klar, und die anderen wissen nicht, was sie von dir erwarten sollen. Eine schreckliche Situation ...

O Und wenn sich dann herausstellt, daß du ein normaler, einfacher Mensch bist, wundern sich alle ... (Gespräche untereinander, Zwischenrufe)

A Später sieht man das alles gelassener, aber in dem Alter ...

Je An welcher Schule hat es dir gefallen? Was wärst du gern geworden?

L Leider hat es mir nirgends gefallen. Ich hab mich mal für Puppentrickfilme interessiert, eigentlich für die Kostüme, nicht als Zeichnerin, sondern eher als Modellschneiderin – das hat mir großen Spaß gemacht.

Ju Das ist wirklich eine total teuflische Situation: Man könnte so vieles machen, aber wenn man sich in diese Gesellschaft begibt, um etwas anzufangen, dann weiß man nie, wo man beginnen soll. Wir sind doch in Wirklichkeit überhaupt nicht in der Lage, irgend etwas zu tun, schrecklich...

L Ich möchte noch kurz vom Technikum erzählen. Auf dem Technikum – ich bin sozusagen in Julijas Fußstapfen getreten – war es schlimm. Nach der achten Klasse zog es mich nirgends richtig hin, und was mich interessiert hätte, war praktisch für mich unmöglich. Deshalb richtete ich mich nach dem, was ich kannte und was mich wenigstens nicht abstieß. Auf dem Technikum wurde ziemlich viel leeres Stroh gedroschen. Und was den Umgang, diese Isolation betrifft, so war mir schon länger klar, daß ich mich mit anderen Menschen austauschen wollte, doch es gab niemanden, mit dem ich hätte reden können. Das ist keine Frage des Niveaus, aber ich wußte nicht, worüber ich mit diesen Leuten hätte reden sollen – die haben andere Interessen, denken anders. Ein Mensch, mit dem zu kommunizieren sich lohnen würde, ist mir noch nicht begegnet...

I Außer mir. (leise)

L Jetzt bin ich fertig mit dem Technikum und arbeite. Ich kann nicht sagen, daß mir die Arbeit gefällt, offen gesagt, ist sie beschissen... (nicht ganz ernsthaft). Ich arbeite als Bibliographin, eine sinnlose Sklavenarbeit. Man macht etwas, was niemanden interessiert.

Ju Ljuba, das geht uns allen doch so.

L Aber bei dir ist wenigstens der äußere Schein gewahrt:

Du gibst irgendwelche Schallplatten aus, dich könnte man wenigstens noch durch einen Automaten ersetzen, aber ich bin völlig überflüssig... (Gelächter)

LA (bekümmert) Daß ihr so früh in die Schule gekommen seid, hat euch also ungeheuer geschadet?

2. »Nehmen wir einmal an, es gab sie, die frühe Entwicklung...«
(Gewinne und Verluste)

Boris Nikitin hat, wie die Leser des Buches DIE NIKITIN-KINDER. EIN MODELL FRÜHKINDLICHER ERZIEHUNG, *Köln 1978[*], bereits wissen, sein »Familienexperiment« mit seiner »Hypothese von der Entstehung und Entwicklung der schöpferischen Fähigkeiten« auch theoretisch zu begründen versucht. Kerngedanke der »Hypothese« ist, daß alle Menschen mit dem gleichen Vorrat an schöpferischen Fähigkeiten geboren werden, daß diese Fähigkeiten aber in den meisten Fällen weder erkannt noch genutzt werden, folglich alsbald wieder verkümmern. Deshalb verbringen die meisten Menschen ihr Leben auf einem viel zu niedrigen intellektuellen Niveau. Werden die angeborenen Fähigkeiten aber f r ü h, das heißt praktisch von der Wiege an, gefördert, können sich alle Menschen in bisher ungeahntem Ausmaß kreativ entwickeln und der großen Herausforderung der wissenschaftlich-technischen Revolution besser standhalten. Was aber denken die jungen Nikitins über das große Erziehungsziel ihres Vaters? Wie sehen sie ihre frühe Kindheit? Wie sind sie mit der Berühmtheit ihrer Eltern und der öffentlichen Diskussion um deren Erziehungsmethoden, deren »Objekt« sie ja waren, fertiggeworden? Haben die jungen Nikitins das, was mit ihnen geschah, als etwas Besonderes empfunden? Meine Frage lautete also: »Was hat euch die frühe Entwicklung der schöpferischen Fähigkeiten gebracht?«*

An Hat diese frühe Entwicklung der schöpferischen Fähigkeiten denn überhaupt stattgefunden?

Al Das hängt davon ab, womit man vergleicht. Objektiv gesehen, hat sie stattgefunden, denn wir sind alle zwei, drei Jahre schneller durch die Schule gekommen.

K Und wozu soll das gut sein? Wenn die ganze Gesell-

---

[*] Neu aufgelegt in den beiden Bänden *Vom ersten Lebensjahr bis zur Schule*, KiWi 15, 1982, und *Ein Modell frühkindlicher Erziehung*, KiWi 57, 1984.

schaft, wenn alle sich früh entwickeln würden und früh in die Schule kämen, dann wäre das ja sinnvoll. Aber so ist der frühe Schulabschluß ...

Ju Zwei Jahre deines Lebens – das ist doch viel!

Al Du hast völlig recht. Ich zum Beispiel habe mindestens zwei Jahre meines Lebens gewonnen. Zwei Jahre länger in dieser idiotischen Schule herumhängen, dahinvegetieren, zwei verlorene Jahre – wenn einem das erspart bleibt, ist das schon viel.

K Hast du diese zwei Jahre überhaupt nutzen können?

Al Ich hab einiges an Lebenserfahrung erworben, ich hab in diesen zwei Jahren eine Berufsausbildung bekommen. Wichtig ist aber auch – und darüber ist hier so traurig gesprochen worden –, daß wir keinen Umgang mit unseren Mitschülern hatten, da sie ja älter waren als wir ...

Ju Aljoscha, das ist wirklich seltsam! Wären wir wirklich so schwach gewesen, daß die anderen uns an die Wand gedrückt hätten? Das stimmt doch so nicht!

Al Richtig. Weil wir keinen Kontakt hatten, sind uns – so seltsam das klingen mag – eine Menge Unannehmlichkeiten erspart geblieben. Natürlich ist uns dabei auch etwas entgangen.

An Wir haben uns die anderen zu Feinden gemacht.

Al Ich glaube aber trotzdem, daß unsere Schuljahre in eine Zeit fielen, offen gesagt, in der wir Gottlob wenig aus der Schule mit nach Hause genommen haben! (Gelächter)

I Ich weiß nicht, wie es bei euch war, aber ich bin da tüchtig gebremst worden.

Al Natürlich sind wir dort alle in unserer Entwicklung gebremst worden und zwar sehr stark. Vom Augenblick der Einschulung an bin ich eigentlich nur gebremst worden, je älter ich wurde, um so mehr.

Ju Und wie gern wollte ich etwas lernen!

Al Das ging mir genauso. Am Anfang hab ich sogar an der

Hochschule den neuen Stoff noch gierig aufgesogen, aber die Fähigkeit, neue Informationen aufzunehmen, nimmt leider mit den Jahren ab...

A Ja, die Fähigkeit nimmt ab, und das Verlangen danach wächst.

Al Und dann wird einem klar, wieviel man verloren hat und immer noch verliert. Das Schlimmste ist die Ausweglosigkeit: Man möchte so gerne, aber es geht nicht.

Ju Aljoscha ist schon wieder bei seinem Lieblingsthema.

An Die Berühmtheit wächst, der Erfolg läßt nach.

Al Vielleicht seid ihr nicht damit einverstanden, aber ich glaube, daß wir der frühen Entwicklung sehr viel verdanken: einen zeitlichen Vorsprung, die Möglichkeit, die Schule zu durchlaufen und dabei relativ wenig unter ihr zu leiden, sowohl moralisch als auch intellektuell...

Ju Richtig, wir haben uns abgekapselt, unsere Familie war unser Schneckenhaus. Und kaum, daß wir fröhlich die Nase an die Luft streckten, mußten wir sie gleich wieder einziehen. Man wird von außen in dieses Schneckenhaus gesteckt und versteckt sich dann auch selbst.

I Ich weiß zum Beispiel nicht, was ich von dem, was ich heute weiß, nicht auch schon mit neun Jahren hätte wissen können. Alle Kenntnisse, die ich in der Schule oder im Technikum erworben habe, sind rein elementar und fordern nicht den Verstand, sondern belasten eher das Gedächtnis, und das auch nur minimal.

Ju Ich möchte noch etwas zu der frühen Entwicklung sagen. Erstens hat Anton ganz richtig gefragt: Was ist das überhaupt – diese frühe allseitige Entwicklung? Wenn es sie überhaupt gab – und nehmen wir einmal an, es gab sie, also das frühe Lesenlernen und so weiter, diese ganzen formalen Fertigkeiten, so war sie katastrophal unausgewogen. Das habe ich Mama und Papa auch schon gesagt.

48

Al Was meinst du damit? Daß verschiedene Themen parallel liefen?

Ju Verschiedene Wissensgebiete. Das heißt, lesen gelernt hab ich mit drei, und das Gelesene verstehen kann ich bis heute nicht.

Al Na, das ist wohl dein Problem... (lacht)

Ju Natürlich ist das mein Problem. Und wenn ihr mich in Stücke reißt – ich weiß wirklich nicht, was die frühe Entwicklung mir gebracht haben soll. Das einzige, was sie gebracht hat, ist die Fähigkeit, sich mit allem möglichen zu beschäftigen. Ich habe schon gesagt, daß die frühe Entwicklung den Eltern mehr als den Kindern bringt, das heißt, die Kinder beschäftigen sich mit allem und jedem...

Je Vergiß nicht die Wahlmöglichkeit.

Al Die will Julka eben überhaupt nicht nutzen.

Ju Ich weiß nicht... ich wollte noch etwas sagen. Macht mal weiter, dann fällt es mir wieder ein.

Al Wir haben über das Fehlen eines Leitbilds gesprochen.

Ju Ja, erstens gab es kein Vorbild und zweitens... ach ja: Unsere Entwicklung war auch deshalb unausgewogen, weil uns zwar die Möglichkeiten eröffnet wurden, die materielle Basis zur Realisierung aber fehlte. Wir kamen in die Schule, mit dem lächerlichen Quentchen Wissen ausgerüstet, das die Schule verlangte – es war in der Tat lächerlich wenig! Und das war bald aufgebraucht, und wir haben uns gefreut und gedacht, daß es ausreicht. Aber heute kommt es mir so vor, als ob wir in Wirklichkeit schrecklich wenig konnten. Wir haben alles nur mögliche in uns hineingefressen, es aber nicht geschafft, unseren Hunger wirklich zu stillen, das heißt, wir kamen mit leeren Bäuchen aus der Schule, und jetzt stopfen wir uns auch irgendwie voll, aber wir wissen nicht wie. Wir können doch überhaupt nichts!

I Wer sollte uns denn vollstopfen? Es ist doch niemand da, der uns Nahrung geben könnte.

49

An Und Nahrung ist auch keine da.

Al Julka, das ist aber nicht die Schuld unserer Eltern, denn die haben in dieser Hinsicht ihr Möglichstes getan.

Ju Ja, es ist wohl eher ein Unglück.

Al Es ist das Elend der Gesellschaft.

Ju Das Elend des kulturellen Niveaus, auf dem wir uns befinden...

LA Das klingt schon etwas differenzierter...

Al ... des kulturellen Niveaus der Gesellschaft.

Ju Nicht einmal das – sondern der Gesellschaftsschicht, der wir angehören.

BP Das ist doch die Gesellschaft!

I Wieso denn das?

LA Das sollte man genau auseinanderhalten. Wir haben in der Tat nicht mehr tun können, aber wir müssen doch hier davon ausgehen, was man hätte tun können und was man hätte tun müssen. Letzteres lag nicht in unserer Macht, sondern in der anderer Leute. (Ju: Nun ja...) Das kulturelle Niveau in der Familie, in das unsere Kinder hineingeboren wurden, war natürlich niedrig. Das allgemeine kulturelle Niveau.

Ju Total niedrig! Unverkennbar gab es natürlich ein paar schöne Lichtblicke, aber die entsprachen... (An: ... dem allgemeinen Niveau...) Deshalb sind wir ja so wahnsinnig unausgewogen. Zum Beispiel unsere gemeinsamen Vorleseabende und die Konzerte – das war alles wunderbar und zugleich ... oh je, denn uns hat doch keiner gezeigt, wie man so etwas macht... was ist das bloß für ein Schwachsinn gewesen! (Gelächter)

BP Das sehe ich nicht so. Damit bin ich jetzt nicht einverstanden!

Ju Und noch etwas sehr Wichtiges: Als ich klein war, liefen hier immer so viele fremde Leute herum. Diese Leute zogen durch unser Haus, und wenn sie den Mund aufmachten, sagten sie: »Ach, wie wunderbar!« Und wir wurden zusehends selbstgefälliger, und das ist ekelhaft... der reinste Horror.

Al Vor dem ganzen Zirkus hab ich schändlicherweise die Flucht ergriffen, vielleicht war das auch gut so.

Ju Du hast rechtzeitig die Flucht ergriffen. Es war doch schrecklich, daß uns jeder Dahergelaufene einreden konnte, daß dieser ganze Zauber, der bei uns betrieben wird, großartig sei. Und wieviel Herzblut uns dann die Wahrheit gekostet hat. Ein Horror! Und da denkt man ein ums andere Mal: Gott, wie leicht hätte man das alles vermeiden können, aber vielleicht auch nicht...

A Mir persönlich ist es ziemlich leicht gefallen, diese frühe Entwicklung – die man ja erst merkt, wenn man in die Schule kommt – auszuhalten. Wahrscheinlich, weil ich ein sehr häusliches Mädchen war. Es hat mir nichts ausgemacht, daß ich kaum engeren Kontakt zu meinen Mitschülern und in der Schule überhaupt keine Freunde hatte. Dafür hatte ich ein normales, freundschaftliches Verhältnis zu den Lehrern, mehr wollte ich gar nicht... Was die frühe Entwicklung mir gebracht hat? Natürlich eine gewisse Leichtigkeit beim Lernen – ich habe mich immer gewundert, wenn andere damit Schwierigkeiten hatten.

Ju Unsere Mittelschule ist auf Idioten zugeschnitten. Ich sage ja immer, daß das nicht das richtige kulturelle Niveau für uns gewesen ist. Wir hätten ein kulturelles Niveau gebraucht, das uns gefordert hätte, auf diesem niedrigen Niveau wirkten wir natürlich wie kleine Genies. Was für ein Schwachsinn das war und wie uns das runtergezogen hat!

A Ganz genau. Man hatte den Eindruck, alles ist ganz simpel, man braucht sich geistig nicht anzustrengen und kann den anderen auch noch was erklären. Als wäre in der Schule alles ganz simpel gewesen...

Ju Und dabei dann diese grenzenlose Selbstüberschätzung, diese miese Eigenliebe!

Al Nein, das trifft auf mich nicht zu. (I: Auf mich auch nicht.) In der Beziehung hatte ich Glück: Ich habe mich immer für den letzten Dreck gehalten, bis ich so fünfzehn war und anfing, Selbstgefühl zu entwickeln. Aber vorher war ich nicht sonderlich von mir angetan.

An Als ich in die Schule mit dem mathematischen Zweig kam, verschwand dieses Gefühl völlig, weil ich...

LA Das Gefühl, daß du etwas Besonderes bist?

An Ja. Ich kann nicht behaupten, daß das ein bewußter Prozeß gewesen ist, aber an der normalen Schule war alles so kinderleicht gewesen, und plötzlich kam ich unter Leute, die sich mit wesentlich komplizierteren Sachen beschäftigten. Hier geht es wieder um das Niveau – der Kenntnisse, der Probleme...

Al Aber ist das nicht das kulturelle Niveau?

An Natürlich haben diese Dinge etwas miteinander zu tun, aber wie dem auch sei, diese beiden Jahre haben mir viel gebracht: Ich mußte mich einfach anstrengen.

LA Hier stellt sich mir eine Frage: Einige von euch haben die These aufgestellt, daß es euch nach Hause zog, weil ihr zu Hause bekommen habt, was euch die Schule nicht geboten hat.

Ju Wir haben in der eigenen Familie geschmort. Auf die Weise erhöht man sein Niveau auch nicht.

LA Na gut, aber warum zog es euch dann nach Hause?

K Vielleicht, weil wir hier den Umgang fanden, den wir suchten.

Ju Rückzug in die Familie, weil es keine Außenkommunikation gab.

I Und der Kontakt zu den Eltern?

L Julija, du läßt aber auch an nichts ein gutes Haar.

LA Du meinst, ihr hattet keine Ausweichmöglichkeit?

Ju Nein. In der Familie war es immer am schönsten. Nirgends war es besser als hier.

LA Ich kann das schlecht beurteilen, aber es würde mich doch sehr interessieren. Ich stimme vollkommen mit dir überein: Unser allgemeines kulturelles Niveau ist ziemlich niedrig, das fängt an bei der Bibliothek – ich meine, bei der schöngeistigen Literatur, die wir nie hatten, und hört auf mit Fragen der Ethik und Ästhetik. Aber wenn es wirklich so armselig bei uns war, was hat euch denn dann hier gehalten?

Ju Uns war die ganze Armseligkeit ja nicht bewußt.

M Wie habt ihr eigentlich die Berühmtheit eurer Eltern empfunden, hat sie euch genutzt oder geschadet?

Al Die Frage hat es in sich!

Ju Negativ war, daß der Ruhm sich nicht so sehr auf die Eltern bezog. Wenn unsere Eltern irgendwelche berühmten Physiker oder Schriftsteller gewesen wären, hätte das alles ganz anders ausgesehen. Aber so waren unsere Eltern als *Eltern* berühmt, der Himmel möge mir verzeihen.

Al Seit sie bei uns auf der Arbeit wissen, daß ich aus *dieser* Familie stamme – das ist erst kürzlich bekannt geworden –, hat sich nicht das geringste verändert. Ich habe mich gefragt, warum? Bis heute hat das doch eine gewisse Rolle gespielt, wenn auch keine besonders große. An der Pädagogischen Hochschule war das noch zu merken, daß die Leute sich anders verhielten, wenn sie es wußten. Aber inzwischen spielt das so gut wie keine Rolle mehr. Aus dem einfachen Grund, weil ich inzwischen selbst wer bin, weil ich als Fachmann etwas tauge, als Mensch, der vieles besser kann als andere. Heute kann ich mich selbst achten.

LA Zuerst lernten sie dich kennen, und dann erfuhren sie, wer du bist?

Al Ja, natürlich.

LA Und wenn es umgekehrt gewesen wäre?

Al Ich glaube, dann hätte sich auch nichts geändert, weil ich heute alle diese Wechsel einlöse und die Erwartungen, die man an mich gestellt hat, erfüllen kann.

A Immer, wenn ein neuer Lebensabschnitt anfängt, wenn man neue Leute kennenlernt...

Al ... ist's angenehm, wenn es niemand weiß.

A Ja, man legt keinen gesteigerten Wert darauf, daß die Zugehörigkeit zu einer berühmten Familie bekannt wird, und nicht etwa, weil man sich schämte oder irgendwelche Befürchtungen hätte, nein, es geht um etwas ganz anderes...

I ... um die vorgefaßte Meinung.

A Ja, davor hat man Angst, man möchte doch man selbst sein dürfen und sich selbst darstellen.

Ju Genau! Das ist ein interessanter Gedanke, denn unsere Familie kennen alle nur von irgendwelchen Veröffentlichungen her, und die sind der reinste Horror...

A In den Veröffentlichungen wird fast nur gelobhudelt, aber nichts erklärt...

I Ich habe erlebt, daß man sehr taktvoll damit umging. Als ich einmal einen Monat lang im Pionierlager als Gruppenleiter arbeitete, dachte ich, niemand weiß, wer ich bin. An einem der letzten Abende fragten mich die anderen beim Tee dann doch danach. Als ich sagte, was spielt denn das für eine Rolle, haben sie es gleich richtig verstanden und nicht mehr davon angefangen.

An Da hast du Glück gehabt, Iwan.

A Meistens zeigen sie mit dem Finger auf einen und stellen Fragen...

I ... aber auf so eine merkwürdige Art.

A Mit irgendwelchen Hintergedanken.

Al In der letzten Zeit, als meine Bekannten, Studienkollegen und so weiter anfingen zu heiraten und Kinder zu kriegen, habe ich bemerkt, daß ich für sie eine wichtige Informationsquelle sein kann. Wir wissen im Grunde besser als andere, was in dem Bereich gut und weniger gut ist. Wir haben diese Dinge nie formuliert, aber wir alle wissen doch ganz genau, daß nicht wir, sondern unsere Eltern uns erzogen haben. Wenn man selber anderen davon erzählen kann, wird das Ganze auch irgendwie anders aufgenommen.

A Und wenn man etwas anderes von dir erwartet als das, was du erzählen müßtest und möchtest? Wenn die Leute mit anderen Fragen kommen?

Ju Dann gerät in der Tat einiges durcheinander: Anstatt sich für die Nikitinschen Methoden zu interessieren, fragt man nach dem Privatleben. In der Schule haben sie mich immer fertigmachen wollen – das war in der Zeit, als ich auch Prügel bezogen hab, körperlich wie seelisch – und mich gefragt: Stimmt es, daß ihr zu Hause in Schlafsäcken schlaft? (lautes Gelächter) Irgendwie hab ich unter solchen Sachen immer schrecklich gelitten. Und dann auch noch unsere furchtbare Armut...

Al In unserer Gesellschaft gibt es eine ziemlich traurige – ich will nicht sagen, Tradition, aber eine ziemlich bedauerliche Erscheinung, eine negative Einstellung der Leute allem Ungewöhnlichen, Ungewohnten gegenüber. Das haben wir alle am eigenen Leibe erfahren.

LA Intoleranz...

Al Ja, Intoleranz ist bei uns schrecklich verbreitet. (I: Aus Neid.) Nicht einmal aus Neid, sondern weil ein Mensch anders als die anderen ist, besonders wenn er vieles besser kann.

LA Häng dich nicht zu weit aus dem Fenster!

Je Gott sei Dank ist unsere Natascha trotz alledem eine gute Schülerin, aber wenn sie auch nur einmal eine weniger gute Note hat, heißt es gleich: »Ach, du bist doch eine Nikitin? Wieso hast du denn dann eine Vier? Und wieso hast du in Sport nur eine Drei?« (Gelächter)

L Nein, bei mir ist es umgekehrt gewesen. Als die Deutschlehrerin erfahren hatte, daß ich aus der Nikitinfamilie komme, hat sie sofort angefangen, mich bevorzugt zu behandeln. Bei uns war es irgendwie so, daß die Elite Englisch wählte, und der Rest nahm Deutsch. Und in Deutsch gab es außer mir noch eine gute Schülerin. Ich fühlte mich einfach der Lehrerin verpflichtet..., also, das war alles ein bißchen kompliziert, aber unangenehm war mir, daß sie mir dauernd Einsen gab. Natürlich hab ich mich auch angestrengt, ich mußte ihre Erwartungen ja irgendwie erfüllen. Aber wenn ich ins Stottern geriet und meinen Satz nicht zu Ende brachte, bekam ich trotzdem meine Eins und das andere Mädchen eine Zwei.

Ju Interessant ist in diesem Zusammenhang, warum wir uns früher vor all dem versteckt haben – ob bewußt oder halbbewußt – und daß wir heute ein entspannteres Verhältnis dazu haben. Ich spüre ganz genau, wie diese Nikitinzugehörigkeit einen immer herausstellt, man erlangt eine bestimmte Autorität in der Gesellschaft, obwohl man in Wirklichkeit gar keine besitzt. Das kann sogar positiv sein, denn die Gesellschaft ist widerlich. Ja, das ist es: Du pfeifst auf die Gesellschaft, und gleichzeitig bringt dir diese Gesellschaft so etwas wie Achtung entgegen.

An Man kann auf diese unverdiente Achtung auch verzichten...

Ju Das stimmt...

I Nein, dieses Buch wird bei uns nie erscheinen. (lautes Gelächter, Zwischenrufe)

Al Hattest du dir da überhaupt Hoffnungen gemacht? (Gelächter)

LA Wir haben unsere Bekanntheit nicht ausgenutzt. (Zwischenrufe, Lärm)

Ju Darum geht's doch nicht, daß wir irgendeinen Nutzen daraus gezogen hätten...

I Im Gegenteil.

Ju Das ist nur die Kehrseite der Medaille... Ständig werden wir beurteilt... Ich weiß nicht, wie es den anderen geht, aber mich stört es sehr, ständig irgendwelchen Scheißdreck über uns zu lesen... (An: Das merkt man.)

LA Und du archivierst das Ganze auch noch für Boris Pawlowitsch, nicht wahr?

Ju Das ist verständlich. Aber es ist doch wahnsinnig unangenehm und ungerecht, daß uns alle für klug halten, wo wir doch alle, alle ohne Ausnahme, noch klein und dumm sind.

I Das Allerschlimmste ist, daß man uns für die logische Folge der theoretischen Darlegungen unserer Eltern hält. (lautes Gelächter) Quasi für deren Beweis. (zustimmendes Gelächter)

A Wirklich wichtig in unserer Familie ist aber nicht so sehr die Entwicklung gewesen, von der in all diesen Veröffentlichungen die Rede ist... (BP: Sondern?)

A Papa, das ist etwas anderes gewesen...

Al Ich bin mit Anja nicht einverstanden.

A Ich bin zur Zeit sehr stolz darauf, daß ich in dieser Familie, und in keiner anderen, aufgewachsen bin...

Al Anja, das stimmt doch nicht, daß – wie du sagst – alle diese theoretischen Überlegungen nichts mit uns zu tun haben.

A Ich habe gesagt, daß es nicht das Wichtigste ist... darüber müssen wir einfach noch nachdenken.

Al Man muß die Frage konkreter stellen: Wenn es diese ganzen Theorien, den Versuch, die Entwicklung früher in Gang zu bringen, nicht gegeben hätte, wären aus uns wahrscheinlich auch keine Ungeheuer geworden. Das hast du wohl gemeint. (A: Ja.) Aber dann hätte unsere Familie sich überhaupt nicht von anderen unterschieden... Wir reden ja jetzt über die Unterschiede. Es gibt eine Menge Familien, aus denen anständige Menschen hervorgehen, nicht wahr? Anständige Menschen gibt es immer auf der Welt.

Ju Aljoscha, du hältst dich für besonders gut.

Al Ich bin weit davon entfernt. Anja meint einfach die Atmosphäre in der Familie, die nicht unmittelbar etwas mit Papas Theorien zu tun hatte...

BP ... mit der Entwicklung der Fähigkeiten...

O Ach, hört doch auf damit. Das ist doch alles so miteinander verflochten, daß man da keine klaren Grenzen ziehen kann.

Al Sicherlich, aber man muß doch zugeben, daß es uns viel gebracht hat. Ich habe da nicht mehr den geringsten Zweifel.

Ju Ja? (ironisch)

Al Das Gefühl habe ich immer gehabt.

I Nein, ich denke, unsere Familie hat uns mehr emotional etwas gegeben...

Al Was heißt hier »mehr«? Das sind doch verschiedene Dinge.

I Nein, für mich ist das die Grundlage gewesen. Und deshalb sind wir auch an der Schule nicht zerbrochen...

Al Wunderbar, in der Hinsicht ging es uns viel besser als den anderen, aber wenn Anja sagt, die frühe Entwicklung sei nicht die Hauptsache... wie soll ich sagen... fürs Leben gewesen, hat sie vielleicht recht, aber trotzdem ist sie sehr wichtig gewesen.

A Mir scheint, das Verdienst unserer Eltern besteht darin, daß sie überhaupt Interesse für Erziehungsfragen bei den Leuten geweckt haben...

Ju Darf ich jetzt was sagen? Mir kam vor kurzem der Gedanke in den Sinn, daß unsere Familie degeneriert ist – entschuldigt den Ausdruck. (trauriges Lachen, Lärm) Sie ist untypisch, versteht ihr, was ich meine? Und ich weiß gar nicht, ob ich das gut oder schlecht finden soll. Wir haben zum Beispiel nicht diese Pubertätsschwierigkeiten gehabt. Das heißt, unsere Eltern haben uns absolut vertraut, und wir vertrauten ihnen absolut – so etwas ist idiotisch, so etwas kann es in der Gesellschaft gar nicht geben... Und das ist sehr merkwürdig, weil wir außerhalb der Familie immer ein bißchen hilflos sind und irgendwie immer noch an der Nabelschnur hängen ...

Al Das ist eine sehr wichtige Frage, Julka, und ich meine nicht, daß das seltsam ist, weil bei uns in der Familie nicht gelogen wurde.

I Es gab diese Verlogenheit von der übelsten Sorte einfach nicht!

Al Ja, aber die Gesellschaft war total verlogen, und das ist einer der Hauptgründe, warum Kinder Probleme mit ihren Eltern haben und umgekehrt.

An Ich würde von Halbwahrheit sprechen; die ist noch schlimmer als Lüge.

LA Ich denke, daß jede anständige Familie es damit genauso hält. Für meine Begriffe ist das überhaupt die Basis ...

Ju Das ist abartig.

LA Warum?

K Zugegeben, das kommt nicht sehr häufig vor.

Ju In unserer psychisch abartigen Gesellschaft ist das abnorm. (Ausrufe der Zustimmung und des Protests, Zwischenrufe) Im Verhältnis zur Gesellschaft ist das nicht normal.

L Sagen wir – untypisch.

LA Das stimmt nicht, denn jede anständige Familie hält das so. Anders kann man doch überhaupt nicht existieren! (Pause)

M Ich glaube, die Diskussion über die Frage: Was war das Wichtigste – die moralische oder die intellektuelle Entwicklung? – haben wir noch nicht ganz abgeschlossen.

Al Für uns persönlich war sicher die warme Atmosphäre in der Familie wichtig. Wenn es diese frühe Entwicklung aber nicht gegeben hätte, hätten wir viele Nachteile gehabt, wir hätten weniger gewußt, weniger gekonnt, aber wir wären trotzdem vernünftige Menschen geworden – und das ist doch immer noch die Hauptsache.

3. »Es war schwer, sich von den Eltern zu emanzipieren...« (Beziehungsgeflechte, Konflikte und Außenansichten)

Mit ihren eigenwilligen Erziehungsmethoden waren die Nikitins auf sich allein gestellt. Die Familie hatte nicht viele Freunde. Das isolierte Leben in Bolschewo hat notgedrungen dazu geführt, daß die Kinder ungewöhnlich stark auf ihr Zuhause fixiert waren, auf die Eltern und die Geschwister. Auf der anderen Seite kamen ständig Besucher. Wie hat sich dieser Sachverhalt auf die Beziehung zu den Eltern und auf die Beziehungen der Geschwister untereinander ausgewirkt? Wie sind die jungen Nikitins mit der Umwelt, mit anderen Menschen, mit Fremden zurechtgekommen? Die Frage ist letztlich, welche Faktoren ihre Entwicklung am meisten beeinflußt haben.

Al Was unsere Entwicklung am meisten beeinflußt hat?
An Daß wir unter...
Al ... einem glücklichen Stern geboren sind.
K In einer so guten Familie...
I Daß wir so gute Eltern erwischt haben... (Gelächter)
A Man nimmt sich ja immer ein Beispiel an jemandem, man hat ein Vorbild, dem man nacheifert. Bei mir war das die Familie – Vater, Mutter und ... manchmal auch der älteste Bruder. Wenn ich in Schwierigkeiten bin, gehe ich irgendwie immer zu Aljoscha.
I Ich kann mich nicht erinnern, daß ich als kleines Kind irgendein Vorbild gehabt hätte – zum Nacheifern und zum Aufschauen. Erst mit ungefähr zehn Jahren hab ich den Einfluß der Eltern wahrgenommen... (An: Als ihnen klar wurde, daß es so mit dir nicht weitergehen durfte...) (Gelächter). Natürlich hatten sie großen Einfluß auf mich, aber

mir war das nicht bewußt. Ich habe immer gedacht, daß ich selbst auswähle, d. h. meine menschlichen Qualitäten sozusagen synthetisch hervorbringe.

A Ja, es stimmt, daß man den Einfluß der Eltern erst mit den Jahren merkt.

I Genau, heute sind die Eltern eine viel größere Autorität als früher.

Ju Man nimmt den Einfluß der Eltern einfach bewußter wahr... Und das ist der reinste Horror! Wißt ihr, was für Spielchen das sind? Ach, ich weiß auch nicht, wie ich mich verhalten soll. Nach dem Motto: »Was würde Mama dazu sagen?« Und dann mach ich es so, wie sie es vorschlagen würde?

A Nein, Julija, nein...

O Das kann durchaus vorkommen, Anja. Ich weiß nicht, wie es den anderen geht, aber ich...

Ju Natürlich! Denn es steht ja fest, daß Mama ein guter Mensch ist und daß ich womöglich schlecht bin. Sie würde nie etwas Schlechtes tun...

LA Dazu hätte ich eine Frage: Ihr wart also immer davon überzeugt, daß Vater und Mutter gute Menschen sind?

O Absolut!

Al Zu der Frage, wie wir unsere Eltern einschätzen, kommen wir später noch.

I (zu den Eltern) Eure Anwesenheit bei dieser Frage ist nicht unbedingt erforderlich. (Gelächter)

Al (lacht) Wir schicken euch vor die Tür!

I Papa und Mama werden draußen mit den Zähnen klappern!

A Es ist interessant, daß sich die Beziehung zu den Eltern mit den Jahren verändert hat. Als wir klein waren, hatten wir ein ganz anderes Verhältnis zu ihnen als später, als Heranwachsende. Ich habe so mit elf, zwölf Jahren plötzlich auch irgendwelche negativen Seiten an den Eltern entdeckt. Sie waren für mich vollkommen gut, sie waren mein Vorbild gewesen, und plötzlich merkt man, daß zum Beispiel Mama sich einem Menschen gegenüber, den sie nicht leiden kann, ganz freundlich verhält. Das hat mir zu denken gegeben! Man gerät in eine Sackgasse und zieht sich in seine Innenwelt zurück... Mit den Jahren, wenn man mehr mit dem Leben konfrontiert wird, mehr kennenlernt, fängt man an, die Dinge anders zu sehen und zu verstehen, und man wundert sich über seine Eltern. Je älter man wird, desto mehr.

O Die kindliche und die bewußtere Beziehung zu den Eltern – das sind zwei ganz verschiedene Dinge.

Ju Genau! Die Liebe des Kindes zu Vater und Mutter verwandelt sich in die Liebe eines Menschen zu einem anderen. Aber nur wenige Leute können das wirklich ertragen. Erst vor kurzem ist mir bewußt geworden, daß ich meine Eltern wirklich liebe und verehre, und zwar nicht, weil sie meine Eltern sind, sondern einfach als Menschen, die mir nahestehen.

Al Das ist besonders wichtig, weil in unserer Gesellschaft so oft verlangt wird, man müsse Vater und Mutter ehren, weil sie einen in die Welt gesetzt und aufgezogen haben. Ich halte das für eine Unsitte, für mich hat das etwas mit Liebedienerei zu tun. Bei irgendeinem amerikanischen Schriftsteller habe ich gelesen, daß er immer zu Gott betet: »Herr, beschütze die Kinder vor ihren Eltern.« Nämlich vor ihrer durch nichts kontrollierten, uneingeschränkten Macht über die Kinder, die es in unserer Familie eben überhaupt nicht gegeben hat. Ich glaube, ein anderes Verhältnis zwischen Eltern und Kindern kann es eigentlich gar nicht geben.

LA Das ist ein zu hoher Anspruch...

Al Aber das ist doch erstrebenswert, und ich kann mir einfach kein anderes Eltern-Kind-Verhältnis vorstellen.

Von allen guten Menschen, die man kennt, stehen einem die Eltern am nächsten, und es ist nur zu natürlich, daß die Eltern an erster Stelle stehen, bevor man anderen Menschen hilft.

Ju Mir kommt mein Lieblingszitat aus einem Gedicht von Marina Zwetajewa in den Sinn. Sie wendet sich an die Kinder und sagt: »Ihr sollt eure Eltern nicht ausbeuten, nur weil sie eure Eltern sind.« Ich finde, daß es sehr schwer war, sich von den Eltern zu emanzipieren. Das, womit Großvater* sich beschäftigt, spielt da auch noch mit herein. Es war wirklich sehr schwierig und sehr hart. Besonders weil ihr uns als eure Kinder ausgebeutet habt.

An Das ist das Unglück aller Eltern.

Ju Nein, das geht von der Öffentlichkeit aus und... von Großvater. (Gelächter)

LA Hier spielt so eine merkwürdige Eifersucht mit hinein. Wie soll ich das ausdrücken? Manchmal läßt Papa durchblicken, daß ihr das, was gut an euch ist, irgendwie uns zu verdanken habt. Aber in Wirklichkeit ist das überhaupt nicht so. Verstehe ich dich da richtig?

Ju Ich habe Mama schon gesagt, daß meiner Ansicht nach unser Familienleben sich ab einem bestimmten Augenblick aufgespalten hat. Das Familienleben, das der Umwelt suggeriert wird, das ist der Teil unseres Lebens, mit dem Papa sich beschäftigt. Und die Suppe auszulöffeln, die wir uns damit eingebrockt haben, das ist Mamas Aufgabe.

A Der eine brockt die Suppe ein, der andere löffelt sie aus.

Ju Nein, sie beide löffeln brav die Suppe aus, die sie sich eingebrockt haben, nur jeder auf seiner Seite, mit seinem eigenen Löffel.

I Und wir versuchen, aus dieser Suppe herauszukrabbeln... (Gelächter)

* Boris Nikitin

Ju Mir scheint, das ganze Elend besteht darin, daß Papa den Sinn für die Realität verloren hat...

LA Während die Mutter tief in ihr drin steckt...

I ... und nicht mehr rauskommt.

Ju Für die beiden ist es auch schwer, die ganze Sache objektiv zu betrachten. Für uns sowieso. Ich weiß wirklich nicht, was ich damit anfangen soll. (lacht traurig)

I Gehen wir zur Diskussion über.

Ju Anstatt irgendwelche Fragen zu lösen, setzt sich Mama einfach so hin – seht sie euch an, wie sie dasitzt (Gelächter) – und weiß nicht, was sie machen soll. Papa weiß es natürlich, er weiß überhaupt alles!

O Aber machen tut er auch nichts...

Ju Nein, im Gegenteil, er tut immerzu etwas, rennt herum, redet, erzählt. Wenn's nach ihm geht, ist bei uns alles in schönster Ordnung, aber wenn's nach Mutter geht... Jedenfalls kommt es mir so vor. Ich habe den Eindruck, daß unsere Eltern sehr, sehr gute Menschen sind.

I Interessanter Gedanke.

Ju Am besten gefällt mir an ihnen, daß sie die fürchterliche Suppe, die sie sich eingebrockt haben, auch treu und brav auslöffeln. Beide sind wahnsinnig tolle Menschen, weil sie sich selbst nichts vormachen: Das heißt, wie Papa zu Hause redet, so redet er auch in der Öffentlichkeit und umgekehrt. Und Mama – wenn sie überhaupt etwas sagt – nimmt kein Blatt vor den Mund. Nein, die beiden sind wirklich sehr gute Menschen, was man von ihren Kindern nicht behaupten kann (lautes Gelächter). Unsere Schuld gegenüber unseren Eltern besteht darin, daß wir sie eines schönen Tages verlassen haben und geflohen sind, und sie mußten die ganze Suppe alleine auslöffeln... Aber warum hat Papa das Gefühl für die Realität verloren? Weil wir es versäumt haben, einen Zugang zu ihm zu finden.

A Zum Teil ist das natürlich richtig: Sich dem, was Papa treibt, zu entziehen, ist am allerleichtesten. Das sind alles so wichtige Fragen...

Ju Das ist vor allem eine idiotische Situation! Wo gibt's das denn, daß Kinder über ihre Eltern diskutieren? Und wir betreiben das seit frühester Kindheit.

LA Ich schlage noch eine Frage vor: Was denken die, die in unsere Familie hineingeheiratet haben, über uns?

Ju Oder diejenigen, die sie aus sicherer Distanz beobachten können. (Gelächter) Wir haben diese Möglichkeit nicht.

A Leider. (Gelächter)

M Ich würde gern wissen, was für ein Verhältnis ihr zur Umwelt, zu anderen Menschen habt.

I Ich kann das für mich so ausdrücken – allumfassende Menschenliebe, so wie Christus... (Gelächter)

A Als wir klein waren, hatten wir natürlich ein anderes Verhältnis zu unseren Mitmenschen als in der Schule und in der Ausbildung. Heute habe ich auf der Arbeit sehr interessante Beziehungen, wobei mir auffällt, daß ich mich immer sehr nach dem Gesprächspartner richte, wir sind alle irgendwie sehr umgänglich.

Al Kontaktfreudig.

A Vielleicht auch kontaktfreudig, aber verstehst du, da ist auch die Fähigkeit, sich anzupassen.

L Das hat mit Anpassungsfähigkeit nichts zu tun, wir sind nicht nachtragend.

A Aber man lebt ja mit den Leuten zusammen. Ich zum Beispiel möchte anderen immer – wie soll ich sagen – das Leben, den Kontakt erleichtern, und deshalb unterhalte ich mich mit anderen in ihrer Sprache. Ich will nicht auffallen. Aber dabei gibt man sein Niveau nicht auf, man unterwirft sich dem anderen nicht. Obwohl ich es mit einfachen Leuten zu tun habe, merke ich doch, daß meine Gegenwart sich positiv auswirkt, daß ich die Leute verstehe und ein wenig mitziehe, aber ich ziehe sie nicht runter, im Gegenteil. Man ist die ganze Zeit zusammen, spricht quasi eine Sprache, aber man kann doch auch einen besonderen Gedanken vorbringen, und die anderen hören zu, denken darüber nach ...

BP Weil sie dich verstehen.

LA Ich freue mich natürlich sehr über das, was Anja gesagt hat, obwohl ich nicht weiß, wie sie eine solche Haltung entwickeln konnte – denn wir haben ja in ständigem Kampf mit unserer Umwelt gelegen ...

Al Aber wir sind nie voreingenommen gewesen. Wer auch immer hier aufgetaucht ist – und im Laufe der Jahre sind ja eine Menge Leute hier durchgezogen – wir haben nie jemanden von vornherein für schlecht oder böse gehalten, von ganz, ganz seltenen Ausnahmen einmal abgesehen. Wir haben immer das Beste angenommen, und das sitzt ganz schön tief in uns drin. Einem fremden Menschen begegnet man immer mit offenen Armen, obwohl du weißt, daß du ihm scheißegal bist (Gelächter), daß du wieder Prügel beziehen wirst. Du kriegst immer wieder eins auf die Mütze und müßtest eigentlich allmählich eines Besseren belehrt sein – dennoch kannst du dich praktisch nicht davon freimachen. Du gibst dir auch keine große Mühe, davon loszukommen, obwohl du dir manchmal große Scherereien ersparen könntest. (I: Ich sag ja – es ist unrentabel.)

Al Wir haben vielleicht zu wenig Prügel bezogen.

Ju Noch zu wenig. Wißt ihr, was interessant ist: Bis vor kurzem hatte ich praktisch überhaupt keinen Kontakt zu meiner Umwelt, bis zur Hälfte der Studienzeit.

A Nun ja! Kontakte, wie man sie sich gewünscht hätte, gab es nicht.

Ju Nein, das hatte ausschließlich etwas mit mir zu tun: In Gesellschaft bin ich ein total verschlossener Mensch gewesen, Gott sei's gedankt!

Al Für wen »Gott sei Dank« – für dich oder für die Gesellschaft?

L Für beide.

Ju Für die Gesellschaft. Übrigens präsentieren wir uns hier als wer weiß wie gute Menschen, dabei sind wir gar nicht gut. Und die, die heute eine eigene Familie oder Freunde haben, wissen das auch sehr gut...

BP In meiner Erinnerung sieht das anders aus.

Je Eigentlich hat ja jeder Mensch, jede Familie einen eigenen Kreis, zu dem man gehört. Es hat sich so ergeben, daß wir einen solchen Kreis nicht gehabt haben, d. h., wir haben Kontakt zu vielen verschiedenen Kreisen, aber keinen, zu dem wir im engeren Sinne gehören, denn uns stehen Leute aus ganz verschiedenen Milieus nahe: Leute aus der »besseren Gesellschaft«, einfache Leute, Leute aus der Mittelschicht, die untereinander kaum Kontakt haben. Wir aber pflegen Kontakt mit jedem einzelnen, weil er für uns sozusagen der Beste aus seinem Milieu ist.

Al Da bin ich nicht ganz einverstanden mit dir. Wahrscheinlich sind diese Leute keine richtigen Freunde, weil wir im Umgang mit ihnen nicht ganz offen sind. Jeder von ihnen kommt nur an bestimmten Punkten mit unserem Familienkreis in Berührung, und dasselbe kann man von uns allen behaupten. Vielleicht liegt hier einer der Gründe dafür, daß wohl keiner von uns Freunde hat von der Sorte, die mit einem durch dick und dünn gehen, Freunde, denen man alles erzählen kann.

Ju Du irrst.

Al Ich spreche von mir und dem, was ich beobachtet habe... Es gibt wirklich nur sehr wenig von der Sorte. Das spricht nur dafür, wie anspruchsvoll wir in bezug auf andere Menschen sind. Das ist bei uns allen so – wir sind sehr anspruchsvoll. Nicht, daß wir selbst diesen Ansprüchen immer genügen, aber...

Ju Vielleicht irre ich mich ja, aber ich habe den Eindruck, Freunde gefunden zu haben, die mir so lieb und teuer sind wie meine Familie. Interessanterweise sind das lauter Menschen, die sich überhaupt nicht in unsere Familie einfügen und die von meiner Familie auch nicht akzeptiert werden... Unsere Familie ist doch auch ein interessantes Phänomen – ich hab das schon zu Wanja gesagt: Die Atmosphäre bei uns wirkt sehr stark auf Außenstehende. Niemand, der also in unsere Familie gerät, untersteht sich, hier seinen Einfluß geltend zu machen, seinerseits auf uns einzuwirken, sondern er fängt an, unsere Spielchen mitzuspielen. Wir sind ein ziemlich selbstgenügsames Kollektiv und keineswegs besonders gute Menschen.

M Wie war eigentlich das Verhältnis von euch Kindern zueinander? Hat es bei euch Gruppenbildung, Streit oder Konkurrenz gegeben? (Gelächter. Die Runde belebt sich merklich)

Ju Jetzt geht's erst richtig los! (L: Schlägerei bis aufs Blut.) Jetzt wird's erst richtig interessant.

I (schnell) Da gibt's doch gar nichts zu erzählen oder? Wir gehen zur nächsten Frage über. (lautes Gelächter)

An Oh, mir fällt ein, wie Alexej und ich uns geprügelt haben!

Ju Ha, und erst Anton und ich! (Gelächter) (O: Die Hauptsache war, daß wir immer alle zusammen waren!)

I Ich hab immer zu den Mädchen gehalten. (sehr lautes Gelächter)

K Anton hat am meisten abbekommen, weil Aljoscha die Flucht ergriffen hat. Seh ich das richtig?

Ju Ja, ganz genau... (A: Ich glaube, Aljoscha gehörte immer schon zur Welt der Erwachsenen.) Dann hat Anton unsere Erziehung in die Hand genommen – und uns ins Badezimmer gesperrt...

I Ich hab dann heimlich wieder aufgeschlossen. (alle lachen immer noch) Als Kind hat man aus irgendeinem Grund denjenigen, mit dem man sich geprügelt oder gezankt hat, glühend gehaßt. Das Gefühl ging zwar vorüber, war aber dennoch außergewöhnlich heftig...

Al Aber das Wichtigste ist doch, daß wir uns zu Hause geprügelt haben und kaum mit anderen auf der Straße. Na, Wanja kam vielleicht in der Schule nicht daran vorbei, nicht wahr?

I Ja, aber nur selten.

BP Als ihr aus dem Pionierlager zurückkamt, war das erste, was die Gruppenleiterin sagte: »Ihre Kinder halten zusammen wie Pech und Schwefel! Die lassen sich nicht gefallen, daß einer von ihnen beleidigt wird.«

I Ja, das ist interessant! Ljuba und ich gingen doch in dieselbe Klasse, und zu Hause... (BP: ...flogen nur so die Fetzen!) Na, so kann man es bildlich sagen... Aber in der Schule haben wir immer zusammengehalten, besonders den Lehrern gegenüber. Wenn einer von uns schwänzte, hatte der andere immer einen triftigen Grund parat.

Ju Ich hätte da noch eine Frage: Warum wurde in unserer Familie kein Kind bevorzugt behandelt?

Al Bei uns hat's wirklich keine Lieblinge gegeben.

Ju Ich meine, warum sind wir Kinder nie eifersüchtig aufeinander gewesen? Ich weiß gar nicht, was Eifersucht ist.

I Das sagt Julia, weil... (lautes Gelächter)

Ju Das stimmt doch gar nicht.

L Ich kann nur sagen, daß Julia Papas Liebling ist...

O Das ist wirklich ein Phänomen: Ich werde oft gefragt, wen mögen eure Eltern denn am liebsten? Als ich die Frage zum ersten Mal hörte, war ich wie vor den Kopf gestoßen. An das Gefühl kann ich mich bis heute erinnern. Damals hab ich überhaupt das erste Mal darüber nachgedacht, daß man den einen mehr und den anderen weniger lieben kann.

Ju Ich hatte immer das Gefühl, daß jeder von uns den

Vater und die Mutter einzeln für sich gehabt hat, daß jeder von uns seine besondere Beziehung zu den Eltern hatte, die auch niemand ihm streitig machen konnte.

I Das ist doch klar...

A Dabei waren die Beziehungen zu den Eltern nicht etwa gleich, jeder hatte seine eigene, besondere. Unterschiede, Konkurrenzverhalten oder so etwas hat es nicht gegeben.

BP Keine Konkurrenz, keine Grüppchenbildung.

LA Wir werden auch oft gefragt: Wen lieben Sie am meisten? Es kann einfach nicht sein, daß Sie alle gleichermaßen lieben. Ich sage dann immer: Wieso denn gleichermaßen? Ich liebe sie alle auf unterschiedliche Weise. So seltsam es klingen mag – es geht hier nicht um Quantität, sondern um Qualität.

A So ist es auch in der Beziehung zu den Geschwistern. Für die jüngeren hat man sogar so eine Art Muttergefühl...

BP Aber warum hat denn Lena Alexejewna manchmal zu mir gesagt: »Anton ist dein Schoßkind«?

LA Das Wort »Schoßkind« hab ich nie verwendet, ich hab »Liebling« gesagt...

An Das ist doch ganz egal, Papa.

A Sicher gilt das nur in ganz spezieller Hinsicht: Zum Beispiel, daß man ihn vorzeigen kann. Dasselbe gilt für mich.

Al Ich hör euch die ganze Zeit reden und versuche, das alles zu verarbeiten, weil es hier einen sehr interessanten Aspekt gibt: Jeder von uns war in der Familie auf seine Weise der Größte. (Ju: Jeder war unersetzbar; LA: Interessant; A: Ja, stimmt; BP: Genau!)

Ju Was übrigens zu einem interessanten Ergebnis geführt hat: daß wir uns eigentlich gar nicht richtig kennen. Wir haben uns hier versammelt, und jeder nimmt die Rolle wieder auf, die er als Kind gespielt hat. (An: Da hast du nicht recht.) Das ist eine komplizierte Frage. Die Familie ist eben für uns ein sehr schöner und gemütlicher Ort, wo man sich vor seinen eigenen und fremden Problemen verstecken kann ... (A: Das stimmt nur zum Teil.) Natürlich nur zum Teil.

M Seid ihr wirklich der Meinung, daß ihr einander nicht kennt?

Ju Ja, das denke ich. Natürlich wissen wir, wie der andere morgens in seine Hosen steigt, das ist natürlich auch wichtig, aber das ist ja noch nicht alles, was man von einem Menschen wissen sollte. (lautes Gelächter)

I Ja, aber wir haben doch volles Vertrauen zueinander.

LA Kann es sein, daß euer Wissen voneinander irgendwo in der Kinderzeit steckengeblieben ist?

Ju Interessanter Gedanke! Denn wir kennen uns ja von A bis Z, was diese äußeren Dinge angeht. Nun existiert der Mensch zwar in diesen Äußerlichkeiten, aber seine innere Welt ist davon völlig unabhängig.

A Vielleicht ist das sogar gut so.

Ju Natürlich ist es gut!

Al Wir sind uns nie besonders auf die Pelle gerückt.

LA Aber vielleicht ist das so schlecht nicht?

Al Das war sehr gut, prima war das! Das heißt doch, daß selbständiges Denken in unserer Familie von Anfang an respektiert worden ist. Jeder konnte denken, was er wollte. Im Rahmen der familiären Erfordernisse mußte sich jeder an bestimmte Sachen halten, aber darüber hinaus konnte jeder machen, was er wollte. Das ist sehr wichtig gewesen, und ich würde nicht sagen, daß wir uns so schlecht kennen.

Ju Wir respektieren das Recht eines jeden, zu leben, wie er will, und mischen uns nicht ein.

Al Ja, wir mischen uns nicht ein, wir drängen uns nicht auf. Das stimmt. Nicht, daß wir uns überhaupt nicht kümmerten, aber weitaus weniger als üblich ...

Ju Das ist doch komisch: Wir sind alle von Anfang an total respektiert worden, unser Recht auf ein eigenes Leben, eine eigene Meinung und so weiter. Aber leider hat das eine komische Wendung genommen: So ein Verhalten erzeugt Selbstachtung, auch wenn eigentlich noch gar kein Grund dazu vorhanden ist. (Zwischenrufe: Al: Ganz so ist es nicht. O: Du verdrehst immer alles! L: Das hängt alles miteinander zusammen.)

I Darf ich die Frage beantworten? Ich bin mit nichts, was hier gesagt worden ist, einverstanden. Wenn niemand hier glaubt, daß es bei uns Schoßkinder gegeben hat, so war mir das immer klar. Von meinem subjektiven Standpunkt aus gesehen, bin ich als Kind ein bißchen eifersüchtig auf die Eltern gewesen. Aber ich hab das immer sehr gelassen hingenommen, und das ist für mich letzten Endes sicher auch von Vorteil gewesen.

Ju Immerhin gab es bei uns die allgemein anerkannte »goldene Mitte«, nein, nicht im Sinne von Anführertum, sondern die »goldene Mitte« Anja und den Stolz der Familie – Anton, zwei interessante Größen...

I Weil an mir auch rein gar nichts Außergewöhnliches war, eignete ich mich auch nicht zum Vorzeigen. Anton oder Ljuba kann man eher vorzeigen. Ich bin zwar mit Ljuba zusammen aufgewachsen, aber sie war nun einmal ein Wunderkind, und ich... (lautes Gelächter)

L Was für ein Unfug...

I Was willst du, Ljuba, das ist damals meine subjektive Meinung gewesen. Und weil wir beide immer zusammen waren, hießen wir einfach nur »die Kleinen«. Wir sind immer nur als Paar aufgetreten, und geliebt wurden wir, als wären wir nur eine einzige Person. Da Großvater Ljuba besonders gern hatte, ging meine Hälfte einfach leer aus. Ich war dann zwar beleidigt, hab's aber mit Fassung getragen.

Ju Mit Fassung getragen...?

O Iwan, das Manko hat dann Anja kompensiert.

A Da ist etwas dran. Das war wohl meine Aufgabe. Ich hab buchstäblich von allen in der Familie so viel Liebe bekommen, daß ich noch welche hätte abgeben können. Wenn Iwan das Gefühl hatte, nicht genügend beachtet worden zu sein, so hab ich das Gegenteil erfahren. Iwan sagt, daß er sich anstrengen mußte, um auch einmal ein Lob zu bekommen, ich hätte noch etwas abgeben können.

I Die anderen mußten sich nicht anstrengen, deshalb haben sie auch nicht darüber nachgedacht.

Ju Diese Begeisterung der Eltern für ihre eigenen Kinder ist doch wirklich etwas seltsam. (LA: Warum?) Ihr habt nie damit hinterm Berg gehalten, daß ihr uns wahnsinnig liebhabt, doch diese Liebe nahm manchmal seltsame Formen an. Zum Beispiel diese ganze Tagebuchschreiberei, die ja nicht etwa heimlich betrieben wurde. Da sind einige Sachen so eng miteinander verflochten, daß etwas Seltsames dabei herausgekommen ist...

Je Etwas Gutes oder etwas Schlechtes?

Al Ich finde, du machst alles wieder unnötig kompliziert...

LA Moment, Moment, denn das ist doch wirklich für uns sehr wichtig.

L Darf ich etwas sagen? Einen Satz nur. Das alles hängt sehr eng miteinander zusammen: Wenn man ein Problem herausfischt und isoliert behandelt, so wird es natürlich künstlich aufgebauscht. Alles hängt eng miteinander zusammen, ein richtiges Knäuel, aus dem man keinen einzelnen Faden mehr herausziehen kann.

O Ich habe den Eindruck, daß die Frage letzten Endes nicht beantwortet worden ist.

Ju Und trotzdem hat es bei uns eine Rollenverteilung gegeben...

4. »Vaters Spiele waren immer etwas ganz Besonderes...«
(Wettkämpfe, Spiele, Wanderungen und vieles anderes mehr)

Wichtige Elemente der Nikitinschen Erziehung waren – neben der körperlichen Abhärtung – sportliches Training, Wettkämpfe und Spiele. Besonders die »Aufbauenden Spiele«, die Boris Pawlowitsch zusammen mit den Kindern entwickelt und hergestellt hat, sind untrennbar mit dem »Familienexperiment« in Bolschewo verbunden. Wie war das nun aber? Wollten die Kinder eigentlich immer gerne die vom Vater erdachten Spiele spielen und bei den von ihm organisierten Wettkämpfen mitmachen? Wie verhielten sich Sieger und Verlierer? Gab es Rivalitäten, Verletzungen, Unlust, zumal Boris Pawlowitsch die Ergebnisse in Tabellen eintrug? Welche Erinnerungen haben die erwachsenen Kinder an die Spiele ihrer Kindheit?

Al   Also los: Wem fällt etwas dazu ein? Oder habt ihr alles vergessen? (Gelächter) Ich kann mich zum Beispiel sehr gut an Chimki[*] erinnern, weil wir da so viel Zeit verbracht haben und weil außerdem alles, was in Chimki passierte, völlig aus dem Rahmen fiel. Da gab es etwas, was wir zu Hause praktisch überhaupt nicht kannten: organisierte Spiele, die man im Kollektiv spielte. Das war etwas Besonderes, das sich mir sehr eingeprägt hat.

I   Klar.

Al   Zu Hause gab es solche Spiele nur, wenn fremde Kinder zu Besuch waren.

Ju   Um zum x-ten Mal zu demonstrieren, wie genial wir waren. Ich weiß noch, daß uns von allen Spielen, die Papa in

[*] In Chimki befindet sich ein Studio für ästhetische Erziehung, in dem Boris Pawlowitsch in den Jahren 1966–1969 seine »Aufbauenden Spiele« mit Vorschulkindern erprobt hat.

unserer Kindheit mit uns gespielt hat, »Achtung!« am besten gefiel. Wobei der erste Teil so etwas wie die Vorbereitung auf »Lege ein Muster« war. Das mochten wir noch lieber. Das war einfach phantastisch. Genial! Ganz deutlich erinnere ich mich an die Geschichte von der Seifenblase und daran, wie genau ich mir das alles vorstellen konnte: Daß meine Seifenblase spazierenging etc...

O Ja, »Achtung!« war wirklich toll.

Al Ich erinnere mich noch an sehr frühe, sehr nachhaltige Eindrücke: Da war das alte Haus, und im großen Zimmer hingen hinten an der Wand Grafiken mit Kreisen, Tabellen und Figuren. Interessant ist, daß es weniger der Informationsgehalt war, der mich an diesen Grafiken anzog – der war nämlich klar –, als vielmehr die ästhetische Komponente: Ich weiß noch genau, welche Empfindungen ich beim Anblick der verschiedenen Schraffierungen hatte. (Ju: Ja, das visuelle Gedächtnis ist etwas ganz Phänomenales!) Nein, ich will darauf hinaus, daß es gerade die Farbzusammenstellungen waren, die bei mir mit die ersten Assoziationen hervorgerufen haben, Assoziationen, an die ich mich jetzt noch erinnere.

Ju Das war bei mir nicht so, aber woran ich mich noch sehr gut erinnere, das sind die Zahlen des Einmaleins, die Mama immer so akkurat und sauber und hübsch in die Wandtabellen eingetragen hat.

Al Was ich noch gut weiß, ist, wie Papa Buchstaben aus Linoleum ausschnitt oder aus Draht formte.

A Und mir hat es Spaß gemacht, die Bauteile zusammenzusetzen, mir die Vorlagen anzusehen und zu überlegen, wie die Teile zusammengehören. Das kam ja immer so wellenartig und verging dann wieder.

Al Genau, das war oft wie eine Epidemie: Es gab solche Schübe, wo sich alle auf einmal wahnsinnig für etwas interessierten. Übrigens, was ich bis heute nicht vergessen kann, das war die ständige Rivalität zwischen Anton und mir. Wir beide waren buchstäblich bei allen Spielen Rivalen. Wobei es mir, glaube ich, weniger wichtig war zu gewinnen als ihm. (Gelächter; An: Das hast du dir damals eingeredet.)

Ju Übrigens habe ich dir schon x-mal gesagt, Papa, und werde es auch weiterhin tun, daß alle diese Wettspiele vom Prinzip her ganz, ganz schlimme Gefühle in einem wecken. Ich weiß noch genau, was für einen Haß man auf die hatte, die etwas besser konnten als man selbst. Da hing einer zwei Sekunden länger an der Stange, der Idiot, und dann kam man selber wieder dran und krümmte sich aus Leibeskräften. Das ist ein Horror, Kinder, das macht einen derartig wütend. (A: Das stimmt überhaupt nicht; An: ...kein bißchen!) Ach, kommt! Wie war das denn, wenn wir Hockey spielten? Dieser Zorn auf die Mannschaft, die gewonnen hatte... Das Gefühl kannten wir doch alle, der eine mehr, der andere weniger. Nein, irgendwas hat da von Anfang an nicht gestimmt.

An Sportlichen Ehrgeiz nennt man das!

Al Ich finde, daß zu Sportwettkämpfen, besonders zu solchen, die bis zum Schluß deinen ganzen Einsatz fordern, unbedingt auch die Lust am Gewinnen gehört. Ohne das sind sie viel weniger spannend.

LA Warum? Und wenn man nun einfach gegen sich selber kämpft?

Al Aber das ist nicht ganz das gleiche. Wenn man hinter, neben oder vor dem Konkurrenten ist, dann spornt einen das enorm an. Mich hat gerade diese Schule des Wettstreits, durch die wir seit der Kindheit gegangen sind, dazu befähigt, in bestimmten Momenten alle Kräfte zu mobilisieren, mich total zu konzentrieren, für eine kurze Zeitspanne vollen Einsatz zu leisten – das ist enorm wichtig. Ich meine die Fähigkeit, augenblicklich zu reagieren, sich zusammenzureißen, unabhängig davon, ob und wie erschöpft man ist. Und das

Zweite: Beim Langstreckenlauf muß man seine Kräfte einteilen können, man darf ihn nicht zu schnell angehen, darf sich nicht überschätzen. Das heißt, beides läuft auf die wichtige Fähigkeit hinaus, die eigenen Möglichkeiten richtig beurteilen zu können.

O Du meinst in physischer Hinsicht?

I Auch in moralischer.

Al Und in intellektueller. Man muß sich konzentrieren können, seine Grenzen kennen.

Ju Übrigens ... Ich weiß nicht, wie das bei euch ist, aber bei mir war es seit der Kindheit so, daß ich meinte, alles zu können. Zum Beispiel im Sportunterricht in der Schule: Vor nichts hatte ich Angst, ich hatte ein enormes Selbstvertrauen. Und dann plötzlich diese Einbrüche, Situationen, in denen ich versagte. Zum Beispiel konnte ich nicht Schlagball werfen. Warum nicht, weiß ich nicht. Aber das war schlimm: der Mißerfolg, das Gefühl der Erniedrigung.

Al Es kommt nicht darauf an, *alles* zu können, sondern darauf, zu wissen, *was* man kann: die eigenen Kräfte zu kennen, sie einteilen zu können, sich konzentrieren zu können.

O Ja, dieses Gefühl für die eigenen Möglichkeiten ist sehr hilfreich. (Ju: Und die Unerschrockenheit!)

Al Ich hab mal – bei starkem Wind – an die acht Stunden auf dem Dachfirst gesessen, das war, als wir das Dach zu zweit mit feuerfester Dachpappe abgedeckt haben. Eine Bahn Dachpappe wiegt ungefähr 20 Kilo, und man muß sie zuerst bis zum Dachfirst hochwuchten, damit man sie dann nach beiden Seiten herunterlassen kann. Wir hatten die Bahn unten schon von den Enden her aufgerollt, und diese Doppelrolle hab ich dann mit einem Strick vom First aus hochgezogen. Dann mußte ich den Strick abmachen, die Rolle auf dem First ausrichten und zum Schluß die beiden Bahnenhälften rechts und links herunterlassen. Dabei wehte, wie gesagt, ein so starker Wind, daß wir die Dachpappe sofort festnageln mußten, damit sie nicht weggedrückt wurde. In den acht Stunden haben wir wohl an die vierzehn Bahnen aufs Dach gehievt... und sind dabei bis an die Grenze des Möglichen gegangen. Denn immer, wenn ich die Bahnen auf dem First ausrichtete, war die Gefahr, daß ich ausrutschte, enorm groß. Zum Schluß war ich erschöpft und naßgeschwitzt, aber trotzdem hab ich in keinem Moment mehr riskiert, als ich mir gefahrlos erlauben konnte. Das meine ich mit der Fähigkeit, zu spüren, wie weit man in einer riskanten Situation gehen kann.

LA Erinnerst du dich noch daran, Aljoscha, wie du damals als Fünfjähriger in die Milchküche gegangen bist, um Kefir für uns zu holen? Und weißt du noch, was du dabei gefühlt hast?

Al Allerdings! Ich fühlte mich wie ein Kosmonaut, der im All das erste Mal sein Raumschiff verläßt. Das heißt, ich war bis zum äußersten angespannt. Ganz allein die Bahnschienen und die Chaussee zu überqueren, das ist doch für einen Fünfjährigen wirklich so etwas wie ein Gang ins All. Und bis heute weiß ich noch, was das für ein Gefühl war, als direkt vor der Küche ein Schäferhund vor mir auftauchte, der genauso groß war wie ich – und nicht angekettet. Ich hatte damals Angst vor Hunden. (Ju: Pathologische Angst.)

A Ich möchte noch etwas gegen Julka loswerden. Julka hat eben gesagt, daß wir uns bei den Wettkämpfen alle gehaßt hätten oder jedenfalls die Sieger gehaßt hätten bzw. beim Hockey die siegreiche Mannschaft. Aber bei mir war es so: Ich wollte zwar auch gern die Erste sein, aber gleichzeitig hatte ich das Gefühl oder den Wunsch, daß alle irgendwie gleich sein sollten. Nicht daß mir die Verlierer leid getan hätten, aber in die Richtung ging es schon. Und außerdem hatte ja jeder von uns seine Stärken. Das zeigen auch Papas Tabellen. Und beim Hockey wurden die Mannschaften ja immer wieder neu zusammengestellt, so daß du mit dem, der heute dein Gegner war, morgen zusammen spieltest. Wir waren also nie lange und ernsthaft aufeinander sauer.

I Soweit ich mich erinnern kann, war an all dem nichts Kriminelles. Niemand von uns hat zum Beispiel besonders hart trainiert, um zu gewinnen.

Ju Das meine ich auch nicht. Ich meine, daß die Wettspiele irgendwie häßliche Gefühle in einem weckten. Wenn Anton eine Schachpartie verloren hatte, lief er manchmal ganz verheult nach oben. Na ja, nicht wirklich verheult, aber innerlich so mitgenommen, daß er die Tränen kaum zurückhalten konnte. Anton hat sonst sehr selten geweint, und deshalb kam mir das Verlieren beim Schachspiel immer wie etwas sehr Schwerwiegendes vor. Ich seh ihn noch vor mir, wie er in Sätzen die Treppe hochrannte, und ich weiß, daß ich dann dachte: Das muß schlimm sein, beim Schach zu verlieren. Könnt ihr euch das vorstellen? Wirklich, so war's!

Al Das bestreitet ja niemand. Es ist kein angenehmes Gefühl, zu verlieren. Aber wenn sich das andererseits regelmäßig wiederholt, dann kann man unmöglich die ganze Zeit sauer sein. Man lernt, sich am Riemen zu reißen. Mir jedenfalls haben Niederlagen nachher nicht mehr viel ausgemacht.

A Man muß beides erfahren, Siege und Niederlagen...

An In dieser Hinsicht hat Papa, finde ich, genau das Richtige getan: Wenn es darum ging, sich aneinander zu messen, hat er uns klargemacht, daß jeder von uns irgend etwas besonders gut konnte. Wer hier verlor, war dort der Beste, und Papa hat das möglichst immer hervorgehoben, hat betont, daß jeder Fähigkeiten hatte, auf die er stolz sein konnte.

BP Ich wollte zeigen, daß jeder von euch auf irgendeinem Gebiet herausragte. Jeder Mensch hat schließlich Schwächen und Stärken.

Al Gut war außerdem, daß es so viele verschiedene Wettkämpfe gab, in denen wir gegeneinander antraten und deren Ergebnisse in den Tabellen auftauchten.

A Und dann wurden die Ergebnisse immer noch zum jeweiligen Alter und zur Größe in Bezug gesetzt. Das war toll!

An Man wußte, daß, wenn man hier verloren hatte, man dort gewinnen konnte, und deshalb nahm man die Niederlagen nicht so tragisch.

Al Anton, du müßtest dich eigentlich noch daran erinnern, daß wir im Pionierlager mal einen Geländelauf über eine Strecke von drei Kilometern gemacht haben. Ich weiß noch genau, was ich dabei empfunden habe. Alle pusten und schnaufen und machen sich fertig zum Start – es waren ein paar Jungen mit guter Kondition dabei, die sehr anständig liefen –, und dann kam der Start und alle, den Moment werde ich nie vergessen, rannten los wie gestochen, während ich mein gewohntes Tempo lief, weil ich wußte, daß ich höchstens 500 Meter durchhalten würde, wenn ich so schnell abzöge wie die anderen. Das Gemeine war, daß ich nicht wußte, wo meine stärksten Gegner liefen; Anton und ich hätten beide gewinnen können – denn als ich merkte, daß wir kurz vorm Ziel waren und ich noch genug Kräfte hatte, da hab ich alle außer den ersten zwei überholt und kam als dritter an. Das heißt, ich hab die ersten zwar nicht eingeholt, aber ich hätte es gekonnt, und zwar vor allem deshalb, weil ich meine Kräfte während des Laufs gut eingeteilt hatte.

I An die Mannschaftsspiele kann ich mich nicht mehr so richtig erinnern – mit Ausnahme von »Wolf und Hase«. (A: Daran denken alle gern zurück.)

Ju Aber »Wolf und Hase« war nur dann lustig, wenn Papa mitspielte. (Alle: Genau, genau!)

I Was sich mir eingeprägt hat, sind die Augenblicke, in denen sich einer der Größeren allein mit mir beschäftigte. Die älteren Geschwister waren vom Intellekt und von der Belesenheit her schon so offenkundig weiter als wir, und es machte mir riesiges Vergnügen, mit ihnen zusammenzusein.

Besonders viel Zeit hat sich Anton für mich genommen. Wir beide haben zum Beispiel viel über Chemie gesprochen.

Al Ich erinnere mich, daß Anton zu der Zeit, als er sich mit seinen chemischen Experimenten beschäftigte, einmal etwas von unten her angezündet hat, was mit Plastilin überzogen war, und ich hielt meine Nase zu nah ran, und im nächsten Moment war meine ganze Visage mit Plastilin verklebt. (Gelächter)

Ju Anton, und was war das, was du damals in der Küche hast hochgehen lassen – als danach alle Aluminiumtöpfe weiß gesprenkelt waren?

An Das war eine Quecksilberbatterie.

Ju Es wundert mich bis heute, daß bei alledem nichts passiert ist, daß unsere Arme, Beine und Köpfe noch dran sind.

I Das ist wirklich erstaunlich, ja. Ich war in meinem ganzen Leben nicht ein einziges Mal richtig in Gefahr.

Al Im Grunde gab es genug gefährliche Situationen. Zum Beispiel wenn Anton und ich gerauft haben. (Ju: Ein Alptraum war das!) Ein Alptraum, ja, aber wir sind immer ohne Schrammen davongekommen. Das heißt, wir haben gerungen, uns hin- und hergezerrt, in den Schwitzkasten genommen, aber nie ins Gesicht geschlagen, nie mit den Beinen getreten. Es hat Situationen in meinem Leben gegeben, in denen es leicht zu einer Schlägerei hätte kommen können. Einmal, am 23. Februar, kam ich von der Arbeit, mit dem ganzen Gehalt in der Tasche. Und in der Metrostation machen mich fünf junge Burschen an und verlangen 20 Kopeken. Ich fühlte mich damals nicht besonders, ich hatte eine Grippe und reagierte deshalb langsamer als sonst. Und die Kerle hätten mich wirklich – weil ich ihnen die 20 Kopeken auf keinen Fall gegeben hätte – krankenhausreif schlagen können. Daß es soweit nicht kam, erkläre ich mir damit, daß ich in solchen Situationen immer sehr geistesgegenwärtig bin. Einer, der Kleinste, versetzte mir einen Schlag auf den

Mund, holte richtig weit aus dabei, so daß mir die Lippe aufplatzte. Und ein anderer sagte: Nimm die Brille ab, jetzt kriegst du Prügel. Woraufhin ich, richtig geschäftsmäßig, die Brille abnahm, sie in die Tasche steckte und mich also fertig machte zum Kampf (lacht). Das hat die Kerle offenbar beeindruckt, sie bekamen Angst und zogen ab. Dies nur als Beispiel. Auch hier: nüchterne Einschätzung der Situation und keine Angst. Ich hatte mich wirklich darauf eingestellt, es den Kerls zu zeigen.

A Für mich war es jedesmal vorbildlich, wie Papa schwierige Situationen meisterte.

I In Extremsituationen muß man handeln, darf sich nicht paralysieren lassen.

Al Die Fähigkeit hatte ich schon in der Kindheit. Anton, kannst du Situationen auch so genau einschätzen?

An Natürlich.

I Wir haben diese Voraussicht einfach im Blut, das ist es. Ich bin zum Beispiel beim Radfahren nie gestürzt – alles in allem zweimal, und das waren leichte Stürze.

Al Dazu wäre noch zu sagen: Je unsicherer man sich in einer gefährlichen Situation fühlt – z. B. wenn man etwas Schweres trägt oder mit einem Kind auf dem Arm über eine vereiste Straße geht – desto mehr konzentriert man sich, kompensiert also auf die Weise die fehlenden physischen Kräfte.

LA Das ist interessant. Das heißt, daß man schon oft in solchen Situationen war, ja?

Al Nein, das ist allein die Fähigkeit zur Konzentration.

LA Aber die bildet sich doch erst durch solche realen Erfahrungen heraus; nicht, indem man darüber spricht. Ihr habt ja wirklich oft in schwierigen Situationen gesteckt, die diesen Übungseffekt hatten. Offenbar reagiert man von Mal zu Mal besser.

Ju Das stammt alles aus der Zeit, als wir noch klein waren und hier herumkrochen, alles anfaßten etc.

An Als Iwan und ich diesen Sommer die Klettertour gemacht haben (O: Das war furchtbar, hör bloß auf!; I: Wir wollten einen neuen Weg ausprobieren.), ja, das war ziemlich unangenehm. Dauernd lösten sich Steine, und wir kraxelten über diesen Steilhang, sechs Meter über dem Meer. Iwan kletterte vor mir, wenn er abgerutscht wäre, hätte er mich natürlich mitgerissen, aber ich hatte weder um ihn noch um mich wirklich Angst.

I Genauso war es, wenn Anton mich auf dem Moped oder Motorrad mitnahm. Ich wußte, daß er ein sehr vorausschauender Fahrer war, überhaupt in allem sehr vorsichtig, und deshalb machten mir diese Fahrten mit ihm auch nicht die geringste Angst. Aus dem gleichen Grund sagte mein Freund Pascha, als ich ihn einmal auf dem Motorrad mitnahm – nachdem ich eine Ewigkeit nicht gefahren war, ich kann's zwar, tu's aber selten –: Der einzige, bei dem ich keine Angst habe, bist du.

Al Das ist ein Beispiel dafür, wie nützlich unsere Ausbildung im Sport war.

Al Ich hatte, als ich klein war, immer ganz genaue Abbilder meiner Umgebung im Kopf, ich wußte immer in allen Einzelheiten, was ich wo vorfinden würde. Später hat das dann nachgelassen.

I Übrigens, ich hab immer gern etwas riskiert, aber nur, wenn es ein begründetes Risiko war.

Al Laßt uns jetzt doch mal über die »Aufbauenden Spiele«* sprechen. Was haben sie uns damals gebracht?

Ju Das waren nun wirklich ganz und gar »Papas Spiele«, das war eine Kategorie für sich.

I Ja, sie hatten mit den übrigen Spielen überhaupt nichts gemein.

---

* Das Spielebuch der Nikitins ist 1980 unter dem Titel *Aufbauende Spiele. Die Spiele zum Erziehungsmodell der Nikitins* bei Kiepenheuer & Witsch erschienen. Die Spiele selbst kommen im Frühjahr 1990 im Spectra-Verlag, Dorsten, heraus.

Ju Und ich erinnere mich daran, daß sie, während alle anderen Spielsachen in wilder Unordnung auf dem Boden herumlagen, in Schachteln auf dem Regal standen, zusätzlich mit Gummibändern geschützt.

A Ich glaube, das Interessanteste daran war, daß wir uns selber etwas ausdenken und dazu dann Bilder malen mußten.

I Und als wir »Säule« spielten! (Ju: Oh ja, die Säule! L: Und »Brunnen«!)

I Ich denke, wir haben damals gespürt, daß Papas Spiele eine ernstzunehmende Angelegenheit waren; wenn wir uns also etwas ausgedacht haben, dann waren wir immer mit sehr viel Ernst bei der Sache.

Ju Das lag an Papas Art, uns die Spiele nahezubringen. Wir haben zum Beispiel auch die Tabellen sehr gewissenhaft ausgefüllt. (LA: Und das fandet ihr gut?) Mama, das war Papas Umgang mit diesen Dingen, den wir natürlich übernommen haben.

A Mir hat es Spaß gemacht, für Papa etwas zu zeichnen oder abzuzeichnen und ihm damit zu helfen. Es war interessant, und gleichzeitig wollte ich Papa helfen und es immer besser machen.

Ju Papa zu helfen war für uns, als wir noch klein waren, eine richtige Ehre. Es war schön.

Al Soweit ich mich erinnere, waren diese Spiele in gewisser Weise einfach ein Teil unseres Lebens. Wißt ihr noch, wie wir die Würfel angemalt haben? Das war lustig.

Al Habt ihr denn den Eindruck, daß euch die Spiele später irgendwie geholfen haben? Waren euch die Fähigkeiten, die sie vermittelten, von Nutzen?

L Beim Zeichnen in der Schule haben mir zum Beispiel die »Bausteine« sehr geholfen.

Ju Ich hatte richtig Angst vorm Zeichnen. (O: Du hast auch nicht mit den »Bausteinen« gespielt.) Ja, tatsächlich, ich kann mich nicht an das Spiel erinnern.

An Die Spiele dienten aber eigentlich unserer allgemeinen Entwicklung, sie schulten nicht einzelne Fähigkeiten, sondern sollten uns auf alle möglichen verschiedenen Situationen vorbereiten.

I Wie das Schachspiel.

An Es konnte aber auch vorkommen, daß ganz direkt bestimmte Fertigkeiten geübt wurden.

I Nein, die »Bausteine« waren nicht dasselbe wie der »Uniwürfel«, bei dem es um räumliches Vorstellungsvermögen ging.

Al Beim »Uniwürfel« war es anders. Da war besonders die Fähigkeit angesprochen, sich alle Teile eines Würfels gleichzeitig vorstellen zu können, die sichtbaren und die unsichtbaren.

Ju Wißt ihr noch, daß Papa uns bei der Lösung der Aufgaben nie auf die Sprünge half, nie! Da war er unheimlich eisern. Und wie hat er uns damit gemartert!

I Ja, das ist wahr. Ich erinnere mich, daß ich einmal in einem Test den »Berg« nicht schaffte. Alles andere hatte ich wunderbar hingekriegt, aber beim »Berg«, da war einfach eine Sperre im Kopf. Und alle wollten mir helfen – aber Papa: kein Pardon! Und dann hab ich bei jemandem von euch abgeguckt, das weiß ich noch genau.

Ju Also, wenn man – was aber selten passierte – abgeguckt hatte, dann blieb so ein blödes Gefühl zurück: Warum hab ich das eigentlich gemacht? So was Idiotisches! (I: Ja! Ja!; A: Genau!) Oder wenn wir aus einem Buch vorlasen und ich es so spannend fand, daß ich heimlich schon ein bißchen vorweglas – dann hatte ich das gleiche Gefühl: Es machte überhaupt keinen Spaß. Ekelhaft war das.

A Aber die deutlichsten Erinnerungen, die ich an die Kindheit habe, sind trotz allem nicht mit den »Aufbauenden Spielen« oder den Wettkämpfen verbunden. Es sind eher Erinnerungen an Gefühle, an Momente, in denen ich rundherum glücklich war oder verletzt oder traurig.

An Bei mir ist das nicht so.

A Zum Beispiel folgendes Glücksgefühl: Ich schlüpfe in den Schlafsack, wir liegen alle dicht nebeneinander auf dem Boden, und Anton erzählt uns eine Geschichte. Mama und Papa beugen sich zu uns runter, flüstern uns etwas ins Ohr, und wir bitten sie, uns etwas aus ihrer Kindheit zu erzählen.

An Aljoscha, erinnerst du dich noch an die Geschichten, die ich dir damals erzählt habe? Es gab eine Zeit, in der ich ihm fast jeden Tag irgendeine Abenteuergeschichte erzählte...

Ju Und wißt ihr noch – Antons »Trickfilme« auf den kleinen Notizblocks? (Entzückensschreie, Kichern. I: Die war'n irrsinnig witzig.) Alles in allem hatte man diesen deutlichen Eindruck: Hier ist unser Haus, und da ist alles andere.

LA Und unsere Wanderungen – erinnert ihr euch an die?

I Die schönsten Fußmärsche waren die von der Bibliothek nach Hause.

Ju Genau. Mama gab uns immer Butterbrote mit, die wir zu Hause nie gegessen hätten: Weißbrot mit Butter und Zucker, eine unglaubliche Zusammenstellung, furchtbar. Aber unterwegs, wenn wir durch den Wald kamen, aßen wir sie. Und dann dachten wir uns nacheinander Geschichten aus – toll!

A Auch Spiele, wenn wir irgendwo unterwegs waren.

Ju Weißt du noch, Mama, wieviel Spiele uns dabei einfielen? »Parole« zum Beispiel, bei dem wir diese Figuren auf die Straße malten.

I Oder wie wir versuchten, von den Vorgärten und Höfen der Häuser auf die Besitzer zu schließen, und uns ganze Geschichten über sie ausdachten.

LA Aber sagt mal: Manche Spiele haben wir ja organisiert, und manche habt ihr euch selber ausgedacht. Wie fandet ihr das denn, wenn wir Erwachsenen zum Beispiel bei »Los, Mädchen!« mitmachten?

Ju Ich empfand das in gewisser Weise als Zwang, Mama. Wenn ich zu einem Spiel aufgefordert wurde, das andere initiiert hatten, fühlte ich mich irgendwie unfrei.

LA Das hab ich gemerkt. Wanja kaut ja auch noch immer daran, daß wir ihm Zensuren erteilt haben.

Ju Daran kann ich mich nicht mehr erinnern, aber Wanja war tatsächlich ein willkommenes Versuchsfeld für uns. (Gelächter)

I Nein, ihr habt mich am wenigsten von allen beachtet. Ich betone: Ihr habt mich ständig vergessen. Nur wenn es ans Testen ging – dann war Wanja dran.

O Ein richtiges »Kontrollkind«.

LA Einmal haben wir Olympische Spiele veranstaltet. Wie fandet ihr das?

Ju Das war interessant, weil wir alle zusammen daran teilnahmen und viele andere Leute kamen – es war ja ganz eindeutig eine öffentliche Veranstaltung. Das meiste davon hab ich übrigens vergessen. Die Hauptsache war für mich die Eröffnungszeremonie.

I Ich sehe noch die Schale vor mir: Jemand goß Olivenöl hinein, und das wurde dann angezündet. Könnt ihr euch eigentlich noch daran erinnern, daß ihr mich bei fast allen Spielen zum »Meister mit den goldenen Händen« erkoren habt?

Ju Genau, genau! (I: Was hab ich nicht alles gebastelt!) Manchmal spielten wir »Urmenschen«, und dann trat Wanja mit seinem kleinen Hammer in Aktion und stellte Schmuck aus Golddraht her. Und manchmal schleppten wir unsere Laken raus und Brot und machten uns ein Lager draußen, in dem wir spielten und übernachteten. (L: Ja, das stimmt, das war toll! Und unsere Indianerspiele!) Und die Schatzsuche! (I: Ja, Anton hat oft Schätze vergraben.) Und wißt ihr noch, wie wir Mädchen einmal alle zusammen Anton besiegt haben?

An Das hat's nie gegeben!

Ju Doch, doch. Wir zerrten ihn – an der Tür, die vom Arbeitszimmer in den Sportraum führte – zu Boden, und dann hielten wir ihn fest und wußten nicht, was wir weiter mit ihm machen sollten – das war sehr komisch. (Gelächter) (L: Wir wollten ihn gleich ganz erledigen und nicht stückweise.) (Kichern)

I Einmal hab ich mich an Anton für etwas gerächt, indem ich sein Gewehr zersägte – das weiß ich noch genau, es war die höchste Form der Rache: »Jetzt reicht's«, dachte ich, »ein für allemal!«

An Ich hab keine Ahnung, was Iwan dabei fühlte, aber an meine Reaktion erinnere ich mich ganz genau: Einerseits war ich wütend, andererseits dachte ich merkwürdigerweise: Alle Achtung, der Kerl wußte, wie er mich treffen konnte. Und letztendlich hab ich mich gar nicht sonderlich aufgeregt. (Gekicher)

I Die Rache muß eben raffiniert sein!

BP Und wer erinnert sich noch an die Nummer: Wieviel Kinder haben die Nikitins?

Ju Oh ja, ich. (I: Da kamen eine Unmenge zusammen.)

BP Jeder ließ sich an der Stange vom ersten Stock runter und sagte »Anton« oder »Olja« oder »Wanja«. Und dann liefen sie, für die Zuschauer unsichtbar, die Treppe hoch, zogen sich um und ließen sich wieder herunter, aber diesmal mit anderen Namen: »Mascha«, »Petja« – und endlos so weiter...

Ju Ich weiß noch genau, daß ich beim Sport immer sehr beharrlich war. Hättet ihr beschlossen, aus mir eine Leistungssportlerin zu machen – kein Problem. Ich hatte wirklich eine eiserne Energie! Wie gut, daß niemand darauf gekommen ist. Wenn ich mich recht erinnere, war ich als Kind entweder wahnsinnig unglücklich, oder ich hatte das instinktive Gefühl, daß alles schön ist, alles! Was war das bloß: keine Sekunde, in der ich innerlich mal richtig ruhig gewesen wäre.

Al So ein Zustand war wirklich überhaupt nicht typisch für dich, Julka.

A Und der Zustand, wenn du »schöpferisch« tätig warst?

Ju Oh! Ich erinnere mich noch sehr gut daran, daß ich als Kind Gedichte gemacht hab: Wie ich nächtelang nicht schlief und statt dessen Gedichte schrieb. Das heißt, zuerst hatte ich sie nur im Kopf, und dann stand ich nachts um drei auf und schrieb sie hin. Toll! Das war schön. Dabei fällt mir auch wieder ein, wie schön es war, auf Papas Schultern zu sitzen und sich an seinen Haaren festzuhalten...

I Und wie wir an Papas Armen eine Rolle machten und Papa sagte: Nein, du bist jetzt zu schwer dafür.

Ju Ich weiß noch, daß man damals ein Gefühl der absoluten Körperbeherrschung hatte. Man dachte, man kann alles. Regelrecht verknoten konnte man sich. Und später wurde der ganze Körper irgendwie ungelenker, und es ging immer weniger.

L Ja, wenn man klein ist, läuft man in einem fort, mit einer Leichtigkeit...

Ju Und dann: knirsch-knirsch, knirsch-knirsch. Kennt ihr den Ausdruck: Äpfel der Kindheit? Er stammt von Goethe, und zwar, als er einmal mit einer Gräfin zu deren altem Besitz fuhr und sie so ungefähr sagte: »Wie klein die Äpfel aussehen. Und wie groß sie früher waren!« Daraufhin kommentierte Goethe: »Es waren die Äpfel Ihrer Kindheit, das sagt alles«. – Heute erinnern wir uns gern und freudig an die Kindheit und lachen darüber, aber in Wirklichkeit war doch alles sehr schwierig:

Man war so oft unglücklich, hat so viel falsch gemacht, und all die ganze Lügerei...

BP Julija sagt, alles sei schlecht gewesen. Was meinst du, Wanja?

I Ich bin gespannt, wieweit mich dieses Leben auf die Armee* vorbereitet hat.

Al Eigentlich unterteile ich mein Leben nicht in Kindheit, Pubertät, Jugend usw. All diese Etappen sind bestimmte Abschnitte meines Lebens, aber sie sind eben auch: mein Leben. Natürlich ändert sich die Wahrnehmung der eigenen Person und der Umwelt mit der Zeit, aber im großen und ganzen habe ich nicht das Gefühl, daß das Leben damals besonders heiter oder, umgekehrt, besonders düster gewesen wäre. Es war halt so, wie es war. Es hat mir vieles gegeben, von manchem mehr, von manchem weniger.

LA Keine Erinnerungen an diese Zeit als etwas besonders Heiteres und Freudvolles? Und das sagst du ohne Bedauern? Es heißt doch immer: Kindheit – goldene Zeit.

Al Das meinen in der Regel Leute, die ihre Möglichkeiten nicht ausgeschöpft haben. Ich denke, es ist so: Im Prinzip sollten das Selbstgefühl des Menschen und sein Wohlgefühl in Abhängigkeit davon zunehmen, um wie vieles klüger, reifer und wertvoller für andere er wird. Deshalb definiert sich Kindheit für mich als eine Phase, in der ich mich noch nicht vollwertig gefühlt habe. Sie war gerade deshalb keine glückliche Zeit, weil ich so vieles noch nicht konnte. Das ist ganz natürlich.

Ju Wir kehren sicher auch deshalb in Gedanken so gern in die Kindheit zurück, weil wir darin irgendwie Selbstbestätigung finden.

Al Das würde ich nicht sagen.

* Iwan wurde Ende 1988 zur Sowjetarmee eingezogen und kam in die DDR.

LA Offenbar hat jeder von euch seine eigene Auffassung von der Kindheit, auf jeden hat sie anders gewirkt.

Ju Weißt du, ich erinnere mich sehr gut an den Augenblick, als die häusliche Umgebung mir plötzlich ganz und gar nicht mehr genügte, mich nicht mehr froh machte. Auf einmal fand ich alles langweilig, so ungefähr mit acht; und es quälte mich furchtbar, daß ich zu nichts mehr Lust hatte, zu nichts. Dieser Zustand hielt ziemlich lange an.

Al Und deine Auffassung von der Kindheit, Iwan?

I Offensichtlich ein ständiger Drang, sich weiterzuentwickeln. Du hattest die ganze Zeit das Gefühl, du müßtest dich nach dem Niveau der Leute um dich herum strecken. Ich dachte auch viel darüber nach, warum ich als »häusliches Kind« galt und warum es mich in der Tat so wenig nach draußen zog. (Ju: Uns alle nicht...) Hauptsächlich lag das daran, daß zu Hause eine wesentlich intellektuellere Atmosphäre herrschte. (Al: Daß es dort interessanter war.) Ja, interessanter, schlicht gesagt.

Ju Das scheint mir ein wichtiger Aspekt zu sein. In unserer Kindheit war einfach alles interessant – absolut alles. Womit wir auch zu euch kamen, mit welcher Neuigkeit auch immer – ihr habt euch genauso darüber gewundert und gefreut wie wir. Das weiß ich noch genau. Aber ich erinnere mich auch an totale Einbrüche – z. B. was den gesamten Kunstbereich betraf. Das macht mich völlig krank. (Al: Werd mal konkreter!) Wir wußten z. B. überhaupt nicht, daß so etwas wie »Malerei«, »Musik«, »Theater« existierte. Davon bekamen wir überhaupt nichts mit. Das gab es für uns nur auf dieser laienhaften häuslichen Ebene.

I Julka, das ist doch unwichtig. (LA: [traurig] Das ist sehr wichtig.) Nein, Mama, das hat im Prinzip überhaupt keine Bedeutung. Das ist nur ein Problem der Form. Ich weigere mich, über die Unzulänglichkeiten zu reden, die es bei uns gab, weil wir wirklich ein Sonderfall waren: Zum Beispiel hatten wir wenig Geld!

Al Das ist wahr, da hat Iwan recht. Man sollte nur die positiven Erfahrungen verbuchen, nicht auch die negativen, das hat keinen Sinn. Negatives gibt es in dieser Welt ohnehin genug.

I Es fehlten schlicht die Bedingungen. Ihr konntet ja nun wirklich nicht *alles* machen.

Al Kann man denn überhaupt *alle* wichtigen Dinge vermitteln? In der Familie ist das schwierig, scheint mir, weil das, was vermittelt wird, sehr vom Entwicklungsstand der Eltern abhängt, ich meine, von ihren Interessen und Neigungen. Einerseits ist das gut, weil es dem Kind die Individualität mitgibt, ohne die es nicht leben könnte. Andererseits kommt es dadurch zu einer gewissen Verarmung, aber das läßt sich überhaupt nicht vermeiden. Hier muß die Gesellschaft ansetzen, das heißt, sie muß den Kindern genügend Möglichkeiten geben, sich auf kulturellem Gebiet zu entfalten.

Ju Ja, sicher. Aber wieso ist das so: Du begibst dich in diese Welt – und ziehst sofort den Kopf wieder ein, weil dort alles so schrecklich und fremd ist. Es gab ganze Bereiche, über die wir nie etwas gehört hatten und in denen wir uns nicht richtig bewegen konnten. Das ist eine Tatsache.

I Schau mal, wir waren sieben Kinder, sieben eigenständige Menschen mit jeweils ganz eigenen Vorlieben. Im großen und ganzen haben Mama und Papa schon versucht, uns alles zu vermitteln; sie haben uns wirklich viel mit auf den Weg gegeben. Aber vielleicht ist es wichtiger, sich auf eine Sache zu beschränken? Alles ist doch relativ. Man muß nicht alles erreichen, es gibt Wichtiges und weniger Wichtiges.

Al Ja, aber trotzdem sollten alle eine Art kulturellen Grundstock haben.

Ju Wer von uns weiß denn, worin das »kulturelle Niveau« besteht? Wir hatten ja nicht mal eine Bibliothek. Das soll kein Vorwurf sein, ich sage das nur so. – Komisch: Woher hab ich eigentlich mein Stilgefühl, das doch immerhin vorhanden ist? Nur vom vielen Lesen? Aber ich hab doch buchstäblich *alles* in mich reingefressen.

Al Dieses Stilgefühl habe ich auch. (Ju: Und woher?) Vielleicht vom Zuhören? Wir haben uns ja sehr viel vorgelesen.

Ju Ja, wahrscheinlich. Und es waren, übrigens, immer gute Bücher, die wir uns vorgelesen haben.

II. In der Schule

1. »Die ganze Zeit starrte man aus dem Fenster...« (Die Einschulung, der Unterricht und die Zensuren)

Nach der ersten Gesprächsrunde in Bolschewo wollte ich gerne noch einmal gesondert das Thema Schule aufgreifen, weil die Eltern das Leben ihrer Kinder bisher nur bis zur Einschulung beschrieben hatten. Aber da stellte sich heraus, daß die muntere Runde nur ungern bereit war, noch einmal auf die Schulzeit zurückzukommen. Anton zum Beispiel wäre lieber ins Kino gegangen statt noch einmal über die Schule zu reden, und die anderen waren von der Idee auch nicht begeistert. Das konnte ich überhaupt nicht verstehen, weil ich mit der Vorstellung nach Bolschewo gekommen war, daß alle Nikitin-Kinder die Schule »mit links« absolviert hatten. Es war alles ganz anders.

Al Heute wollen wir uns das traurigste Kapitel vornehmen: die Schule. Die erste Frage, ganz simpel, zum Einstieg: *Wollten* wir überhaupt zur Schule gehen?

O Natürlich wollte ich. Ich weiß noch, daß ich schon zu Hause schreiben gelernt habe, noch vor der Einschulung. Ich hab mich einfach hingesetzt und geschrieben.

Ju Jaaa! Als Kinder haben wir häufig, nein, sogar ständig Schule gespielt. Aber bei uns wurde die ideale Schule daraus, erinnert ihr euch? Selbst als wir längst eingeschult waren, haben wir mit den Kleinen noch Schule gespielt, und von dieser Schule waren alle begeistert, das weiß ich noch.

O Was heißt begeistert? Das Spielen hat uns Spaß gemacht.

I Ja, es war alles mehr ein Spiel, wir lernten nicht richtig. Klar, unsere Schule zu Hause war so, wie wir uns die Schule eben wünschten.

Al Ich erinnere mich, daß Schule für mich größere Unabhängigkeit bedeutet hat. Ich denke, das ist einer der Hauptgründe dafür, daß Kinder sich auf die Schule freuen. Nachher hat sich diese Hoffnung aber nicht erfüllt.

Ju Ich weiß noch, daß ich persönlich das Gefühl hatte – vielleicht übertreibe ich ja, wie gewöhnlich –, als ob für mich ein völlig neuer Lebensabschnitt beginnen würde, den die meisten meiner Geschwister schon hinter sich hatten oder in dem sie sich gerade befanden und den ich noch nicht kannte. Diese Erwartung von etwas Neuem, Großartigem...

O Und du selbst gehörtest damit auch zu den Großen.

Ju Ja, eben.

Al Schule hat also sozusagen das Erreichen eines neuen, besseren Zustandes bedeutet.

Ju Eines besseren, genau.

O Nicht eigentlich eines besseren – man hat sich einfach erwachsener gefühlt.

I Ich freute mich auf die Schule.

L Na, und ich erst – wo sie mich doch zusammen mit Wanja hingeschickt haben. Ich wollte ganz eindeutig hin, die erste Woche jedenfalls noch... (Lachen) Die Lust ist dann sehr schnell vergangen. Nach einer Woche hab ich schon gefragt, wann Ferien sind.

Ju Hm, ich weiß auch nicht – soweit ich mich erinnere, hatte ich schon gleich zu Anfang keine Lust mehr. Da war alles so laut und dumpf, so ungemütlich. Sehr unbequeme, harte Bänke. Sehr häßliche Lehrer. An den eigentlichen Unterricht, also an das, was wir gelernt haben, erinnere ich mich überhaupt nicht mehr.

L Doch, ich weiß noch, daß ich mich darüber wunderte, daß wir das Alphabet gelernt haben. Ich konnte es doch schon so gut. Ich weiß bis heute, wie die Lehrerin mit den Buchstaben »A« und »O« durch die Klasse ging, ich fand es so langweilig, ich hab dagesessen und an die Decke oder aus dem Fenster gestarrt.

Ju Jaaa! Natürlich, das war es: Die ganze Zeit über starrte man aus dem Fenster. Die ganze Zeit, in allen Fächern (Lachen) – das war irre.

Al Mir hat sich mein erstes Schulhalbjahr irgendwie eingeprägt, vor allem allerdings wegen der kritischen Punkte. Ich bin also in die Schule gekommen ohne einen blassen Schimmer davon, was ein Kinderkollektiv ist. Und ich weiß noch, daß ich zuerst sehr offenherzig war, genau wie zu Hause, und zu allen hingerannt bin mit meinen kleinen Freuden und Leiden... Und dann haben sie sich furchtbar über mich lustig gemacht. Das war die erste richtige Lektion, die ich in der Schule gelernt hab. Ja. Auf die Weise bekam ich schon einen kleinen Eindruck davon, wie die Gesellschaft aussieht, in der ich später leben mußte. Das ging also bereits im zweiten Schuljahr los, und das hat sehr dazu beigetragen, daß ich mich in der Schule von Anfang an abgekapselt hab – und sie letztendlich heil überstanden hab –, weil mir eben von Anfang an gezeigt wurde, was ich von ihr zu erwarten hatte.

I Dazu muß man sagen, daß niemand von uns den Kindergarten besucht hat. In die Schule zu kommen war deshalb wirklich ein großer Einschnitt. Es war ein großes Ereignis, zusammen mit den Gleichaltrigen in dieses neue, unbekannte Kinderkollektiv zu kommen. (Al: Sozusagen zum ersten Mal mit den gesellschaftlichen Verhältnissen konfrontiert zu werden...) Ja, eben ein soziales Wesen zu werden.

Ju Das ist übrigens ein interessanter Gesichtspunkt. Ich meine, wir waren schließlich alle noch ziemlich klein, ich zum Beispiel wurde von Anfang an in die erste oder zweite Reihe gesetzt, und ich hab die Klassenkameraden im Grunde genommen gar nicht gesehen. Das fällt mir jetzt wieder ein, daß ich sie im Unterricht überhaupt nicht wahrgenommen hab – entweder hab ich den Lehrer angeschaut oder aus dem Fenster geguckt. Das heißt, es gab überhaupt keinen Kontakt.

Al Ich muß sagen, daß ich es auch in dieser Hinsicht besser hatte als ihr anderen, weil ich noch nach dem alten Lehrplan gelernt hab. Da gab es wirklich noch was zu lernen – da haben wir in der zweiten Klasse noch reichlich Matheaufgaben bekommen und hatten überhaupt ziemlich viel zu tun. Jedenfalls hab ich rechnen gelernt, und später hab ich dann vor meiner zehnten Klasse damit geglänzt, daß ich im Kopf schneller war als sie mit ihren Rechnern, aber das stammte eben noch aus der Schule. In Rechtschreibung und Mathe wurde viel verlangt. Dagegen herrscht heute, finde ich, ein geradezu erschreckendes Analphabetentum, besonders in der Mathematik. Ich weiß noch genau, wie ich in der fünften Klasse die längsten, verzwicktesten Algebraaufgaben gelöst hab. Das war eine meiner Lieblingsbeschäftigungen. Aber wenn du heute einem Schüler eine Aufgabe mit drei Umwandlungen gibst, dann kommt er schon durcheinander.

Ju Übrigens erinnere ich mich, daß ich eine Zeitlang gerne Mathematikhausaufgaben gemacht hab. (O: Als die Gleichungen eingeführt wurden, ja.)

Al Ja, ich erinnere mich, daß ich dieses strenge algebraische Denken sehr angenehm fand. Einer der wenigen angenehmen Eindrücke war der Matheunterricht in der fünften, sechsten Klasse, weil wir es da eben mit der reinen, strengen, formalen Algebra zu tun hatten. (O: Das hat Spaß gemacht.) Ja, und zwar dann, wenn du die richtige Abfolge im Kopf hergestellt hattest. Algebra brachte dir bei, nach Fehlern zu suchen. Ja, sie lehrt dich, daß es nur eine Lösung gibt, und wenn du zu einer anderen kommst, hast du einen Fehler gemacht. Das war eins der wenigen positiven Elemente der Schule zu meiner Zeit, und das ist später völlig verloren gegangen.

Ju Wie war das, hat Anton schon nach dem neuen Lehrplan gelernt?

Al Anton hatte das Experimentalprogramm, da gab es kaum Unterschiede, aber eine oder zwei Klassen unter uns, ich weiß nicht mehr genau, hatten sie schon den neuen Lehrplan.

M Wodurch unterscheidet sich der neue vom alten?

Al Eben dadurch, denke ich, daß diese massiven Übungsphasen abgeschafft wurden, die praktischen Übungen, und daß sie den Unterricht statt dessen mit sehr viel theoretischem Stoff vollgestopft haben (Ju: Ein Alptraum!), dazu vieles in völlig verrückten und geschraubten Formulierungen. Jedenfalls, als ich studierte, war ich mit Leuten in einem Semester, die an der Schule schon den neuen Lehrplan hatten, und der Unterschied war spürbar: Ich meine, ich hab nie Schwierigkeiten mit dem Kopfrechnen oder algebraischen Umwandlungen gehabt, aber für sie war das alles sehr kompliziert; und es wird immer schlimmer, weil die Anforderungen in den letzten zehn, fünfzehn Jahren permanent gesunken sind. Meine Lehrer an der Hochschule haben sich darüber beklagt, daß die Abiturienten die elementarsten Rechenoperationen nicht mehr beherrschen, daß sie an die Hochschule kommen, ohne rechnen zu können.

Al Anjuta, deine ersten Eindrücke von der Schule.

A Ich weiß nicht, mir hat es dort im allgemeinen gefallen. In der Grundschule hab ich sehr gern vorgelesen, ich wurde immer dazu aufgefordert. Ich las mit guter Betonung, obwohl ich die Jüngste war, und das hat allen gefallen. Ich bin gleich in die 2. Klasse gekommen, wobei wir noch mit der dritten zusammen gelernt haben. Sieben Schüler der zweiten und acht der dritten in einem Raum, mit einer Lehrerin. Das war ganz wie zu Hause: Die Schule war klein, drei Klassen, die Lehrer und Schüler kannten sich irgendwie alle. Insgesamt waren es schöne Erfahrungen – nicht wegen des Lernens, sondern wegen dieser Atmosphäre.

Ju Aber ich bekam immer Angst, eine regelrecht primitive Angst – zum Beispiel, wenn es ans Abfragen ging.

A Nein, das war bei mir anders. (O: Anka war immer von einer geradezu olympischen Gelassenheit.) Aber in der vierten Klasse – genau, da hat mir dann schon vieles nicht mehr gefallen. Eine neue Schule, neue Mitschüler, mehrere Lehrer, nicht mehr nur eine Lehrerin. Die Lehrer behandelten mich da eindeutig wie die Jüngste, und außerdem galt die Klasse als supergut, ja, als mustergültig, und es gab keine Spielkameradschaften mehr, statt dessen bildeten sich deutlich Cliquen heraus. Allerdings bin ich dort nur ein halbes Jahr geblieben, dann hab ich eine Klasse übersprungen, kam in die fünfte – wieder eine neue, ganz andere Schule, neue Mitschüler – da hab ich mich wieder sehr wohl gefühlt. Das hing, denke ich, in erster Linie mit den Lehrern zusammen, aber die Klassenkameraden waren auch in Ordnung. Ja, und danach bin ich ja in die vorige Schule zurückgekommen, nicht mehr in die alte Klasse allerdings, sondern in die sechste, nachdem ich vorher eine Prüfung gemacht hatte. Auch das übrigens, ohne aufgeregt zu sein, ich hab, glaube ich, nie Angst vor Prüfungen gehabt. Mit der sechsten Klasse hatte ich Glück, die Mitschüler waren nett und die Klassenlehrerin auch.

Ju Erinnert ihr euch – ach, bestimmt erinnert sich jeder von euch noch an die Klassenräume, in denen er gesessen hat, rein vom Anblick her: jeder Tisch, jede Wand, jede Bank, jedes Plakat – das hat sich einem doch geradezu eingebrannt. Aber genau das ist schlimm, weil im Grunde nichts von alledem die Erinnerung lohnt. (I: Wieso nicht?) Du sitzt einfach den ganzen Tag da und benagst diese widerlichen Dinge mit den Augen.

I Zum Beispiel dieses Plakat: »Von deinen schlechten Zensuren profitiert der amerikanische Imperialismus!« (Lautes Gelächter) – wie kann man so was vergessen?

Ju Oder »Wie man richtig sitzt« – und dieser ganze Kram.

Al Nein, an die Ausstattung der Klassenzimmer erinnere ich mich überhaupt nicht mehr, ich hab damals immer irgendwas gezeichnet, gemalt, ich hab ja wohl alle Schulbücher vollgemalt (Ju: Genau, genau, nein, in den Büchern hab ich nicht herumgemalt, sondern in den Heften, Mensch, wie oft hab ich dafür was auf die Finger gekriegt!), meine Bücher waren alle total vollgemalt, ich glaube, da gab es keine einzige saubere Seite mehr.

Ju Ich weiß noch, daß ich die Schulbücher, so wie sie waren, überhaupt nicht mochte. Im allgemeinen hab ich Bücher sehr geliebt, aber Schulbücher – das war so eine Kategorie staatlicher Bücher eben. Aber die schrecklichsten Erinnerungen an die Schule, das sind diese Wörter »außerschulisch«, »außerunterrichtlich«: außerschulische Maßnahmen, Hauslektüre und ähnlich grauenhaftes Zeug… (A: »Zusatzunterricht am Nachmittag«) Ja, und … oj! Schulhort! Was für ein Alptraum!

I Und das kostenlose Mittagessen, das wir automatisch zugeteilt bekamen, weil wir eine kinderreiche Familie waren. Aber niemand von uns wollte dahin gehen.

Ju Ein Alptraum! Warum mußten wir das eigentlich mitmachen, Mütterchen?

LA Sie brauchten vom Plan her eine bestimmte Anzahl von Schülern, sonst hätte es für den Lehrer, der die Aufsicht hatte, kein Geld gegeben.

Ju Ich weiß noch, daß sie uns buchstäblich eingeschlossen haben, in einer der Klassen, und uns nicht rausließen, bevor wir nicht alles aufgegessen hatten (lautes Gelächter), das war ein Alptraum, weil man das Zeug unmöglich essen konnte. Bevor wir das Klassenzimmer verließen, mußten wir dem Lehrer unseren Teller vorzeigen (Gelächter), und er sagte: »Du hast die Frikadelle nicht aufgegessen, setz dich wieder hin, iß fertig.«

A Ich war auch im Schulhort, und ich fand es ganz normal: Man machte seine Hausaufgaben und ging wieder. (O: Ich fand es auch nicht schlimm.)

I Mich hat das Schulkollektiv trotzdem immer ein bißchen genervt, ich war lieber allein oder mit der Familie zusammen...

Al Und ich, ich bin nie in den Schulhort gegangen. Eine meiner deutlichsten Erinnerungen aus der Schulzeit ist, wie ich mich vor der Schule gedrückt hab. Wenn sie die Tür abgeschlossen hatten, bin ich aus dem Fenster gesprungen. Ich weiß noch, wie ich den Sportunterricht geschwänzt hab, wo ich mich versteckt hab und so weiter...

I Wieso hast du dich gedrückt, wovor – vorm Unterricht?

Al Ja, vorm Unterricht. Na ja, wenn ich keine Lust auf die Schule hatte oder wenn ich schon wußte, daß ich zu spät kommen würde. Seither ist das Zuspätkommen bei mir zur chronischen Krankheit geworden.

Ju Also, es kann doch nicht sein, daß niemand außer mir dieses pathologische Angstgefühl in der Schule gehabt hat.

A Angst hatte ich schon, verstehst du, aber nur vor bestimmten Lehrern und bestimmten Fächern (Al: Ja, genau, ich hatte zum Beispiel Angst vor dem Direktor der 3. Schule, einfach weil er der Mächtigste war und ich noch ganz klein.)

Ju Angst aus Wehrlosigkeit – das war es zum Beispiel bei mir.

LA Du lieber Himmel, was wäre erst gewesen, wenn wir zu Hause auch noch Druck auf euch ausgeübt hätten...

A Ja, das war natürlich ein großes Glück, wenn Mama uns erlaubte, zu Hause zu bleiben.

Ju Und erinnerst du dich noch an diese Geschichte, Mütterchen, von der ich später oft erzählt hab: Wie ich einmal überhaupt keine Lust hatte, zur Schule zu gehen, dann aber doch losgegangen bin und zwei Stunden lang hinter einem Schneehaufen gesessen hab, nur um nicht in den Unterricht zu müssen (lacht), ich hab einfach zwei Stunden lang hinter dem Schneehaufen gesessen, und du hast dich noch gewundert: »Wieso kommst du so früh nach Hause?«, und ich hab gesagt, sie hätten uns die letzten zwei Stunden freigegeben (lautes Gelächter). Und ich hab mich geschämt wegen der Lüge... Aaah! An die erste Fünf erinnere ich mich auch. Das war irre! Die Klassenkameraden hatten mir so viel erzählt, daß ich dachte, ihr würdet schrecklich mit mir schimpfen. Ja, und dann bekam ich die erste Fünf. Ich glaube, das war in der ersten Klasse. Ich hatte das Wort »moloko«* falsch geschrieben. Gott, was hatte ich für eine Angst, als ich nach Hause ging. Ich wollte nicht weitergehen, ich hab ganz lange bei der Kiefer gestanden und gedacht: »Gott, wie kann ich denn so zu Hause auftauchen, was soll ich bloß machen?« Aber dann ist gar nichts passiert, ich war total erstaunt.

A Ich kann mich auch noch gut an die erste Vier erinnern, in der vierten Klasse. Ich weiß noch, wie die Lehrerin mir in Russisch wegen eines Rechtschreibfehlers eine dicke Vier ins Hausaufgabenheft schrieb. Und in der nächsten Literaturstunde hab ich dann ein Gedicht mit so guter Betonung vorgelesen, daß die Lehrerin neben die Vier eine genauso dicke Eins plus gesetzt hat – dieser Kontrast hat sich mir wahnsinnig eingeprägt.

Ju Wißt ihr noch, was für absolut falsche Kategorien man damals im Kopf hatte: Diese Einsen – wie erfreulich, wenn du im Hausaufgabenheft eine ganze Seite voller Einsen hattest – aber was für ein Schwachsinn auch: Einsen – na und? Das ist doch gruselig!

Al Ja. – Ich war ein Vierer- und Fünferkandidat, einmal mußte ich eine Prüfung wiederholen. Ganz furchtbar war Russisch mündlich. Selbst an der Pädagogischen Hochschule, wo sie sich entsetzlich mit mir abrackerten, hab ich nie richtig begriffen, wozu das alles gut sein soll.

Ju Aaah! Noch etwas Interessantes: Ich persönlich hatte

* Milch

nie das Gefühl, daß ich etwa dämlich bin. Also hab ich diesen pathologischen Schrecken, wenn ich aufgerufen wurde, wahrscheinlich deshalb bekommen, weil insgesamt eine Atmosphäre tierischer Angst herrschte, eine bedrückende Atmosphäre. Vor den Fragen selbst hab ich nie Angst gehabt, weil man sich da im Grunde nur hineindenken mußte, dann fiel einem schon etwas ein. Aber woher dann dieses Erschrecken? Unbegreiflich! Dieses einfach tierische Erschrekken! Wahrscheinlich lag es an der ständigen Erniedrigung. Was die da mit uns gemacht haben, war ein Alptraum!

A Ach was, eigentlich passierte gar nichts weiter Schlimmes! Nur das Verhalten der Lehrer den Schülern gegenüber und dann in den höheren Klassen umgekehrt das Verhalten der Schüler den Lehrern gegenüber – das war tatsächlich irgendwie nicht normal.

I Du kommst von zu Hause in die Schule und spürst sofort den Unterschied: Da gelten völlig andere Werte, das ist ein völlig anderes Koordinatensystem, sozusagen. Ein anderes Leben. (Al: Ja, du lebst zwei verschiedene Leben.) Und du verhältst dich anders.

Ju Die Schule hat ihre eigenen Spielregeln; zu Hause – lebst du.

Al So ungefähr. Das heißt, in der Schule versuchst du zu überleben.

Ju Genau: bis zum Ende der vierten Stunde durchzuhalten. (L: Ja, durchzuhalten.)

LA Also, Kinder, auch für mich war eure Schulzeit eine sehr schwere Zeit. Es ist mir immer schwergefallen, euch in die Schule zu schicken, und ich träumte von dem Tag, an dem es damit vorbei sein würde. Bei unseren Vorträgen werden wir oft gefragt: Und was ist mit der Schule? Wie soll man die Kinder auf die Schule vorbereiten? Da bin ich einmal auf den Gedanken gekommen, den ich seitdem oft wiederholt habe: daß man Kinder nicht auf die Schule vorbereiten sollte, sondern darauf, sie zu bezwingen. Die Schule kann einen Menschen in moralischer, physischer und intellektueller Hinsicht nur zerstören, deshalb sollten Kinder schon vorher zum Widerstand gegen sie erzogen werden. Als ich den Gedanken – vor langer Zeit – zum erstenmal bei einem Vortrag geäußert hab, war ich selber erschrocken: Mein Gott, was erzählst du denn da. Aber dann hab ich noch oft darüber nachgedacht. Und wenn ich euch jetzt so höre, denke ich: Ich habe also recht. (Al: Völlig!; O: Natürlich.) Ich bin intuitiv zu diesem Schluß gekommen: Je weniger das Kind in der Schule annimmt, desto besser.

Al Man muß aber Erfahrungen sammeln. Womit du in der Schule konfrontiert wirst, damit hast du später auch in der Gesellschaft zu kämpfen. Die Schule ist ein gutes Modell. Aber insgesamt war mein Eindruck, daß man immer nur bemüht war, so wenig wie möglich einzubüßen. Ich hab das Gefühl, daß die Gesellschaft mich, praktisch vom ersten Schultag an bis heute, mit aller Kraft gebremst hat. Was hätte ich nicht alles schaffen können, wenn sie nicht gewesen wäre... (O: Du hast eine ziemlich hohe Meinung von dir.) Nein, ich spüre einfach, wie ich physisch abbaue. Wenn ich daran denke, wieviel ich im ersten Jahr an der Pädagogischen Hochschule geschafft hab... (O: Na und, da warst du nicht der einzige. Hol das Versäumte doch nach, wer hindert dich denn?) Was heißt nachholen! Ich hab die rein physischen Möglichkeiten nicht mehr, nicht so sehr in gesundheitlicher Hinsicht, sondern... In den ersten Semestern an der Pädagogischen Hochschule zum Beispiel hab ich mich noch an einem Tag auf eine Prüfung vorbereiten und wirklich alles behalten können.

O Das war doch schon ziemlich lange nach Abschluß der Schule – also kann es so schlimm nicht gewesen sein.

Al Ja sicher, aber das waren auch nur noch Überbleibsel! Ich erinnere mich, daß ich in der fünften Klasse mehr aus meinem Hirn herausgeholt hab als jemals danach. Ja, ich weiß noch, daß ich in der fünften Klasse ganz allein auf die Divisionsregeln gekommen bin. Eine Lehrerin, die bei uns Vertretung in Mathe hatte, merkte, daß ich im Unterricht nur so dasaß, und gab mir Aufgaben vorweg, aber ich war zu blöd damals, ich hatte keine Lust, die Regeln für das Teilen von Brüchen im Buch nachzuschlagen; also hab ich die Brüche *so* geteilt. Bitte, wie findet ihr das, Brüche zu teilen, ohne die Regeln zu kennen? (Ju: Kein Problem.) Ich hab das rein gedanklich gemacht: Ich hab mir vorgestellt, was ein Bruch ist und was...

Ju Übrigens, Papa, das ist sehr interessant: daß ich mir Brüche immer noch als Teil eines Kreises vorstelle, so, wie du es uns damals beigebracht hast. Oder nimm Geographie: daß ich eine ganz exakte Vorstellung von der Weltkarte habe, mich problemlos darauf zurechtfinde...

BP Da siehst du einmal, was dir die frühe Bekanntschaft mit diesen Dingen gebracht hat!

Ju Im Ernst, das ist wahr, daß wir praktisch die ganze Schule hindurch von der frühen Entwicklung gezehrt haben.

Al Natürlich, unbedingt. Aber ich hatte diesen Kreis noch nicht, als ich klein war, er kam erst zu eurer Zeit, und ich hab mir Brüche deshalb völlig abstrakt vorgestellt. Wie ich damals zur richtigen Lösung gekommen bin, weiß ich bis heute nicht, denn das System, nach dem ich rechnete, war irrsinnig kompliziert.

LA Und Anton hat immer große Zahlen miteinander multipliziert: Sitzt da, bewegt endlos die Lippen – und kommt mit dem richtigen Ergebnis heraus. Aber wenn wir fragten, wie er das gemacht hat, sagte er: »Weiß ich nicht.«

An Mich haben die Lehrer in der Schule oft angepfiffen, weil ich immer gleich das Ergebnis hinschrieb.

Ju Ja, grauenhaft! Alles mußte Schritt für Schritt gerechnet werden, nicht? Ein Wahnsinn!

L Ja, wenn man eine Aufgabe lösen mußte, dann unbedingt, wie es sich gehörte: jeden Schritt aufschreiben...

An Ich erinnere mich, daß ich eines Tages die Formel für das Newtonsche Binom selbst abgeleitet habe... fast noch vor der Schule! (L: Da übertreibst du wohl ein bißchen.; Al: Nein, ich glaub ihm das unbesehen.)

Al Ich habe seit kurzem das Gefühl, daß ich sieben Jahre lang etwas angehäuft – und danach nur noch abgegeben hab. (Ju: Vergeudet.) Na ja, nicht vergeudet, aber... Zehn Jahre Nichtstun, das ist doch furchtbar; was heißt zehn Jahre – mehr... Das ist schlimmer als Nichtstun: die ganze Zeit irgendwelche Manöver durchführen, nur um beschäftigt zu sein.

O Ihr wart einfach alle Faulpelze. Ich zum Beispiel hatte immer etwas zu tun.

A Stimmt, das denke ich auch: Wenn du ein gutes Verhältnis zu den Lehrern hast, wenn du gut lernst und dich anstrengst, und wenn der Lehrer das sieht, dann gibt es keine großen Probleme.

Ju Ich versteh schon, das ist ein Ausweg, es mit dem Lehrer auf menschlichem Niveau zu versuchen, aber was, wenn er zum Beispiel kein Mensch ist.

A Also, hört mal... Mir taten die Lehrer im allgemeinen leid, ehrlich gesagt. Du brauchtest sie dir nur anzugucken – wirklich traurig, fast alle waren unglücklich, bedrückt. Ich hab immer versucht, nett zu sein, und dementsprechend waren sie auch nett zu mir.

Ju Ich kann nur sagen, daß ich die Schule gehaßt habe und daß mich alle dort haßten.

2. »Vor der ganzen Klasse lasen sie einem die Leviten...«
(Die Lehrer, die Mitschüler und die Atmosphäre.)

Das Schüler-Lehrer-Eltern-Verhältnis ist ein weites Feld und ein vielschichtiges Problem, das jeder aus eigener Erfahrung kennt. Es tauchte auch in Bolschewo auf. Im Falle der jungen Nikitins hatten die Lehrer es mit Kindern zu tun, die jünger waren, die schon viel wußten, die unangepaßt waren und außerdem Eltern hatten, die bewußt eigene pädagogische Wege gingen. Das mußte zu Spannungen führen. Ich wollte also in Erfahrung bringen, wie die Lehrer auf die Nikitin-Kinder reagierten. Haben sie verstanden, daß sie Kinder in der Klasse hatten, die anders waren, und worin äußerte sich dieses Verständnis?

Ju Verständnis war da – im üblichen Rahmen.

Al Nein, sie dachten natürlich, daß wir so alt wie die anderen und ganz normale Kinder sind...

LA Nun ja, das kam wahrscheinlich auf die einzelnen Lehrer an.

Al Und darauf, wie wir lernten. Ich zum Beispiel oder Anton oder Anjuta – wir waren wesentlich jünger. Da mußten sie sich anders verhalten.

An Natürlich waren wir anders – jedenfalls keine durchschnittlichen Kinder.

Ju Vielleicht muß die Frage heißen, ob die Lehrer uns besonders viel Beachtung geschenkt haben.

Al Beachtung war das nicht – eher eine besondere Reaktion, vielleicht umgekehrt: Gleichgültigkeit. Ja, eine besondere Reaktion der Lehrer uns gegenüber aufgrund des Altersunterschieds und der andersgearteten Fähigkeiten. (Ju: Der Nimbus der Familie.) Nein, bei mir nicht. (An: Einen

Nimbus gab es nicht.; O: Oh doch, und besonders dann nach euch!) (Gelächter)

L Diese ständigen Versuche von Olja, zu beweisen, daß sie nicht ›so eine‹ ist, ganz und gar nicht! Deshalb hatte Anja es dann auch wieder gut. (Ju: Ja, aber dann kam ich . . .) (lautes Lachen) (O: Julka, wurde ich dir nicht in der Schule Nr. 1 als Vorbild hingestellt?; Ju: Ja, natürlich!) (Lachen)

Ju Ja, wirklich! – Oh! Außerdem erinnere ich mich noch gut daran, wie komisch es war, die eigenen Schwestern und Brüder eingebunden in dieses Spiel an der Schule zu erleben. Der reinste Horror! Das ist fast wie am jüngsten Tag: Olja, in Schuluniform, spaziert mit ihren Freundinnen über den Schulhof. Lieber Vater!

LA In der Beziehung hatten Ljuba und Wanja es vielleicht am schwersten von allen.

Ju Wieso? Die beiden haben uns doch gar nicht mehr erlebt an den Schulen.

L Dafür ich ihn und er mich.

K Vielleicht haben sie sich gegenseitig nicht eigentlich als Schüler wahrgenommen, oder?

L Ja. Aber was ihr da gesagt habt, ich weiß nicht. Ich kann mich gar nicht erinnern, daß ich zwischen der Schule und Zuhause so scharf getrennt hätte. Sicher, dieses Spiel gab es, aber ihr habt alle gesagt, daß dort das eine Leben war und hier das andere. Ich weiß nicht, so einen Bruch, dieses ›Hier ist hier und dort ist dort‹, hab ich nicht empfunden – vielleicht, weil ich zusammen mit Iwan hinging . . .

I Ich hab dich mit einer dicken Lufthülle umgeben, Ljuba. (Gelächter)

L Mit frischer Luft, ja.

BP Eine Schutzzone hat er ihr geschaffen.

Al Aber trotzdem noch mal zur Reaktion der Lehrer . . .

Ju Es hat ziemlich viele Taktlosigkeiten und Rücksichtslosigkeiten gegeben, sehr viele Grobheiten.

I Selten hat sich einer indifferent verhalten; entweder positiv, das merkte man dann deutlich, oder negativ.

Ju Treten, treten... Das Vergnügen hat sich nach meinem Eindruck niemand versagt...

O Jetzt hör aber auf!

I Nein, wieso? Wenn du etwas schlecht gemacht hattest, dann hieß es automatisch: ›Ein Nikitin!‹ – einer aus dieser Familie.

L Ja, natürlich! Wenn du deine Hausaufgaben nicht gemacht oder geschwänzt hattest, mein lieber Mann...

I ›Aber reden tun die Nikitins! Sogar im Fernsehen treten sie auf!‹ Ich bitte dich! Vor der ganzen Klasse lesen sie dir die Leviten und machen dich schlecht, daß du dich nicht mal mehr rechtfertigen magst.

L Genauso ging es mir im Technikum. Du stehst da und... (Al: ... schüttelst es ab.) Nein, das kannst du eben nicht.

A Die Lehrer sind meiner Meinung nach das Schlimmste gewohnt und verhalten sich deshalb nur noch... (LA: ... rücksichtslos.)

I Taktloses Volk.

LA Auch den anderen Kindern gegenüber.

O Nur, daß wir ihnen mehr Anlässe gaben.

Al Im Prinzip, ja. Wir schwänzten alle und waren eigensinnig bis zum gehtnichtmehr, ich besonders.

I Ich hab nicht geschwänzt, jedenfalls einzelne Stunden nicht – also höchstens zwei-, dreimal. Wenn ich in die Schule ging, dann blieb ich immer bis zum Schluß.

Ju Interessant ist aber, daß wir keinen der Lehrer gehaßt haben, oder? (Al: Ich ja.; L: Ich auch.)

Al Zwei oder drei meiner Lehrer hab ich aufrichtig gehaßt.

I Wir haßten sie, ja, aber...

LA Aber das hatte dann mit ihrer Person zu tun, nicht damit, daß es Lehrer waren. Solche Menschen gab es eben.

A Und manchmal genau umgekehrt: Es gibt Lehrer, mit denen du irgendwie Mitgefühl hast. Aber das gilt dann wirklich der Person.

Al Daß ein Lehrer menschlich blieb, das hab ich höchstens zwei-, dreimal erlebt. Und an wie vielen Schulen und Hochschulen war ich!

Ju Aber sagt mal: Gab es denn die Bereitschaft, einen Lehrer zu lieben? (L:Ja-a.; Al: Na ja, im Prinzip hatte man zu jedem neuen Lehrer zunächst mal ein gutes Verhältnis.; Ju: Ach, Scheißdreck.; LA: Du hattest einfach kein Glück, Julka, aber kannst du dich nicht trotzdem an einen erinnern?) Aus der Schulzeit? Ich erinnere mich an fast jeden Lehrer, aber zu keinem fällt mir was Gutes ein.

L Erst als ich die Schule hinter mir hatte, hab ich begriffen, was für ein guter Mensch Jewgenija Andrejewna war – die Karpunina...

LA Hättet ihr eigentlich gerne bei einem Lehrer vom Typ Schatalow* gelernt?

Al Also, ich denke, daß Schatalow gut in die Schule von heute paßt (Ju: Er ist ihr Begründer!), weil er es mit seinen Methoden schafft, aus den Schülern, denen wenig mitgegeben wurde – er bekommt sie ja erst dann, wenn die Schule sie bereits verformt hat –, gute Kenntnisse des Stoffes herauszuholen. Ich hab mal einen jungen Mann kennengelernt, der nach Schatalows Methode unterrichtet wurde. Der erzählte irre Geschichten darüber, wie kolossal sich der Wissensstand und die Gedächtnisleistung dadurch vergrößern. Aber das brauchen im Prinzip weder ich noch alle anderen hier Anwesenden.

O Du willst damit sagen, daß Wissen überflüssig ist?

---

* Begründer der sog. »Pädagogik der Zusammenarbeit«, die in den letzten Jahren sehr populär geworden ist. Mit »Zusammenarbeit« ist ein stärkeres Eingehen auf die Schüler gemeint, s. Kap. V,2.

Aber es ist wahnsinnig notwendig, und wenn es uns an der Schule nicht vermittelt wurde...

Al Notwendig ist es schon, aber es muß nicht unbedingt das Schatalowsche Wissen sein. (O: Wieso? Das wäre auch nicht schlecht.)

Ju Wenn man mal vergleicht, dann ist das, was er macht, besser als das, was früher gemacht wurde, und allein darum ist es schon akzeptabel.

LA Ich habe, glaub ich, noch gar nichts dazu gesagt. Schatalow bringt einem den Stoff aus dem Lehrprogramm wirklich intensiv bei, er stopft dich mit einer wahren Wissensfülle voll. Du kannst dem gar nicht entkommen, und eben das finde ich schrecklich. Einem normalen Lehrer kann man sich doch wenigstens entziehen, und das, was man nicht braucht, kann man auslassen – aber hier wirst du gnadenlos vollgestopft.

An Daß sie dir irgendwelche überflüssigen Fakten aus dem Lehrprogramm eintrichtern, das macht doch nichts. (A: Das ist ungefährlich.; Ju: Und uninteressant.)

La Du hast vermutlich das Geographiebuch der Siebten vergessen: Ich hab es aufgeschlagen und bin fast in Ohnmacht gefallen: Auf einer Seite an die 25 Namen und jede Menge Zahlen...

An Das ist auch nicht so schlimm.

I Das, was wir nicht brauchten, Mama, das hatten wir am nächsten Tag schon vergessen.

Ju Das ist es ja eben, daß Schatalow es einem eingetrichtert hätte.

Al Er trainiert das Gedächtnis, das stimmt.

LA Bei Schatalow vergißt du nichts – deswegen ist mir das ja so suspekt.

An Aber die Kapazität des menschlichen Gedächtnisses ist unbegrenzt; deshalb macht es auch nichts, wenn er dir noch mehr hineinpackt...

O   Wer weiß, vielleicht brauchst du's ja mal.

Ju   Nein, das ist das Schlechte, das besonders Schlechte an unserer Schule. Daß sie kein Wissen vermittelt – gut. Aber sie bringt einem im Prinzip ja nicht mal das Lernen bei! Wenigstens wie man sein Wissen systematisiert, hätte sie uns beibringen können. Ein Lehrbuch müßte doch ein System haben. Aber nichts dergleichen, nur Scheißdreck. Unser Wissen ist dermaßen oberflächlich – grauenhaft.

LA   Vielleicht liegt das daran, daß ihr nicht systematisch gelernt habt. Olja und Anja haben systematischer gelernt, also... (Ju: Das kann schon sein.)

An   Als ob sie ein systematischeres Wissen hätten, Mama.

O   Das war einmal... (Lachen)

Al   Die Sache ist die, daß das Schatalowsche System vom Ansatz her nicht kreativ ist – es steckt überhaupt keine Kreativität darin. Das hat mich von Anfang an abgeschreckt, ich meine: Wenn ein Mensch richtig entwickelt ist, wenn er kreativ ist, sein Kopf richtig arbeitet, dann muß man ihm einfach nur noch beibringen, für sich selbst Lernhilfen und Gedächtnisstützen zu finden, das ist alles. (LA: Genau.) Ein Schüler kann das nicht von allein, da kann man ihm noch so viel eintrichtern. Schatalow wird also gebraucht, um ein Konzept aufzustellen. Aber ein normal entwickelter Mensch wird sich dieses Konzept selber basteln. Ich hab es fertiggebracht, Mathematik an einem Tag zu lernen... (Ju: Ja, sicher, sicher...)

O   Also, du übertreibst. Irgendwie finden die Schüler auch bei Schatalow ihre Konzepte allein, und überhaupt existiert auch da ein schöpferisches Element.

Ju   Seine Methode ist einfach ein Mittel, sich Informationen anzueignen, und zwar auf dem schnellsten Weg. Warum auch nicht?

Al   Das wäre, falls es so ist, das Wertvollste daran – aber ich weiß nicht...

O Natürlich ist es so.

M Mußten Sie, die Eltern, sich mit den Lehrern auseinandersetzen? Vor meiner Ankunft hier dachte ich, daß Ihre Kinder es in der Schule alle sehr leicht gehabt haben, daß es keine Probleme gab. Aber heute haben wir gehört, wie sehr einige von ihnen in der Schule gelitten haben. Ist Ihnen das bewußt gewesen?

BP Nein. Wir machten uns Gedanken über das Lernen, mit dem sie ja keine Probleme hatten; die Beziehungen, unter denen sie gelitten haben – das ist eine andere Sache. Sie sagten sehr richtig, daß die Kinder es im Hinblick auf den Stoff leicht hatten (M: Nein, nein, so habe ich es nicht verstanden. Sie hatten es keineswegs leicht.; Ju: Nein, Väterchen, nein, nein, nein!) – schwer hatten sie es aus anderen Gründen!

Ju Väterchen! Auch in bezug auf das Lernen – wirklich! Auch in bezug auf das Lernen!

O Nein, Julija, das muß man voneinander trennen.

BP (zu Julija) Entschuldige – Olja soll das Lernen schwergefallen sein? Und Anton etwa auch? Und Iwan? (Ju: Ich hatte es schwer!) Du allein! Deshalb sprich nicht für alle.

O Papa, du verstehst wieder nicht, von welchen Problemen die Rede ist. Du meinst, daß es uns leicht fiel, den Wissensstand zu erreichen, der dort verlangt wurde. (BP: Ja! Davon ist doch auch die Rede.) Ohne Zweifel war das einfach. Wir hatten gerade bei der Aneignung des Lernstoffs überhaupt keine Probleme, abgesehen von der einen oder anderen kleinen Schwäche, die jeder hatte. Schwierigkeiten machte nicht die Aneignung des Wissens, sondern... (Ju: Die Form, in der all das serviert wurde.; BP: Eben!) Ja, die Form. Das heißt, der Unterricht selbst war oft sehr uninteressant und langweilig... (A: Und die Antworten erst!) Und diese Antworten, wirklich, all das war sehr nervig. Eben diese rein nervliche Belastung – dieser Schrecken, von dem

Julka sprach. (L: Die ganze Atmosphäre…) Selbstverständlich haben alle diese Atmosphäre empfunden: Hatten Angst davor, aufgerufen zu werden, hatten Angst vor den Klassenarbeiten. Und die vielen Hausaufgaben. Vor allem hier gab es Probleme… und in psychischer Hinsicht…

M Ist Ihnen das damals klargeworden, Boris Pawlowitsch?

BP Damals galt meine Aufmerksamkeit natürlich dem Lernen, und Fragen des Lernens standen für mich im Vordergrund. Um zu belegen, daß Anton mit acht Jahren weit genug für die 5. Klasse war, hab ich auf zwei, drei Schreibmaschinenseiten alle seine Fähigkeiten aufgezählt: Wieviel besser er las und die Aufgaben löste als die Fünftkläßler und worin er ihnen sonst noch überlegen war. Damit konnte ich dem Direktor nachweisen, daß Anton mit acht Jahren in die Fünfte gehörte. Insgesamt hat das Lernen als solches damals alles andere überlagert, das stimmt. Dieser andere Aspekt war mir damals viel weniger deutlich, er zeigt sich mir erst jetzt, geradezu wie eine Erleuchtung. Das ist sehr wichtig für mich.

O Das Lernen als solches war keineswegs die Hauptsache in der Schule; das Wichtigste war das Drumherum…

I Ja eben – diese künstliche Schulatmosphäre ertragen zu müssen…

BP Diese Atmosphäre ist gräßlich, ja. Von daher kamen die Probleme für die Kinder.

M Und Ihnen ist das nicht klargeworden?

BP Nein, das ist mir kaum klargeworden.

M Und Sie, Lena Alexejewna? Als ich ankam, haben Sie beide ja gerade darüber gesprochen, und Sie sagten zu Ihrem Mann: »Du kennst deine Kinder nicht«…

LA Sicher. Boris Pawlowitsch hatte sich in dieser Hinsicht aus der Schule zurückgezogen. Alles, was damit zu tun hatte, lastete auf meinen Schultern, und ich wußte natürlich von den Problemen. Ich kannte keine Einzelheiten: Manches erzählten sie mir, anderes nicht, manches hielten sie geheim, manches nicht. Ich wußte natürlich, daß der Mutter nicht alles erzählt wird, und wozu auch. Ich wußte, daß sie es schwer hatten, und deshalb hab ich es zugelassen, daß sie schwänzten. Ich hab auch alle Folgen auf mich genommen. Wenn ich in die Schule bestellt wurde, sagte ich »Ich halte das für nötig«. Bei mir war, wie man so sagt, nichts zu holen – wegen einer solchen Sache kommt man bei uns trotz allem nicht vors Gericht. (Gelächter) Anfangs war es mir unangenehm, aber dann hab ich es ganz bewußt gemacht: Ich sah, daß es ihnen einfach besser ging, wenn sie zu Hause blieben, und hab es zugelassen. Und weil ich ein reines Gewissen hatte, hab ich denn auch mit der ganzen Welt dafür gekämpft. Mir konnte man in der Hinsicht nicht so leicht ins Gewissen reden, sagen wir es so. Manchmal bestellten sie mich in die Schule und versuchten, wie es so schön heißt, mich weichzukochen: »Wie ist das nur möglich? Die Kinder können doch nicht einfach schwänzen!« Ich hab mir das in aller Ruhe angehört und gesagt – weil ich wußte, daß lange Erklärungen nichts nutzten –, daß ich es für nötig hielte und die Verantwortung übernähme. »Ich verbürge mich dafür, daß Sie keine zusätzlichen Scherereien haben werden. Ich bitte nicht um Nachhilfeunterricht für die Kinder; wenn sie Vieren bekommen, dann eben Vieren.«

M Wissen Sie, ich hätte vermutlich angefangen, an meinen Erziehungsmethoden zu zweifeln.

LA Nein! (BP: Im Gegenteil!) (Gelächter) Ich hab begriffen, daß es den Kindern hier besser ging als dort, ich hab das einfach gespürt, und darum ist es mir leicht gefallen, mich hinter sie zu stellen. Heldenmut war das keineswegs. Ich sage Ihnen sogar: Es ging mir selber besser, wenn sie zu Hause blieben. Ich hab dabei auch an mich gedacht: Ich war dann ruhiger. Wenn ich sie in die Schule schickte, war ich immer furchtbar unruhig. Jeden Morgen die gleiche Marter:

Ich komme, sehe, daß sie noch schlafen, und möchte sie einfach nicht wecken.

L   Ja, an solche Situationen erinnere ich mich auch. Davon wollte ich gerade erzählen. Ich liege im Bett und sage Mama, daß ich mich irgendwie nicht wohl fühle. Und plötzlich sagt Mama nichts mehr und geht. Dann wache ich um zehn wieder auf und denke: »Mein Gott, warum bin ich denn nicht in die Schule gegangen?« (O: Weil man dich nicht richtig geweckt hatte...)

LA   Ich mußte ja auch vieles in mir überwinden, vor allem diese seltsame Sklavenmentalität, würde ich sagen. Denn ich selbst war eine sehr gute Schülerin und Studentin, und auch, als ich dann berufstätig wurde, war ich immer zuverlässig und akkurat. Und dann plötzlich diese Disziplinlosigkeit, also, das wollte mir überhaupt nicht in den Kopf. Aber nachdem ich mich von dieser inneren Knechtschaft losgesagt hatte, fühlte ich mich viel freier. Ich hab gespürt, daß ich das selbst entscheiden kann, und dann hab ich alle Entscheidungen auf mich genommen. Und das hat mich sehr befriedigt.

A   Mama, daß du uns zu Hause gelassen hast, führte aber auch zu gewissen Konflikten mit der Klasse, weil die anderen es merkten. Sie konnten ja nicht einfach wegbleiben, ihre Eltern erlaubten es nicht. Dadurch waren wir in einer besonderen Lage, und das war im großen und ganzen nicht angenehm. (I: Das war ein überflüssiger Konflikt.) Ja, zwischen uns und den anderen. (O: Von zwei Übeln wählt man das kleinere...) Wenn du nicht schwänztest, behandelten sie dich ganz normal, aber so. »Guck mal an, die Nikitins! Schwänzen schon wieder.« Wirklich, wie Privilegierte. (LA: Ja, das war natürlich schwierig.) Und das machte gerade die Beziehungen zu den Mitschülern kompliziert. In gewisser Weise war es also positiv, in gewisser Weise aber auch negativ. Nachher, als wir an der Fachschule studierten, haben wir, glaube ich, gerade deshalb nie eine Stunde verpaßt;

nicht etwa aus Angst, wir könnten etwas vergessen oder zurückbleiben, sondern wegen der Beziehungen zu den anderen.

O Nein, Anjuta, da herrschten doch schon ganz andere Anforderungen.

LA Na gut, das ist ein zweischneidiges Schwert. Das war mir damals auch klar. Gerade deshalb fühlte ich mich oft unwohl, tatsächlich, ich erinnere mich. Ich hab überhaupt von einer Schule geträumt, die den freiwilligen Schulbesuch gestattet – nach Absprache mit den Eltern und wenn sie die Verantwortung übernehmen. Darüber hab ich sogar mit den Lehrern diskutiert. Und die Lehrer fanden es einfach verrückt: »So was geht doch nicht!« – und machten das genaue Gegenteil: steckten die Kinder auch noch in den Schulhort. Wenn ich jetzt Klassenlehrerin wäre, würde ich die Verantwortung aber trotzdem übernehmen: Schulbesuch auf eigene Entscheidung hin, nach Absprache mit den Eltern, und wenn das Kind mitmacht, also nicht auf der Straße herumlungert, sondern etwas Vernünftiges tut und selber für sich einsteht – bitte! – auch gut! Je kleiner die Klasse, desto einfacher für die Lehrer. Die Eltern und auch das Kind müssen in dem Fall nur die volle Verantwortung übernehmen. Nach meiner Ansicht wäre es nur gut, Schule und Lehrer zu entlasten.

M Wie viele Eltern wissen nach Ihrer Meinung von diesen Schrecken der Schule?

Al Ich denke, sehr viele.

Ju Ich glaube, sehr wenige. (LA: Ich auch.) Vielleicht ahnen viele etwas von der Problematik, aber nur sehr wenigen ist sie wirklich bewußt.

Al Mit wem auch immer ich darüber gesprochen hab, alle hielten die Schule für einen Alptraum. Eine andere Sache ist, daß nicht alle das richtig durchdenken. Die wahre Situation in der Schule durchschaut natürlich kaum jemand.

L Das ist es, genau – daß die Eltern dieses ganze Verhältnis als gegeben hinnehmen: der Lehrer als »Zar und Gott«... Als ob es so sein müßte...

Al Darüber hatte ich mit Marianna ein interessantes Gespräch. Sie wollte wissen, warum die Menschen bei uns nicht protestieren, obwohl sie doch sehen, wie viele Probleme es ringsherum gibt. Ich hab ihr etwa so geantwortet: Dafür gibt es wahrscheinlich zwei wesentliche Gründe. Erstens sind die Menschen einfach eingeschüchtert, weil man bei uns durch Protest jahrelang die Gesundheit aufs Spiel gesetzt hat, (BP: Das Leben!) und zweitens, was womöglich noch wichtiger ist, haben sie nie etwas Besseres gesehen und kennengelernt. Sie haben sich an die Verhältnisse gewöhnt.

LA Ich würde gern noch einen dritten Grund nennen. Ich weiß nicht, wieweit ich damit recht habe, aber die Menschen meiner Generation, die Krieg, Hunger und Kälte und überhaupt ein unbeschreibliches Leben durchgemacht haben, ein Elend, das ihr euch überhaupt nicht vorstellen könnt, akzeptieren sogar den Hunger, den es jetzt bei uns wieder gibt: »Heute kann man doch immerhin leben.« Das heißt, das ist so eine Sache, wenn man mit Vergangenem und Schlimmerem vergleicht. Ich meine jetzt die materielle Seite unseres Lebens. Materiell geht es uns doch besser als früher.

Al Ich versteh schon, aber in diesem Fall geht es nicht um die materielle Seite. Der Mensch strebt im allgemeinen nach Besserem, aber bei uns ist das Schlimme, daß die Mehrheit sich nichts Besseres vorstellen kann.

Ju Jetzt hör aber auf! Alle rackern sich doch ab...

LA Von diesem Besseren haben die Menschen aber unterschiedliche Vorstellungen. Was ist überhaupt das »Bessere«. Was ist ein »besseres Leben«?

Al Ein materiell besseres Leben lockt mich überhaupt nicht. (Ju: Freiheit des Geistes.) Eben. *Das* meine ich. Um auf das Gespräch über die Schule zurückzukommen: Erstens wissen die Eltern nicht, daß es eine bessere Schule geben könnte. Sie haben nie etwas anderes gesehen, sich nie etwas anderes vorgestellt.

LA Wenn von der Schule die Rede ist, muß man auch über die totale Abhängigkeit der Eltern und Kinder von ihr sprechen. Ihre Karrieren, ihre Leben hängen von ihr ab. Mich hat der Gedanke nie geschreckt, unsere Kinder könnten nicht an die Hochschule kommen, könnten Dreien im Reifezeugnis bekommen. Aber die meisten anderen Schüler und Eltern beunruhigt das: Dreien im Reifezeugnis bedeuten weniger Chancen an der Hochschule, und das wiederum bedeutet, daß man sich mit der Schule gutstellen muß. (Ju: Das ist unsere allgemeine gesellschaftliche Schizophrenie, genau das meine ich.)

LA Und dieses sklavische Zittern in den Knien... (Ju: Ja, iihh, grauenhaft!) So geht es bei uns schon lange zu. Davon müssen wir uns freimachen. Manchmal erzähle ich ja ein bißchen in den Vorträgen, nicht im Detail, aber einiges doch, und dann fragen die Leute: »Wie konnten Sie das machen, die Kinder nicht in die Schule schicken?« Und dann frage ich zurück: »Warum eigentlich nicht?« Allein die Vorstellung oder die Erkenntnis, daß man offensichtlich so handeln kann, ohne dafür gleich ins Gefängnis zu kommen, befreit die Eltern schon ein wenig von ihren Fesseln: »Aha – das heißt, ich kann das auch...« Das muß man den Leuten beibringen. Durch welche Schule bin ich denn gegangen! Durch die des Widerstands gegen die Gesellschaft doch. Unser Krieg mit der Öffentlichkeit hat ja nicht erst begonnen, als die Kinder in die Schule kamen. Das alles hat doch schon mit der Früherziehung angefangen, und später hab ich dann in den einmal eingefahrenen Gleisen weitergemacht – ich hatte eben schon Erfahrung damit, mich zur Wehr zu setzen. Diese Erfahrung müssen sich alle Menschen bei uns aneignen. Bei aller Skepsis den jetzigen Reformen gegenüber ist doch ein Fünkchen Hoffnung da, daß wir diese Erfahrung alle machen können. (BP: Wir alle werden das lernen.) Wir werden lernen, uns zur Wehr zu setzen, auf unser Recht zu pochen, unsere Meinung zu sagen. Das werden wir alles lernen.

BP Auch, uns unserer menschlichen Würde wieder bewußt zu werden.

LA Ja, ich glaube, es wird sich alles zum Guten wenden. Wir wollen es jedenfalls hoffen.

3. »Was eine bessere Schule geben sollte...«
(Freude am Leben, am Lernen und am Arbeiten)

Das Erlebnis der Schule als »riesiger organisierter Unfug« (Alexej), der zumindest fünf der sieben Nikitin-Kinder in ihrer Entwicklung gehemmt hat, führt notwendig zu der Frage, wie eine bessere Schule aussehen könnte, welchen Auftrag sie zu erfüllen hätte, was überhaupt unter Bildung zu verstehen sei und wozu Bildung dienen sollte – worauf sich zwangsläufig die Frage nach den Wechselbeziehungen zwischen Schule und Gesellschaft anschloß.

An Ich meine – es wäre gut, wenn wir zu Beginn klären könnten, wozu eine Ausbildung überhaupt nötig ist. (I: Viel Wissen macht noch keinen Verstand.) Bildung ist ja bei weitem nicht die Summe aller Kenntnisse, seht ihr das auch so?
An Was ist überhaupt ein gebildeter Mensch? Ein Mensch, der viel weiß?
O Anton, Schule und – Bildung? Ich weiß nicht... (lautes Gelächter) Wir reden doch jetzt über die Schule.
Ju Im Prinzip besteht zwischen Schule und Bildung wirklich keine Verbindung.
LA Aber Anton hat behauptet, die Schule müsse Bildung vermitteln, das sei ihre Aufgabe. (Al: Theoretisch ja.) Was muß sie dann also mitgeben?
A Das ist die Frage.
Al Um auf deine Frage zurückzukommen: Ein gebildeter Mensch ist ein Mensch, der ein Grundwissen auf allen Gebieten hat, das es ihm erlaubt, in kurzer Zeit auf jedem beliebigen Gebiet ein hohes Niveau zu erreichen. (LA: Auf dem letzten Stand zu sein.) Diese Auffassung von Bildung hat mir die Hochschule vermittelt – vielleicht deshalb, weil ich mich nicht sonderlich angestrengt und nur das mitgenommen hab, was sich quasi aufdrängte. Jedenfalls hat die Hochschule

mir, wenn auch fast gegen meinen Willen, die Grundlagen der Physik und das Verständnis für diese Wissenschaft vermittelt. Ich kann mich an keine Formeln aus der Elektrodynamik mehr erinnern, aber wenn es sein müßte, käme ich sehr schnell wieder hinein.

Ju Klar, im Prinzip muß man sich nur in allen Wissensgebieten schnell orientieren können.

Al Ja, und dieses Grundwissen haben, mit dem man seine Kenntnisse auf jedem Gebiet schnell vertiefen kann. Diese Eigenschaft zeichnete alle Universalgenies aus. Nehmt z. B. das bekannte Gespräch zwischen Einstein und Edison – vielleicht ein erdachtes Gespräch –, in dem Edison Einstein Fragen vorlegt, die er den Leuten stellt, die bei ihm arbeiten möchten. Einstein liest die Fragen und sagt: »Zu dieser hier würde ich in dem Buch nachschlagen, zu der in dem...« – das heißt, er wußte genau, wo er was finden würde, konnte aber auf keine Frage antworten. Das macht einen gebildeten Menschen aus: daß er jederzeit weiß, wo er die nötigen Informationen findet.

An Ich hab immer gesagt, daß das einzige, was sie uns an der Universität beigebracht haben, die Fähigkeit war, immer die nötigen Informationen und die nötige Literatur zu finden...

LA Anton, was ist deiner Meinung nach Bildung?

I Ja, Bildung und Intelligenz – sind das zwei völlig verschiedene Dinge? (Al, An: Ja! Ja!) Gehört zur Bildung auch gute Erziehung?

Al Bildung hat nur mit Wissen zu tun.

An Nein, nicht nur damit, wieviel man weiß, sondern auch damit, ob man Wissen als Prozeß begreift.

Ju Interessant übrigens, daß man, wenn man aus der Schule kommt und zum ersten Mal mit dem Berufsleben konfrontiert wird, durch die fehlenden Grundlagen in eine wahnsinnig erniedrigende Situation gerät.

Al Ja, das heißt: Die richtigen Grundlagen gibt die Schule heute natürlich nicht mit. Die Schule vermittelt aus dem Zusammenhang gerissenes Wissen, das später vielleicht gar nicht zu gebrauchen ist.

LA Ich denke, daß man dieses ganze Bildungssystem so aufbauen müßte, daß der Erwachsene später dem Kind erzählen kann, wie die Welt funktioniert.

Al Gut, wie sollte dann aber die Schule aussehen? Wir haben gesagt, was Bildung ist. Aber über die Schule der Zukunft haben wir noch nicht gesprochen. Das sind eigentlich auch verschiedene Sachen. Wir haben über den Bildungsauftrag der Schule gesprochen...

I Aber nicht über ihre erzieherischen Aufgaben.

A Aber ein Thema hat noch niemand angesprochen, das Thema »Arbeit in der Schule«*...

Al »Arbeit in der Schule«. (lautes Gelächter) Das ist doch eigentlich ein widerlicher Ausdruck, zum Davonlaufen.

I Die Hauptarbeit des Schülers ist das Lernen! (Gelächter)

Al Jedenfalls ist es sinnlos, über die Arbeit zu diskutieren, als wenn sie zum Erziehungsprozeß gehörte oder Teil des Lehrplans wäre. Der Punkt ist doch der, daß jeder einzelne Mensch zeit seines Lebens von der Gesellschaft nimmt und zeit seines Lebens auch zurückgibt. Und sowohl die Schule als auch das Leben überhaupt müssen so gestaltet werden, daß jeder von Geburt an soviel wie möglich bekommt und soviel wie möglich gibt. Aber der Schüler, der der Gesellschaft durchaus schon etwas geben könnte, muß feststellen – und das ist das Problem mit der Arbeit in der Schule –, daß diese Gesellschaft gar nichts von ihm haben will.

Ju Ah! Weißt du, was noch hinzukommt? Daß die Hauptarbeit des jungen Menschen – theoretisch – darin bestehen soll zu lernen, kann man ja noch akzeptieren; aber das Ver-

---

* Gemeint ist der Arbeitsunterricht

rückte ist doch, daß einem in der Schule überhaupt nichts beigebracht wird. Wenn man wenigstens *irgend etwas* lernen würde. Schule ist im Grunde nichts anderes als die Abstumpfung von Hirn und Händen, und das zehn Jahre lang.

Al Bildung kann nicht Ziel sein, sie ist immer nur Mittel. Mittel zu dem Zweck, etwas für die Gesellschaft zu tun, ihr etwas zu geben. (Ju: Sicher. Im übrigen ist sie Mittel zur Menschwerdung.) Und statt dessen denkt bei uns jeder nur daran, wie er am meisten kriegen kann.

M Und warum soll die Bildung der Gesellschaft dienen?

Al In dem Maße, in dem die Gesellschaft den Menschen dient.

Ju Das ist alles Blödsinn. Bildung... Der Mensch muß Mensch werden, das ist das Ziel, auf das es im Leben ankommt.

Al Ich meine nicht die Gesellschaft, so, wie sie ist, sondern eine richtig und vernünftig strukturierte Gesellschaft.

Ju Eine abstrakte Gesellschaft, die's nie geben wird.

Al »Gesellschaft« meint ja nicht nur das staatliche System oder die staatliche Ordnung, sondern auch eine Vielzahl von Menschen. Und deshalb ist es die vorrangigste Aufgabe jedes einzelnen, etwas dazu beizutragen, daß es allen besser geht.

Ju Wenn Aljoscha redet, machen sich sofort seine drei Jahre Lehrerdasein bemerkbar.

A Das finde ich nicht. Ich finde, der Mensch macht sich bemerkbar. (Al: Sie meint meine Art, mich auszudrücken.; Ju: Genau.) Jedenfalls lebt der Mensch nicht für sich selbst.

Al Doch, der Mensch lebt in erster Linie für sich selbst. In dieser Hinsicht schließe ich mich Tschernyschewskij[*] an bzw. seiner Theorie des vernünftigen Egoismus: Solange du

---

[*] Nikolaj G. Tschernyschewskij (1828–1889), populärer Publizist, Autor des berühmten Romans *Was tun?* und Ideologe eines »russischen« oder »bäuerlichen« Sozialismus

nicht an dich selbst denkst, kannst du auch nichts geben. Darum, denke ich, muß jeder sich selbst der nächste sein.

O Nein, diese Theorie leuchtet mir nicht ein.

A Mir auch nicht ganz. Mit dem vernünftigen Egoismus läßt sich alles sehr schön rechtfertigen.

Al Das ist natürlich eine komplizierte Frage. Aber laßt mich jetzt mal versuchen, meine weitschweifigen Erklärungen etwas zusammenzufassen. Also, oberster Grundsatz der Schule – und überhaupt des ganzen Erziehungs- und Bildungssystems – muß sein, dem Menschen, den sie auf das Leben in der Gesellschaft und das Leben überhaupt vorbereitet, soviel wie möglich mitzugeben: vor allem die Fähigkeit zur schöpferischen Arbeit und die Fähigkeit, etwas für die Gesellschaft und die Mitmenschen zu tun.

Das heißt, es muß in der Schule zwei völlig gleichberechtigte Kategorien geben: die des Lernens und die der Anwendung. Anwendung heißt, daß der junge Mensch auf der Grundlage dessen, was er bereits gelernt hat, immer auch schon etwas für die anderen tun, ihnen entsprechend seinen Fähigkeiten etwas geben kann: jemandem helfen, den Jüngeren etwas beibringen. Und dabei muß es sein natürliches Bestreben sein, seinen Wissensstand zu vergrößern, weil er dadurch auch seine Möglichkeiten erweitert; im Prinzip ist ja der Schaffensdrang am stärksten im Menschen ausgeprägt. Der Mensch muß von früh auf wissen, daß seine Arbeit, sein Werk, seine Fähigkeiten gebraucht werden.

LA Das ist eines der stärksten Lebensstimuli überhaupt.

Al Leute, ich stelle mal etwas zur Diskussion. Ich hab versucht, für mich zu formulieren, was mir während der ganzen Zeit in der Schule gefehlt hat und was ich gerne gehabt hätte. Erstens war niemand da, der mir geholfen hätte, Erkenntnisse zu gewinnen. (Ju: Jemand, der an dir interessiert gewesen wäre, ja?) Nicht unbedingt an mir... (Ju: Daran, daß du irgend etwas lernst...; L: Und sei es den Unterrichtsstoff...) Ja, der sich für irgend etwas begeistert hätte. Die zweite, sehr wichtige Sache: Es gab überhaupt keine Gelegenheit, etwas mit den Händen zu tun – den Umgang mit Geräten oder Werkzeug zu erlernen. Irgendwann ist mir etwas sehr Wichtiges aufgegangen: daß nämlich bei uns in der Schule praktisch niemals die Rede davon ist, daß die Welt ringsum von Menschenhand geschaffen wurde. Das heißt, es wird schon darüber gesprochen, aber das geht zum einen Ohr rein und zum anderen raus. Es wird nicht so vermittelt, daß der Schüler spürt und begreift, welch ein enormer Sinn darin liegt.

Ju Was willst du? Was willst du machen, wenn ringsherum Gott weiß was angestellt wird – mit unseren Händen! Grauenhaft! (L: Du brauchst bloß mal über unseren Asphalt zu laufen...)

Al Das ist doch das Ergebnis dessen, was in der Schule abläuft. Wenn jemand, Pardon, mit bald vierzig noch nicht kapiert hat, daß das, was um ihn herum ist, von anderen gemacht worden ist und daß er das, was er selber tut, für andere tut – worum geht es dann überhaupt noch? Aber damit ihm das klar wird, muß er so früh wie möglich die Gelegenheit bekommen, mit Werkzeug zu arbeiten, die Dinge mit den Händen zu spüren... (O: Das haben wir jetzt kapiert. Weiter!) In der fünften Klasse kann man schon ziemlich komplizierte Sachen machen. Bei Makarenko durften die Jungs Leicas zusammenbauen – davon hatten sie was fürs ganze Leben. Das ist das Zweite. Und drittens: die totale kulturelle Rückständigkeit der Schule, das völlige Fehlen von Kultur und auch des Verständnisses dafür. Ja, ja! Dieser ganze Mist, der sich Literaturunterricht oder Musik nennt, oder, was es zu meiner Zeit noch gab, Tanzunterricht... Das Elend ist wirklich, daß es keine Kultur in der Schule gibt – woher auch? Ich weiß, was ich in der Zeit alles eingebüßt habe: Ich hatte die Schule hinter mir und konnte praktisch nichts – das heißt, ich konnte zwar mehr als die anderen, wegen unserer Werkstatt zu Hause, aber trotzdem so gut wie nichts.

Ju Hinzu kommt noch: Es besteht überhaupt kein Interesse an dir als Person. Ob es dich gibt oder nicht, ist egal, anwesend sein muß nur deine äußere Hülle – was in dir vorgeht, interessiert niemanden; das ist wirklich so. Und dann ist es auch überhaupt nicht möglich, wenigstens in Ansätzen gedanklich zu verarbeiten, was mit dir in der Schule passiert.

Al Das Ergebnis ist nicht einsichtig und das Ziel auch nicht.

LA Wenn man fragt: »Warum?«, heißt es: »Darum.« Aber wozu das Ganze, das begreift kein Mensch. (Ju: Ja eben, es ist einfach ein Spiel, ein allgemeines Spiel, und dazu ein ganz faules...; O: Na gut, aber wie sollte es statt dessen sein?) Wir können ja immer vom genauen Gegenteil ausgehen: Es fehlen Menschen, die dir etwas beibringen – also müssen Spezialisten her, Fachleute auf ihrem Gebiet, darunter auch gut ausgebildete Lehrer, die einem eine Vorstellung von der Welt vermitteln. Zweitens: Die Schüler brauchen eine Beschäftigung, die vielseitig und mitreißend ist, die gleichzeitig verbindlich ist und dem eigenen Bedürfnis entspricht (Al: Eine nützliche Beschäftigung) – die alle Kräfte fordert. Nützlich muß sie sein, selbstverständlich; davon hängt alles andere ab. Die hohe Kultur des Umgangs miteinander, die Generationen vor uns ausgebildet haben, muß den schulischen Alltag durchdringen. Und natürlich müssen die Lehrer und überhaupt alle, die in der Schule mit den Kindern umgehen, in jeder Hinsicht hochqualifizierte Fachkräfte sein.

Ju Ja wirklich, auch da muß Freude am Leben vermittelt werden, Freude an der Arbeit, am Schaffen, am Lernen – das sind doch alles Dinge, die in Wirklichkeit unendlich viel Vergnügen bereiten! Ich finde es unglaublich, wie sehr dieses Gefühl heute verlorengegangen ist!

L »Wenn schon was tun, dann am liebsten gar nichts.« Das ist die Haltung, die heute herrscht.

Ju Ein Alptraum!

LA Ja eben! In Wirklichkeit ist es doch ein Glück, zu leben, etwas zu schaffen, Erkenntnisse zu gewinnen, sich ausgiebig mit den Kindern zu beschäftigen, überhaupt mit Menschen zusammen zu sein... Bei uns wird meiner Meinung nach der tragische Fehler gemacht, das Kind ständig auf einzelne Funktionen zu reduzieren: Der eine bringt ihm dies bei, der andere das, alles häppchenweise – dann wieder führt man es irgendwohin, wo es auch noch was lernt; das bewirkt eine totale Zerrissenheit beim Kind, und man weiß nicht, was dabei herauskommt. Deshalb muß die Mutter, müssen nahestehende Menschen das Kind unterrichten, besonders in den ersten Lebensjahren. Die Harmonie der Welt wird nicht durch diese chaotischen, zusammenhanglosen Informationen vermittelt, dazu braucht es eine harmonische Persönlichkeit. Darum ist die Familie ja nach meiner Meinung auch unersetzlich. Sie schafft eine harmonische Umgebung für das Kind, oder sollte es jedenfalls tun. Das sollte die Grundlage bilden, alles weitere müßte darauf aufbauen. Die ersten Jahre sollten in der Familie verlebt werden...

Was mir für die künftige Schule noch wichtig scheint: Wir lenken die Kinder heute zu sehr, wir nehmen sie am Kragen, erst die Mutter, die Familie, der Kindergarten, danach die Gesellschaft und so weiter... und lenken und lenken sie, oft gegen ihren Willen, bis wir sie schließlich ins Leben hinausstoßen. Aber der springende Punkt ist der, daß der Mensch sich von Anfang an selber steuern muß. Wenn er plötzlich auf eigenen Füßen steht, nachdem er die ganze Zeit über nur gelenkt worden ist, weiß er nicht mehr, was er mit sich anfangen soll.

Ich meine, daß man das Kind häufiger sich selbst überlassen muß. Bei uns tun immer alle alles zusammen. Ich finde, eine der wichtigsten Forderungen an die künftige Schule sollte sein, daß nicht alle zusammen hierhin und dorthin laufen, damit dem einzelnen Freizeit, Zeit zur eigenen Verfügung bleibt.

Al Ich würde den Gegenvorschlag machen, daß der junge Mensch schon zu einem sehr frühen Zeitpunkt, vielleicht mit fünf, sieben Jahren, selber entscheidet, was er lernen möchte, und der Lehrer hätte die Funktion, zu helfen, bei der Wahl zu beraten.

LA Das ist wirkliche Freiheit. Wahlfreiheit, die Freiheit, seine Zeit nach eigenem Gutdünken einzuteilen, sie zum Lernen, zum Nachdenken und für das Zusammensein mit anderen zu nutzen. Statt dessen ist die freie Zeit bei uns zu einem der unerfreulichsten Probleme überhaupt geworden: zum Freizeitproblem. Und wir selbst haben es dazu kommen lassen. In der Schule der Zukunft darf es dieses Problem nicht mehr geben.

Al Ich hatte vor allem in den ersten zwei, drei Schuljahren das große Bedürfnis, etwas für andere zu tun, aber damit stieß ich wie gegen eine Mauer – das heißt, jede beliebige Initiative wurde im Keim erstickt. Daran hat sich auch in der heutigen Schule nichts geändert.

Übrigens, fällt euch das nicht auf: Wir haben bisher über keine einzige gesellschaftliche Organisation an der Schule gesprochen, weder über die Jungen Pioniere noch über den Komsomol*. Irgendwie schien es sie damals gar nicht zu geben, für uns jedenfalls nicht. (L: Für mich wirklich nicht.; Ju: Zum Kotzen!) Es gab sie natürlich doch, aber wir haben uns alle einmütig davor gedrückt. Das ganze ist eine völlig sinnentleerte Idee. Wie ein Pionierleiter mal gesagt hat: Das

---

* Kinder- und Jugendorganisation der KPdSU

beste Mittel, jede Initiative zu ersticken, ist, sie zu organisieren.

Ju Übrigens, auch wenn wir uns davor gedrückt haben, sind wir ideologisch durch die Schule doch ganz schön verseucht. Schon wenn vor dir in der Klasse die ganze Zeit dieses Plakat hängt: »Der große Lenin gab uns unseren Auftrag. Unser Lehrer ist die kommunistische Partei.« Das ist doch... (An: Das bewirkt genau das Gegenteil.) Wieso, das dringt ins Unterbewußtsein ein. (An: Zufällig tut es genau das Gegenteil.) Ich weiß nicht, ich weiß nicht.

L Meiner Meinung nach bis zu einem bestimmten Grad.

LA Und eure Einstellung zur täglichen, obligatorischen, produktiven Arbeit in der Schule?

Al Allein das Wort obligatorisch – ein reines Horrorprodukt. Wie kann man jemanden zu etwas zwingen wollen, wenn man das Ideal der Freiheit oder das der bewußten Entscheidung propagiert? (An: Das sind verschiedene Dinge...; Ju: Aljoscha, laß Anton mal reden.) Es geht um die Einsicht in die Notwendigkeit.

An Richtig, sag ich doch – und was propagierst du? Den reinen Anarchismus.

Al Wieso? Ich sage, daß man niemanden zwingen, niemanden verpflichten darf, weil das keinen Sinn macht. (LA: Das ist sehr wichtig; O: Aber wenn man jemandem Lust macht?) Wozu Lust machen? Das Kind brodelt doch nur so vor Energie – von Geburt an und wenn es denn eine normale Kindheit hat. Es geht also nur darum, diese Energie nicht abzutöten.

A Aljoscha, der Mensch muß sich aber gleichzeitig für etwas verantwortlich fühlen. (Al: Das bedingt sich doch alles gegenseitig!) Nein, du sagst, daß es keine Verpflichtung geben darf.

Al Man fühlt sich für etwas verantwortlich, wenn man es wirklich ganz alleine tut.

LA Verantwortung kann man als Last empfinden, aber auch als Geschenk oder Belohnung.

Al Natürlich. Ohne Verantwortungsgefühl darf man nichts für einen anderen Menschen, für die Gesellschaft tun. Das ist das einzige Gefühl, das den Menschen überhaupt dazu antreibt, etwas zu tun. Verantwortung für das, was um dich herum vor sich geht.

LA Und dieses Verantwortungsgefühl kann nach deiner Meinung nicht mit Druck erzeugt werden?

Al Das führt zum gegenteiligen Ergebnis. (An: Nicht unbedingt.) Wenn ich früher wußte: Ich bin selber verantwortlich, es hängt von mir ab, ob ich eine Sache tue oder lasse – dann habe ich die Wahl eben auch getroffen und dafür geradegestanden.

LA Wie lassen sich diese Dinge, über die du und ich hier sprechen, aber erreichen? Das in Gang zu bringen, erfordert sehr viel Feingefühl, sehr subtile Beziehungen zwischen den Menschen – das ist alles ziemlich schwierig.

I Leute, wir sind uns alle einig darüber, daß die Schule ein den Schüler teils tolerierendes, teils ihn anleitendes Modell der Erwachsenenwelt sein muß, in die er hineinwächst. Stimmt's?

An Also diesen Gedanken hat, glaube ich, bis eben noch niemand geäußert.

I Doch, meiner Meinung nach läuft alles darauf hinaus – Freiheit entsprechend dem Wissensstand des Kindes, der Einsicht in das Leben und so weiter. Jetzt laßt uns doch mal das Problem der individuellen Entwicklung angehen. Es ist ja bekannt, daß die Entwicklung bei Kindern unterschiedlich abläuft. Soll man sie also in der Schule nach Altersgruppen einteilen oder nach dem Grad ihrer intellektuellen Entwicklung oder nach ganz anderen Merkmalen. (An: Und ist das überhaupt nötig?) Das ist die Frage, ja. Bei uns bestimmt nach wie vor das Alter die Zugehörigkeit zur jeweiligen

Schulklasse, obwohl gleichaltrige Kinder intellektuell manchmal unterschiedlich weit sind.

Al Es wird auch schon vorgeschlagen, nach Intelligenzgrad zu gruppieren.

LA Und soll man die Kinder überhaupt so von den Erwachsenen isolieren?

An Freunde, wenn ihr glaubt, daß wir hier gerade ein Konzept für die Schule der Zukunft entwerfen, dann irrt ihr euch gewaltig.

BP Da bin ich aber anderer Meinung! Jeder, der auch nur etwas nachdenkt, muß doch ein Ideal haben.

An Um so etwas wie ein Konzept zu entwickeln, muß man sehr viele unterschiedliche Meinungen hören, und dazu braucht man sehr, sehr viel Zeit.

Al Die Aufgabe war aber gerade, daß jeder von uns seine Meinung sagt.

O Ich hab aber ein paar Einwände. Erstens glaube ich, daß fast alles oder jedenfalls sehr viel von dem, was hier gesagt worden ist, ganz eindeutig durch unsere heutige Situation beeinflußt ist, das heißt, wir sehen die Schule heute in einem etwas anderen Licht als damals. Und unsere heutige Sicht ist dem, was damals war, meiner Meinung nach nicht ganz angemessen. Ihr habt hier zum Teil ganz schön derb vom Leder gezogen. Es reicht! Wenigstens haben wir doch oft geschwänzt – das war doch ein großes Plus (I: Und daß uns das Lernen leicht gefallen ist...), das lohnt die Erinnerung. (An: Das war aber nicht das Verdienst der Schule.) Nein, mir hat es einfach nicht gefallen, wie ihr die Schule schlecht gemacht habt. Vielleicht habe ich angenehmere Erinnerungen als ihr. (An: Sie war besser als wir alle in der Schule.; Ju: Du warst nur ein Jahr jünger als die anderen?) Ja. Und das Jahr hat sich natürlich ausgewirkt, das ist nicht ohne Folgen geblieben: Es gab schon Schwierigkeiten mit den Mitschülern und den Lehrern, aber keine dramatischen. Überhaupt fand ich die

Schule nicht dramatisch. Ich weiß nicht, vielleicht lag das daran, daß ich mich, mal wieder, besser anpassen konnte. (Ju: Du hast der Schule also nicht so viel vorzuwerfen?) Im großen und ganzen nicht, nein.

LA Ich meine, Olja und Anja hatten genau die Eigenschaften, die die Schule verlangte: Akkuratesse, Verläßlichkeit, Gewissenhaftigkeit – gute Eigenschaften, alles in allem. (L: Fleiß.) Auch Fleiß, wenn ihr so wollt. Fürs Arbeiten genau die richtigen Eigenschaften. Nur schlecht, daß es die einzigen sind, die die Schule fördert. Jedenfalls aber haben sie den beiden ihr Dasein in der Schule erleichtert.

O Das hat natürlich eine Rolle gespielt – das heißt, wir waren keine von diesen »herausragenden Persönlichkeiten« – oder jedenfalls ich nicht. Verstehst du, je mehr einer aus der Masse herausragt, desto öfter und heftiger stößt er schließlich auch an.

LA Was verlangt denn die Schule? Daß du dich unterwirfst. Daß du gewissenhaft erfüllst, was man dir aufträgt. Daß du nicht auffällig wirst und die Disziplin nicht verletzt. Wenn du diese Eigenschaften hast, dann ist alles andere für die Schule uninteressant. Da kannst du die herausragendste Persönlichkeit sein – solange du das mitmachst, ist alles in Ordnung.

I Aljoscha hat diese Ordnung gestört, hat sich gegen die Schule aufgelehnt. Ihr habt sie unterstützt. (O: Ja, wir haben nie gestört, wir waren immer schön leise und friedlich: Aber von der Zukunft hab ich wirklich keinerlei Vorstellung...)

I Es müßte jedenfalls viele Modelle geben, die schon überprüft und kritisch analysiert sind. So einfach ins Blaue hinein und theoretisch die Schule der Zukunft entwerfen – das ist unrealistisch.

An Vielleicht muß es sie ja überhaupt nicht geben. (Ju: Ja, wirklich!)

LA Als Lehreinrichtung? (An: Ja, natürlich.) So weit läßt

sich nicht vorausschauen, das ist schwer zu entscheiden ...
(BP: Wir müssen aber so weit vorausschauen.; L: Die Schule
abschaffen? So vollkommen kann eine Gesellschaft gar nicht
sein.) Aber vielleicht wäre das wirklich der richtige Weg?
Das ist doch durchaus möglich! So wie im Mittelalter, wo
jeder Meister seinen Gesellen hatte. In jeder Gesellschaft
kommen doch auf einen Erwachsenen zwei Kinder – idealiter, meine ich. Und wenn jeder Erwachsene ein Meister ist,
dann muß man die Kinder nicht mehr unbedingt zu einem
Haufen zusammentreiben. Im Prinzip wäre auch das ein
Weg, die jungen Menschen ins Leben einzuführen: An der
Seite seines Meisters tritt der Mensch ins Leben hinaus ...

O Das ist wohl eine zu vorsintflutliche Methode für unser
industrielles Zeitalter ...

LA Nein, heute können wir uns eben noch nicht vorstellen, wie das sein wird, wenn in Zukunft Roboter die Arbeit
übernehmen und welche Roboter welche Arbeiten ausführen werden ...

III. Auf der Suche nach einem eigenen Weg

1. »Ich wundere mich, wie gut ihr alle geraten seid...« (Berufswünsche und Berufsrealität)

Wie alle Kinder hatten auch die Nikitins die unterschiedlichsten Berufswünsche. Welche Berufe die jungen Leute heute ausüben, war schon aus dem ersten Gespräch zu erfahren. Aber ich wollte noch genauer wissen w i e sie das geworden sind, was sie derzeit sind, und ob die frühe Entwicklung ihnen dabei nützlich war. Und da bietet sich natürlich auch die Frage an, ob sie zufrieden mit ihrer beruflichen Situation sind, eine schwierige Frage. »Wir sind alle irgendwie nur halb fertig«, sagt Julija einmal, und vielleicht hat sie recht.

An Mein ganzes Leben lang, so lange ich denken kann, wollte ich Chemiker werden. Einen anderen Beruf habe ich mir nie für mich vorstellen können.

Al Und ich wollte, eigentlich Anton zum Trotz, immer Physiker werden. Wenn er nämlich gefragt wurde, was er werden wolle, antwortete er klipp und klar: »Ich werde Chemiker.« Und wenn ich dann gefragt wurde, sagte ich, um nicht dumm dazustehen: »Ich werde Physiker.« Das Komische ist, daß es dann wirklich so kam. Das hat mich im stillen noch lange amüsiert. Denn die Physik als solche hat mich eigentlich nicht so fasziniert. Aber sie hat mich, so seltsam das auch ist, dann doch zu meiner eigentlichen Berufung geführt. Ich will kurz aufzählen, welche Berufe mich im Laufe meines Lebens interessiert haben. Mein erster bewußter Berufswunsch war, Koch zu werden. Von der Schulbank an hat mich das Kochen interessiert, und ich habe viel ausprobiert, wenn auch nicht immer mit Erfolg. Dann habe ich seit meiner frühen Kindheit immer gern Sandburgen gebaut. Mir gefielen die Schnelligkeit und Leichtigkeit, mit denen man Resultate erzielte. Ich war nämlich schrecklich faul und mochte mich deshalb nie lange mit etwas beschäftigen, um dann irgendwann mal ein Ergebnis zu haben.

Bei der Kochkunst ist das übrigens auch so. Du schlägst ein Ei auf, gibst Zucker und Mehl dazu, und schon ist der Kuchen fertig. Das ist doch stark! Und die Hauptsache: Alle sind zufrieden. (Lachen) Genauso ist es mit der Elektronik: Dort ist das Ergebnis fühlbar nah, und für mich war es lange Zeit das Schwerste, eine Idee endgültig und gut zu formulieren, sozusagen das i-Tüpfelchen draufzusetzen. Mittlerweile habe ich das gelernt, aber es ist mir teuer zu stehen gekommen. Ich wollte also Koch werden und ging dann auf die Pädagogische Hochschule, und zwar einfach deshalb, weil Mutter mir dazu geraten hatte. Ich selbst wollte eigentlich nicht unbedingt hin. Danach kam ich zur Elektronik, war Lehrer, und bestimmt kein so übler, und jetzt beschäftige ich mich ein wenig mit Astrophysik, aber hauptsächlich doch mit Elektronik. Ich habe zwar erst mit 15 Jahren, also recht spät, damit angefangen, aber die Vorbereitung war wohl so gut, daß ich sehr schnell in sie hineinkam – das ist mir alles sehr leicht gefallen. So, das ist alles.

Je Anton, und wie war es bei dir?

An Ich sagte ja schon, alles war sehr einfach.

I Am Anfang war das Periodensystem von Mendelejew...

A Bei mir ist auch alles so gekommen, wie ich es mir seit frühester Kindheit erträumt habe. (Al: Du wurdest Mutter von drei Kindern.) Ja, ich mochte immer gern mit Kindern zusammen sein, und ich hab davon geträumt, ja, Mutter zu werden, vor allem Mutter zu werden. So ist es auch gekommen. Ich habe auch davon geträumt, Krankenschwester und Kinderärztin zu werden. Nun, zur Ärztin reichte es nicht, aber Krankenschwester bin ich geworden. Mir hat es immer gefallen, daran erinnere ich mich seit frühester Kindheit, neben mir einen glücklichen Menschen zu spüren. Es hat mir zum Beispiel gefallen, Geschenke zu machen, zu trösten, zu pflegen, etwas für einen anderen Menschen zu tun.

Ju Oje, erinnert ihr euch an die Geschichte mit Olja, Anja und mir, als ich euch fragte: »Was soll ich bloß werden? Anja wird schon Briefträgerin, Olja wird Lehrerin, und die Kassiererinnen sind alle so dick...« (Gelächter)

O Nein, bei mir war im Grunde alles Zufall. In die Berufsschule kam ich nur zufällig, obwohl mir der Beruf einer Sekretärin gefallen hat und ich ihn bis heute gut leiden kann. Ich meine, die Erledigung von Schriftverkehr im weitesten Sinn: Maschineschreiben, Stenographie, alle möglichen Papiere, Dokumente und Formulare... (I: Bürokratin!) Vielleicht. Praktisch mache ich jetzt das gleiche, nur auf einer anderen Ebene. (K: Nur mit Hochschulbildung.) Ja, mit einem Jurastudium hinter mir, obwohl die Papiere und die Dokumente natürlich geblieben sind. Aber ich bin mit meinem Beruf zufrieden.

Al Ich möchte eine interessante Anmerkung machen: Wahrscheinlich hat der Zufall für uns alle eine große Bedeutung gehabt. Ich empfinde das jedenfalls so. Wenn ich nicht auf die Elektronik gestoßen wäre, hätte ich mich auch mit etwas ganz anderem beschäftigen können. Wenn ich einem interessierten, von irgendeiner anderen Sache begeisterten Menschen begegnet wäre, hätte der mich auf eine ganz andere Spur bringen können. Und auch in der Richtung hätte ich mich entwickeln können. (A: Ich übrigens auch.) Das ist ein sehr wichtiger Aspekt und sicher nicht das Ergebnis des Familienklimas, sondern der frühen Entwicklung. Sie hat uns ein weites Feld an Möglichkeiten eröffnet.

A Genau, hätte ich einen anderen Beruf gewählt, wäre ich auch darin eine gute Fachkraft geworden. Ich wäre praktisch in jedem Bereich gut geworden.

Al Ich habe oft den Beruf gewechselt, und nirgends hatte ich Schwierigkeiten. Der Beruf hat mir jeweils mehr oder weniger gut gefallen, das ist eine andere Frage, aber gut arbeiten konnte ich immer.

LA Dabei kann aber die Begeisterungsfähigkeit abstumpfen. Oljenka hat mir einmal gesagt: »Einerseits gefällt mir alles, was ich in die Hand nehme, aber andererseits fehlt es mir an Leidenschaft, an Begeisterung für etwas, und das stutzt einem irgendwie die Flügel.«

Al Dieser Mangel an Begeisterungsfähigkeit kommt daher, daß dir auf deinem Weg kein Enthusiast begegnet ist. Begeisterung muß dir jemand vermitteln, von allein wirst du diesen Funken nicht finden. (O: Warum nicht? Das ist doch gut möglich!) Nein, das ist sehr schwer. Jedes Gebiet, das dich interessiert, hat seine Rätsel, seinen goldenen Schlüssel, und diesen Schlüssel kann nur ein Mensch für dich umdrehen, der selbst total in dieses Gebiet eingedrungen ist und der auch einen solchen Lehrer hatte. Das ist eine Tradition, die von Generation zu Generation weitergegeben wird. Aber bei uns, Leute, ergab sich gewissermaßen eine tragische Situation. Wir hatten zwei engagierte Menschen an unserer Seite, unsere Eltern, aber ihr Engagement war für uns fast nicht nachvollziehbar. Ich spüre aber, daß ich irgendwann auch noch dahinkommen werde. Diese Erfahrung wird sich bei mir niederschlagen, die Erfahrung des Umgangs mit euch beiden, die ihr in eurem Beruf schöpferisch tätig seid. Das gilt besonders für Vater, der nicht nur Erzieher, sondern auch Psychologe und Pädagoge ist. Ich glaube, daß mir das sogar bei meiner Arbeit als Lehrer geholfen hat.

An In vierzig Jahren weißt du dann, wie du deine Kinder erziehen mußt...

Ju Warte, Wanja wollte etwas Kluges sagen.

I Zur Berufswahl. Also, Ljuba wollte etwas sagen.

L Ja, ich habe schon gesagt, daß ich Julija gefolgt bin...
(Al: Auf den Fersen, ohne nachzudenken, wie es sich gehörte.; Ju: Mein Gott, und ich bin Mama gefolgt, und wem
ist Mama gefolgt? Man kann doch die Verantwortung nicht
von sich abwälzen...) Vielleicht hatte ich nicht solche Illu-
sionen wie die anderen. Ich wußte, was kommt. Nun, es läßt
sich leben. (Gelächter) Also lebe ich.

O Würdest du gern den Beruf wechseln?

L Ehrlich gesagt, ja, weil keiner weiß, wann sich im Biblio-
thekswesen etwas bewegt. Dort ist alles so aussichtslos.

I Die Perestrojka der Bibliothek steht ganz am Ende der
Schlange.

L Natürlich.

I Auch für mich stellt sich jetzt die Frage, was ich nach
dem Technikum machen soll, weil der Beruf, den ich die
ganze Zeit auf dem Technikum gelernt habe – also ich habe
keine Idee, als was ich arbeiten könnte. Außerdem stehe ich
vor der Riesenfrage, ob es sich überhaupt lohnt, in all diese
technischen Wissenschaften einzudringen. Ich bin fast davon
überzeugt, daß ich, wenn ich mich damit befassen würde,
mehr erreichen könnte als der Durchschnitt. Aber das interessiert mich überhaupt nicht mehr. (An: Eine tolle Aus-
sicht!) Mein Interesse wird leicht geweckt, und ich habe
eigentlich mein Leben lang bei jedem Bruder und jeder
Schwester ein wenig mitgelernt. (O: Wie lieb er von uns
spricht!) (Lachsalve) Also, ich habe keine Ahnung, wozu ich
besonders geeignet bin.

O Wanja, du warst doch immer ein leidenschaftlicher
Techniker.

K Er hat bestimmt nur gescherzt. Man kann doch in der
Technik in völlig verschiedenen Bereichen arbeiten.

I Aber es interessiert mich nicht mehr. Nein, so stimmt das auch nicht. Er reizt mich schon sehr, aber... (A: Es gibt interessantere Dinge, nicht wahr?) ich weiß einfach nicht, wie man in der heutigen Zeit...

A Meiner Ansicht nach gibt es in unserer Gesellschaft heutzutage wirklich wichtigere Dinge als den technischen Fortschritt. Die kulturelle Entwicklung ist doch sehr, sehr weit zurückgeblieben. Und deshalb sollten meiner Ansicht nach kluge Köpfe ihr Wissen und ihr Können, ihre Kräfte und alles andere hier einsetzen.

Ju Sagte Anja in vollem Bewußtsein ihres Verstandes. (Gelächter)

A Der jedenfalls nicht durch höhere Bildung verdorben wurde.

Al Das ist eine Frage für sich. Wer will noch etwas zum Thema Beruf sagen?

Ju Ich habe noch nichts gesagt. (Al: Von dir erwarten wir auch schon nichts Gutes mehr.) Ich weiß. Ich bin nur frustriert, Kinder, ich sehe bislang keinen Ausweg. (O: Alles nur Mist, ja?) Weil das, was ich möchte, niemals sein wird, weil ich nichts kann, einfach gar nichts. Alles Frust. Als Kind habe ich davon geträumt, Schriftstellerin zu werden, die ganze Zeit. Das war sehr schön.

Al Und wovon träumst du jetzt?

Ju Ich weiß vorläufig nicht, wie ich mich aus all dem herausfinden soll. Ich würde gern etwas tun, schrecklich gern, aber vorläufig weiß ich nicht, was... (Al: Aber etwas Nützliches sollte es sein?) Nein, es geht mir nicht um den Nutzen.

LA Hältst du dieses Gefühl für vorübergehend oder...

Ju Keine Ahnung. (BP: Das ist die Pubertät.)

A Darf ich jetzt? Ich habe mal überschlagen: Bis jetzt haben sich die drei Älteren von uns beruflich verwirklicht, jedenfalls mehr oder weniger und vielleicht noch nicht endgültig. Aber die vier Jüngeren stehen noch vor der Wahl.

LA Von Ira aus Wladiwostok ist neulich ein Brief gekommen. Darin findet sich ein interessanter Gedanke. Sie hatte sich ja in einen Beruf gestürzt, der ihr überhaupt nicht gefiel. Sie hatte die Hochschule für Bauwesen absolviert, obwohl sie ursprünglich etwas ganz anderes wollte. Dann versuchte sie, an eine andere Hochschule zu kommen, aber ohne Erfolg. Also kehrte sie an denselben Arbeitsplatz zurück, in den gleichen Kreislauf, aus dem sie eigentlich herauswollte. Und nun schreibt sie: »Am meisten fürchte ich, daß ich mich damit abfinde.« (Pause, alle werden nachdenklich.)

Ju Mama ist ganz schön schlau, richtig schlau.

LA Warum schlau? Meiner Ansicht nach hat Ira das Wesentliche begriffen. (Ju: Natürlich.) Das Leben kann einen ganz schön schütteln, aber wenn der Mensch die Hände in den Schoß legt und sagt: »So ist das eben, c'est la vie!«, dann habe ich Angst davor.

O Davor habe ich keine Angst.

Ju Das ist eine sehr komplizierte Frage. Übrigens habe ich den Verdacht, daß der eine oder andere unter den Anwesenden mit etwas hinterm Berge hält.

I Aber wir werden hier nicht mit Fingern auf jemanden zeigen... (Ju: Sehr richtig!) Warum schaut ihr mich denn auf einmal alle so an? (Gelächter)

Al Sagte Wanja und holte einen dicken Stein hinterm Rükken hervor.

M Wer weiß, vielleicht hat Wanja den Stein der Weisen gefunden? Und sonst, seid ihr so geworden, wie es sich eure Eltern vorgestellt haben?

BP Ihr seid unser Ideal geworden. (Gelächter)

Ju Ich sag' es doch. Sie lieben uns, egal, wie wir sind, mein Gott!

An Sowieso. Könnte es denn anders sein?

Al Aber nun sollten die Eltern auch etwas sagen. Seid ihr denn mit euren Kindern zufrieden?

LA Wir werden ja häufig gefragt, welche Ziele wir uns gesetzt haben. Und jedesmal fand ich mich bei dieser Frage in einer Sackgasse. Wir hatten keine Ziele. Wir haben uns keine festen Ziele gesetzt.

Ju Vater schon, das weiß ich! Papa hat mit seinen Kindern ein Experiment gemacht. Ich weiß alles. Er hat ein Experiment gemacht, jawohl!

BP Das streite ich ab. Ich habe lediglich das Wachstum und die Entwicklung aufmerksam beobachtet.

Ju Auch das ist schon experimentieren, Papachen.

BP (mit erhobener Stimme) Boris Nikitin, ganz konzentriert: strenger Blick, ernste Miene.

Den Erziehungsfortschritt verfolgt er mit dem Chronometer.

So haben sie über mich zu Silvester in der Wandzeitung geschrieben.

Ju Hoho! Da haben wir ihn, den Großvater, wie er leibt und lebt! Furchtbar! (Traurig)

An Er hat mit sich selbst ein Experiment gemacht, nicht mit uns.

BP Ich kann die Leute überhaupt nicht verstehen, die davon träumen, daß aus dem einen ein Beethoven, dem anderen ein Newton und dem dritten ein Mendelejew wird.

Ju Papa träumt anders: Aus dem wird mal ein Anton Nikitin. (Gelächter)

BP Menschen, die so denken, verstehen überhaupt nichts von Erziehung, absolut nichts, sie haben überhaupt keine Ahnung. Wie kommen nur einige darauf, daß die Bedingungen in einer Familie für alle Kinder gleich sind? Das ist vollendeter Blödsinn: Während der eine schon Aufgaben löst, sitzt der andere noch auf dem Topf – wo sind hier die gleichen Bedingungen?

An Aber einige tun beides. (Gelächter)

BP Das wäre dann die dritte Möglichkeit.

LA Ich sage euch ehrlich, daß ich mich eigentlich wundere, wie gut ihr alle geraten seid.

Ju Oje, Mama, wie bist du doch auf dem Holzweg, mein Gott! (Gelächter) Enttäuscht sie um Gottes willen nicht.

L Also, wenn hier schon alle für gut befunden werden, dann gehe ich wohl auch mit durch – zusammen mit den anderen?

(Lachsalve)

2. »Wir haben die Kindererziehung nicht zur Hauptaufgabe machen können...« (Andere Bedingungen und neue Einflüsse)

Bei dem großen Einfluß, den Lena Alexejewna und Boris Pawlowitsch auf ihre Kinder ausüben, bei der engen Bindung auch, die die jungen Nikitins immer noch an ihre Eltern haben, stellt sich natürlich die Frage, welche Elemente der Erziehungsmethoden von Bolschewo die jungen Leute in ihre eigenen Familien übertragen haben. Wieweit hat das Elternhaus sie in dieser Hinsicht geprägt, und sind die »radikalen« Methoden der Eltern außerhalb des alten Hauses in der Graschdanskaja-Straße vor den Toren Moskaus in einer anderen Umwelt überhaupt praktizierbar?

Al Wir haben in Bolschewo in beinahe ländlichen Verhältnissen gelebt. Das ist bei einigen von uns jetzt anders, nur bei Olga ist es teilweise noch so, bei Anja nicht, bei uns überhaupt nicht und bei Anton auch nicht. Wie hat sich das ausgewirkt?

An Man kann nicht einfach barfuß auf die Straße gehen und allein herumlaufen, ohne daß gleich jemand aufmerksam wird.

K Wir wohnen im vierten Stock. Einmal sind unsere Kinder barfuß unten am Hauseingang herumgelaufen. Sofort gab es eine Riesenaufregung, die Leute haben nur gestaunt und uns getadelt. Und natürlich ist es besser, so etwas nicht zu tun.

An In Bolschewo hatten wir ja unseren eigenen Hof, und die Nachbarn kannten uns mehr oder weniger.

Al Damals lief ganz Bolschewo barfuß durch die Gegend.

K Es geht ja nicht nur um das Barfußlaufen. Ich erinnere mich, daß Aljoscha mal im März ohne Mütze draußen war, und da wurde ich sogar von jungen Männern angesprochen, die mir sagten, der Junge werde sich den Kopf verkühlen und ich solle ihm eine Mütze aufsetzen. Allein aus diesem Grund ziehst du die Kinder warm an, damit nicht noch ein Dritter und Vierter kommt. Den Fünften wartest du gar nicht mehr ab, du setzt dem Kind die Mütze auf und denkst dir dein Teil. Wahrscheinlich ist das moralisch-sittliche Gleichgewicht hier wichtiger als fünf Minuten Abhärtung auf der Straße.

An Ja, in der Stadt ist alles komplizierter. Du kannst höchstens auf den Balkon gehen.

Al Ich finde, der wichtigste Unterschied besteht darin, daß die Kinder in der Stadt viel mehr Kraft und Zeit kosten, sie brauchen mehr Aufmerksamkeit, und man muß viel besser auf sie aufpassen.

K Trotzdem laufen unsere Kinder hier in Bolschewo, aber auch in Moskau barfuß herum, das heißt, Schuhe ziehen sie nur an, wenn sie auf die Straße gehen. Sie sind an Schuhe überhaupt nicht gewöhnt und finden das normal. Gott sei Dank finden das auch unsere Großmütter normal, das ist sehr wichtig. Und weil ich von Erziehung nicht die geringste Ahnung hatte, habe ich das auch als ganz normal hingenommen.

A Also, ich habe das, was in unserer Familie ablief, ohnehin für ganz normal gehalten, und deshalb ist es mir leicht gefallen, das alles in meine eigene Familie zu übernehmen: das Barfußlaufen, die leichte Kleidung, die einfache Ernährung.

O Sag mal, Anja, ihr da in Otschor, würdet ihr nicht am liebsten zu uns ziehen? (Gelächter)

A Nun, wie sieht es bei uns aus...(Al: Sie haben da noch Naturalwirtschaft und schlachten jede Woche ein Ferkel.) Nein, Ferkel halten wir nicht, aber wir haben einen Garten, und da ziehen wir Kartoffeln, Wurzel und Rüben.

Al Eben! Auch bei uns in Jasenewo hat man angefangen,

längs der Ringstraße Gartenparzellen anzulegen. Anders geht es wohl auch nicht. In den Geschäften gibt's ja kein Grünzeug und kein Gemüse, und für den Kolchosmarkt* reicht das Geld einfach nicht.

K Natürlich gibt es Gemüse in Moskau, so darfst du nicht reden.

Al Aber das Gemüse ist von schlechter Qualität, und außerdem ist es knapp. Die Möhren zum Beispiel schmecken überhaupt nicht nach Möhren und wonach sie schmecken, weiß kein Mensch. Wir würden gern selbst etwas anbauen, wenn wir nur endlich einen Garten bekämen.

A Ich habe ein ganz einfaches Verhältnis zum Essen. Aber mein Mann und seine Familie und überhaupt die Menschen im Ural nehmen alles, was mit dem Essen zu tun hat, sehr ernst. Sie halten das für eine der wichtigsten Angelegenheiten im Leben, und deshalb widmen sie der Ernährung viel Aufmerksamkeit. Als ich nach meiner Hochzeit drei Monate in der Familie meines Mannes lebte, hab ich den ganzen Tag beobachten können, wie sich vor allem bei den Frauen wirklich alles ums Essen dreht, alle Gespräche, alle Besorgungen. Für mich war das völlig ungewohnt, ich konnte es lange nicht verstehen. Leben wir etwa, um zu essen? Bei uns zu Hause haben wir uns nicht viel darum gekümmert, und eigentlich hat keiner darüber nachgedacht, was er ißt.

Al Aber es gab auch nichts, worüber wir lange hätten nachdenken können, nur Milch, Brot, Kartoffeln, Nudeln... (lacht)

A Aber wir haben uns deshalb nicht eingeengt gefühlt, darüber habe ich häufig nachgedacht. Wir hatten nie das Gefühl, daß uns etwas fehlt oder daß wir uns sattessen wollten. Meine Schwiegermutter erzählt mir immer von den Hunger-

---

* Städtische Märkte, auf denen die Kolchosbauern Produkte aus ihren privaten Nebenwirtschaften frei verkaufen können. Die Preise regeln sich durch Angebot und Nachfrage und sind entsprechend hoch.

jahren ihrer Kindheit, wie sie sich am liebsten bis zum Platzen an Rührei sattgegessen hätte. Ich kann das überhaupt nicht verstehen. Obwohl wir ja auch eher dürftig gegessen haben.

Al Dürftig, das stimmt. Ich erinnere mich bis heute, was für eine Entdeckung Schinken und Koteletts für mich waren. Bei uns stand das Essen einfach nicht im Vordergrund, das Wichtigste war, daß wir satt wurden.

O Trotzdem wurden wir ziemlich gesund ernährt. Die Mahlzeiten waren nicht gerade üppig, aber lecker.

Al Ich möchte noch auf einen wesentlichen Punkt hinweisen. Als wir alle hier lebten, hatten wir ständig sehr viel Bewegung, und unter diesen Bedingungen werden Kascha, Kartoffeln und Nudeln bis zur letzten Kalorie verbraucht. Aber in der Stadt ist das anders. Da muß man sich von vornherein einschränken, viel essen darf man nicht, sonst spürt man gleich einen starken Bewegungsdrang, aber wo soll man sich bewegen – du kannst ja in der Stadt nicht besonders weit laufen.

An Ich hab auch immer das Gefühl, daß mir Bewegung fehlt. Ich laufe gern, ich kann einfach nicht langsam gehen. Überhaupt gehe ich eigentlich nur, weil es mir sonst vor den Leuten peinlich wäre... (lacht)

Al Mir macht das überhaupt nichts aus. Ich renne immer, Hals über Kopf. Das ist sehr wichtig, weil dadurch die Art der Ernährung beeinflußt wird. Zum ersten habe ich angefangen, wesentlich weniger zu essen, aber zum zweiten wächst auch mein Bedarf an Rohkost und Gemüse, und wenn es das nicht gibt, fühle ich sofort, daß mir die Vitamine fehlen.

M Was meint ihr denn, worin sich eure Familien von der »Altfamilie« in Bolschewo unterscheiden?

An Im Gegensatz zu unseren Eltern haben wir die Kindererziehung nicht zu unserer Hauptaufgabe machen können.

Das Wichtigste für uns ist der Beruf, die Arbeit. Die Kinder sind nicht das Bestimmende in unseren Familien. Meiner Ansicht nach können diese Erziehungsprinzipien aber unabhängig davon, wieviel Zeit man den Kindern widmet, angewendet werden. Ich finde es sogar schlecht, den Kindern zuviel Zeit zu widmen. Es gibt natürlich überhaupt keine gleichartigen Familien, besonders wenn man die Bedingungen berücksichtigt, unter denen wir vor 30 Jahren gelebt haben. Allein die Tatsache, daß ich sechs Geschwister habe, hat doch mein Leben geprägt. Daher kann die Frage nur lauten, ob wir die grundsätzlichen Erziehungsprinzipien unserer Eltern bei unseren Kindern anwenden. Für mich kann ich sagen, daß ich das wenigstens versuche. Und es kommt natürlich auch etwas dabei heraus – nämlich das, was ich selbst verarbeitet und mir bewußt gemacht habe.

A Also, einfach etwas zu kopieren, auch die eigenen Eltern, kann nicht gut sein.

BP Ein Kopf zum Denken ist schließlich allen gegeben.

A Ja, das ist unser Problem: Außerdem muß das alles auch vom Ehepartner angenommen und nachvollzogen werden. Und hier entstehen natürlich eigene Schwierigkeiten.

An Ich meine, daß jeder Mensch das alles mit seinem Verstand begreifen muß. Ich habe jedenfalls eine klare Vorstellung davon, was man tun kann und muß. Ich habe mit Erziehungsfragen eigentlich keine Probleme – woran das liegt, weiß ich nicht –, aber ich habe immer gleich Antworten parat.

BP Dann möchte ich mal konkret von dir hören, was ihr akzeptiert und für vernünftig haltet, und was ihr übernehmt und was nicht.

An Papa, das ist ziemlich viel, das kann man nicht alles aufzählen...

BP Nun, irgend etwas wirst du sagen können, ich möchte das gern hören.

An Zum Beispiel halte ich die frühe Entwicklung nicht für falsch. Je früher ein Mensch beginnt, etwas zu tun, desto mehr Nutzen hat er später davon: Wenn er also früh mit dem Laufen und Sprechen und mit dem Lernen überhaupt beginnt, ist das doch nur gut. Sehr häufig hat man euch ja vorgeworfen, daß ihr euren Kindern die Kindheit genommen habt. (A: Unsere dauert doch immer noch an!) Das kann man sicher verschieden sehen. Also, wenn unsere Tochter Buchstaben liest, spielt sie dabei, das interessiert sie. Wir würden das Kind natürlich nie dazu zwingen. Wenn es aber interessiert ist – und es ist ja unsere Aufgabe, ihm die Sache interessant zu machen – warum also nicht? Unsere Tochter jedenfalls liest mit Vergnügen und sucht mit großer Begeisterung und Freude Länder auf der Landkarte. Wenn man also keinen Zwang ausübt, ist an der frühen Erziehung nichts Schlechtes. Aber andererseits darf all das Ungewöhnliche die normalen Sachen, die jedes Kind gern macht, nicht verdrängen, also das Spielen mit anderen Kindern, das Spielen mit Spielsachen. In der Regel nehmen die »ungewöhnlichen« Beschäftigungen, das frühe Lesen und Rechnen, sehr wenig Zeit in Anspruch, höchstens zehn Minuten am Tag. Die übrige Zeit spielen die Kinder ganz normal, machen irgend etwas, und das reicht ja auch vollkommen.

A Das heißt, es werden keine bestimmten Ziele festgelegt…

An Ja, wenn ein bestimmtes Ziel verfolgt wird, nimmt das in der Regel ein böses Ende. Mit Zwang erzeugt man nur Widerwillen, und der Mensch wendet sich ab. Das Kind muß es selbst wollen und danach fragen. Dann nehmen alle diese Beschäftigungen nur wenig Zeit in Anspruch, und der kleine Mensch wird nicht überfordert.

Al Ich habe etwas Wichtiges beobachtet, das für eine normale Familie charakteristisch ist und auch für unsere Familie. Das ist die absolut offene Atmosphäre innerhalb der Familie. Ein gesundes, ehrliches Klima. Vertrauen und gute menschliche Beziehungen innerhalb der Familie: zwischen den Eltern und zwischen Eltern und Kindern.

An Ohne Vertrauen kann eine Familie nicht existieren, jedenfalls eine normale Familie nicht.

Al Und besonders wichtig ist das für die Erziehung der Kinder, das heißt, man muß das Kind vom frühesten Alter an als Menschen akzeptieren und darf keine Einschränkungen machen, vonwegen es sei noch zu klein oder verstehe nicht alles.

An Sehr viele Eltern versuchen aber, ihre Kinder irgendwie zu betrügen, um ihre eigenen Ziele zu erreichen, und das halten sie für ein ganz unschuldiges Vergnügen.

Al Das konnte ich schon als Kind überhaupt nicht ertragen. Der Versuch, irgendwelche pädagogischen Tricks anzuwenden – und das fiel ja immer gleich auf –, hat mir einen Menschen sofort und ein für allemal unsympathisch gemacht. Ich habe versucht herauszufinden, was wir in unseren Familien gemeinsam haben. Dabei versteht sich von selbst, daß alle Familien verschieden sind, aber interessant ist doch, was uns verbindet, was wir gemeinsam haben.

A Meiner Ansicht nach haben wir alle in unseren Familien versucht, unsere jeweiligen Ehemänner und Ehefrauen für all das zu interessieren, was bei uns zu Hause geschah. Und als sie dann sahen, welche Möglichkeiten sich einem Kind eröffnen, wollten sie sie natürlich auch nutzen.

An Das haben wir, wie auch die Atmosphäre in der Familie, übernommen. Bei der frühen Entwicklung sind aber nicht so sehr die konkreten Methoden wichtig, sondern die Grundprinzipien: Nämlich erstens, dem Kind ein möglichst weites Betätigungsfeld zu bieten, und zweitens, es nicht zu behindern, sondern durch das eigene Beispiel mitzureißen, dem Kind etwas davon zu geben, was man selbst kann. (A: Oder ihm etwas zu geben, wovon du selbst nicht genug bekommen hast.) Ja, aber wenn du selbst etwas nicht mitbekommen hast, wirst du es dem Kind kaum geben können.

A Warum nicht?

Al Nun, heute wurde Vater gefragt: »Welche Rolle hat in Ihrer Familie die Musik gespielt?« Wir müssen zugeben, daß sie für uns Ältere fast überhaupt keine Rolle gespielt hat. Im Haus gab es fast gar keine Musik, nur das Radio spielte und manchmal Schallplatten, aber ein musikalisches Gehör haben wir nicht, obwohl wir gern Musik hörten. Wir sind aber nicht über das Niveau von populären Liedern hinausgekommen. Und ich muß Lena dafür dankbar sein, daß sie mein Interesse für Musik geweckt hat. Außerdem hat mir geholfen, daß ich mich sehr lange mit hochkarätigen Tonaufzeichnungen befaßt habe. Für meine Kinder bedeutet Musik jetzt sehr viel. Sie haben ja schon vor ihrer Geburt Musik gehört, denn bei uns zu Hause spielte immer Musik. Und was erstaunlich ist: heute nehmen sie jede Art von Musik gleich gut an, sie reagieren zwar unterschiedlich, aber praktisch akzeptieren sie jede Musik, die sie zu Hause hören. Ich hatte ja auch insofern Glück, als es weder mit Lena, meiner Frau, noch mit Nina Nikolajewna, ihrer Mutter, zu Differenzen kam. Niemand jammerte: »Ach, ihr überfordert das Kind!« Das ist ja eine weit verbreitete Meinung, aber bei uns hat es das nicht gegeben. Das Wichtigste in diesen Dingen, das, was auch alle unsere Familien miteinander verbindet, ist das Fehlen von Angst vor etwas Neuem.

A Ja, das stimmt, aber das Fehlen von Angst bedeutet nicht, daß man nicht vorsichtig sein sollte.

Al Wenn du die Grenzen der Vorsicht kennst, hast du auch keine Angst, das ist das Wesentliche.

Je Mir scheint, es kommt darauf an, daß man nicht mit bestimmten Vorsätzen an die Dinge herangeht, sondern daß alles auf natürliche Weise abläuft, damit die Kinder ihre Erkenntnisse in einer natürlichen Atmosphäre gewinnen. So haben wir versucht, das Interesse der Kinder an der Kunst, an der Natur und vielen anderen Dingen zu wecken.

Al Wir haben uns einfach bemüht, das zu geben, was wir geben konnten. Nataschka hat sich eine Zeitlang sehr für Paläontologie begeistert, und deshalb hat der Besuch des Paläontologischen Museums seinerzeit großen Eindruck auf sie gemacht. Sie hat sich wirklich sehr dafür interessiert und fing an, Bücher zu lesen, schaute sich Sendungen im Fernsehen an, zeichnete und formte die Echsen aus Knete und so weiter.

A Tatsächlich, auch wenn wir Vater nicht unbedingt in allem folgen – zum Beispiel spielen wir nicht mit den »Aufbauenden Spielen« – so hat er uns doch die Richtung vorgegeben, und das ist die Hauptsache. (Al: Die Würfel kosten einfach zuviel Zeit.) Eben.

Al Man muß also nicht direkt erzieherisch, sondern lenkend Einfluß nehmen, man muß interessieren, seine Zeit und seine Energie einbringen, und das ist bei weitem nicht immer möglich. Als Nina Nikolajewna noch lebte, hat sie die Würfelspiele mit Nataschka gespielt, aber uns fällt das jetzt schwer. Und wir leiden darunter, daß die Babuschka nicht mehr da ist. Gestern habe ich gesagt, daß die ältere Generation die Kinder erziehen muß, nicht die Eltern, sondern die Eltern der Eltern. Sie können sich gezielt mit der Kindererziehung befassen, aber die Eltern selbst können das nicht...

M In dieser Situation befindet sich ja Olja.

O Ja, ich lebe hier wie eine Made im Speck...

An Ich würde sagen, daß es trotzdem nicht richtig ist, die Erziehung den Älteren zu überlassen.

A Ich finde das auch nicht richtig. Ich persönlich verlasse mich nur auf mich selbst, und so sitze ich ohne Babuschka mit drei Kindern da. (Al: Notgedrungen.) Nein, das stimmt nicht. Ich möchte meine Kinder einfach keinem anvertrauen, auch der Babuschka und dem Großvater nicht. Ich will damit nicht sagen, daß ich kein Vertrauen zu ihnen hätte. So ist es nicht. Ich fühle einfach die völlige Verantwortung für sie, und ich werde diese Verantwortung auf niemanden abwälzen. Ich selbst werde meine Kinder erziehen, das erlaube ich keinem anderen.

Al Ja, vor der Erziehung seiner Kinder kann wahrscheinlich niemand von uns davonlaufen. Ich meine nur, daß es einfach an Zeit fehlt. Das zum einen. Zum anderen muß man sich wirklich total auf dieses Problem einlassen.

A Ja, Vater hat sich wirklich sehr viel mit uns beschäftigt.

M Und was sagt Olja dazu?

O Zwischen meiner Familie und unserer Familie gibt es wohl mehr Unterschiede als Gemeinsamkeiten, obwohl das ziemlich seltsam klingt, weil wir ja hier leben und daher mehr Ähnlichkeiten vorhanden sein müßten. Gemeinsam ist die Atmosphäre innerhalb unserer Familie. Mein Mann, die Kinder und ich – wir alle sind uns wohl darin einig, daß es ohne vollständiges Vertrauen und Offenheit in der Familie nicht geht. Das hilft uns zweifellos, Familien zu gründen. Aber andererseits besteht unsere Schwierigkeit wohl darin, daß mein Mann sich nie besonders für Erziehung interessiert hat, auch jetzt interessiert er sich nicht sehr dafür. Nur von Zeit zu Zeit zeigt er Anzeichen von Interesse, aber im allgemeinen verhält er sich, wie wohl die meisten Menschen, der Kindererziehung gegenüber ziemlich passiv. Wir sind ja nur aufgrund der Umstände, unter denen wir groß geworden sind, so daran interessiert. Bei den meisten Leuten ist es doch so, daß sie Kinder haben, weil man eben Kinder hat, und irgendwie werden sie auch groß, also, was brauchen sie mehr...

A Aber dein Mann ist nicht der Ansicht, daß man sich speziell mit den Kindern beschäftigen muß.

An Es sind ja auch ständig viele Leute hier...

O Ja, und alle diese Leute beschäftigen sich viel zu viel mit den Kindern, vor allem mit unseren. Natürlich ist Tolja allen dankbar, der Babuschka, dem Großvater, den Onkeln und Tanten... (Al: Aber mit Vorbehalt?) Nein, das nicht. Er wollte die Erziehung nicht auf andere abwälzen, aber er hat die Hilfe gern angenommen, die uns die Verwandten, mit denen wir hier zusammenleben, anbieten. Aus diesem Grund ist unser Alltagsleben rein äußerlich sehr eng mit dem unserer Eltern verbunden. Wir leben schließlich im selben Haus, wir laufen barfuß durch den Schnee, über den Hof und überallhin. Aber ein tiefergehendes Interesse an Erziehungsfragen haben wir meiner Ansicht nach nicht. Wahrscheinlich kann man das auch einfach als Reaktion auf den Rummel erklären, der bei uns stattfindet und um unsere Familie herum. Ich halte diese Reaktion für ganz natürlich. Versteht ihr, was ich sagen wollte? Dieser Stempel drückt sich doch auch unseren Familien auf.

An Was für ein Stempel? Der Rummel?

O Der Stempel des Nikitinismus!

Al Olja, all das wirkt sich wahrscheinlich am stärksten auf deine Familie aus, weil ihr hier lebt. Ich zum Beispiel empfinde das nicht so, und ich denke, daß Anton und Anjuta das auch weniger empfinden, nicht wahr?

O Weißt du, einerseits haben wir es hier viel leichter, aber andererseits auch viel schwerer, und zwar in rein psychologischer Hinsicht.

An Ständig kommen Fernsehteams und machen Aufnahmen...

O Ja, das kommt auch noch hinzu. Schade, Großvater ist jetzt rausgegangen, ich hätte gern, daß er das mal hört. Daß die Kinder zum Beispiel immer alles zeigen müssen: »Nadja, zeig mal, wie du springst!« Und Nadja läuft los und führt das vor. Mich bringt das jetzt immer häufiger in Wut.

Al Zu unserer Zeit haben wir das mit dem schönen Wort »Schau« bezeichnet.

An Das ist etwas anderes.

K An einem gewissen Punkt fängt auch das Kind an, zu verstehen und entwickelt Widerwillen dagegen...

O Jetzt sind sie noch in einem Alter, in dem sie gerne loslaufen und alles zeigen. Das geht sogar so weit, daß Nadja sagt: »Opa hat Besuch bekommen, ich geh jetzt hin und zeig, wie man mit den Würfeln spielt.« – Dann sitze ich da und denke: »Mein Gott, wohin soll das noch führen?«

K Ja, wirklich, das ist unangenehm. Aljoscha ist schüchtern und immer gleich enttäuscht, wenn er etwas nicht kann, und das ist für ihn eine Tragödie. Er wollte am Samstag nicht einmal mit hierher kommen, weil Nadja neulich etwas gut gelungen war, und er war zufällig hingefallen. Das war für ihn so schlimm, daß er heute nicht mitkommen wollte. Da denke ich auch: »Mein Gott, warum das alles?«

O Verstehst du, das ist alles so widerwärtig, so verdreht, das wirkt alles so geschraubt. Ich bin da auch sehr auf der Hut, aber ich sehe keinen Ausweg: Die Leute kommen, und man muß ihnen wirklich etwas zeigen, jedenfalls scheint es so. Was soll man also tun?

An Das Problem haben wir alle.

Al Nein, Leute, das ist nicht so. Uns Älteren hat eine Besonderheit geholfen, die dann irgendwann verloren ging. Papa, das wirst du bestimmt mit Interesse hören. Du hast ja für uns regelmäßig Familienwettkämpfe organisiert. Wir haben uns nie geschämt, wenn einer von uns besser war als die anderen. Anton zum Beispiel konnte länger als ich an einem Arm hängen, aber ich lief die 60 Meter schneller als er. Die Atmosphäre war die eines normalen sportlichen Wettkampfs. (K: Das hilft einem im Leben bestimmt sehr.) Ja, dadurch haben wir sehr gut begriffen, daß wir uns um einen Sieg bemühen müssen, daß wir aber auch eine Niederlage ruhig hinnehmen können. Das gibt es jetzt nicht mehr, jetzt ist nur die Demonstration übriggeblieben, und das ist einfach schlimm. Es kommt doch nicht darauf an, zu zeigen, daß wir besser sind als viele andere, sondern darauf, im ehrlichen Kampf mit gleich starken Gegnern und nach strengen Regeln die Kräfte zu messen. Da gibt es dann auch keinen, bei dem man sich beklagen könnte, daß man, ach, ungerecht behandelt worden sei oder Pech gehabt habe –, wie das jetzt bei Aljoscha der Fall war. Das hat es bei uns überhaupt nicht gegeben.

K Wenn er einen richtigen Wettkampf mit Nadja gehabt hätte, dann wäre er nicht so enttäuscht gewesen. Aber so stand da eine Tante dabei und schaute zu, und vorher hatte sie noch zu Nadja gesagt: »Das machst du aber toll!« Und da ist er hingefallen. Und er wollte es doch so gut machen und auch von der Tante gelobt werden. Aber die Tante fing an, ihn zu bedauern, und damit hat sie ihn noch unglücklicher gemacht.

Al Ein Wettkampf als solcher befreit von der seelischen Anspannung und ermöglicht es, die eigenen Kräfte klar zu erkennen. Wenn du eine Strecke zehnmal gelaufen bist, weißt du, daß du nicht mehr schneller werden kannst. Und du kannst dich nicht darauf berufen, daß du »Pech gehabt« hast, du kennst deine Grenzen und deine Möglichkeiten. Das zu wissen, ist sehr wichtig im Leben. Diese regelmäßigen Wettkämpfe hatten eine sehr gute Wirkung auf uns. Papa führte ja seine Tabellen, und du brauchtest nur hineinzugucken, um zu sehen, daß jemand zehn Klimmzüge gemacht hatte und damit der Beste von allen war. »Nein, ich schaffe elf Klimmzüge«, hast du dir dann gesagt, und wenn du elf geschafft hattest, warst du schrecklich zufrieden. Es gab viele Kennziffern dieser Art, und jeder von uns hatte seine Spitzenübung. Ich erinnere mich zum Beispiel, daß ich im Atemanhalten sehr lange den zweiten Platz hinter Papa hielt.

An Da bin ich überhaupt nicht sicher!

K Siehst du, schon geht's wieder los. (Gelächter)

Al Jetzt fehlt uns die Zeit dafür, aber damals nahm das alles viel Raum in unserem Leben ein.

An Außerdem waren diese Wettkämpfe unsere ureigenste Sache. Natürlich nahmen auch sehr oft Kinder aus der Nachbarschaft teil, aber das war nicht für Publikum gedacht, das meine ich. Andererseits wollte Papa immer gern etwas zeigen. Bei seinen Vorträgen ließ er uns oft etwas vorführen, sogar am Strand. Aber das sind zwei völlig verschiedene Dinge. Solange wir klein waren, haben wir das ruhig hingenommen, obwohl ich mich dabei nie so richtig wohlgefühlt habe. Und dann, als wir größer wurden, haben wir angefangen, heftig dagegen zu protestieren.

Al Ja, das stimmt schon, aber auch das war nicht so schlimm. Es ist ein Unterschied, ob ein Mensch speziell etwas tut, um sich in den Vordergrund zu drängen und sich zu produzieren, oder ob er einfach das zeigt, was er gut kann. Das ist ein prinzipieller Unterschied.

An Trotzdem.

K Das eine kann aber leicht in das andere übergehen.

A Ich glaube auch. Auf jeden Fall bemühen wir uns, die Kinder vor derlei Demonstrationen zu bewahren.

An Wir bemühen uns, obgleich wohl alle Eltern ihr Kind gern im besten Licht zeigen möchten.

M Ich möchte euch gern noch fragen, ob ihr jetzt schon wißt, wieviel Kinder ihr einmal haben wollt.

Al Wir haben zwei Kinder und würden gern noch eins haben, aber aufgrund der familiären Verhältnisse wäre das sehr schwer. (Ju: Denkst du an die materiellen Verhältnisse?) Nicht nur, es gibt noch eine Reihe von anderen Gründen. Das ist jetzt einfach nicht möglich.

K Anton und ich sind jetzt fünf Jahre verheiratet, und wir haben zwei Kinder. Wir meinen beide, daß das nicht genug ist, weil wir sehr kinderlieb sind. (Al: Man sollte sich lieber nicht festlegen, wieviel Kinder noch kommen können.) Ja, aber es werden schon noch welche kommen, ich hoffe es jedenfalls.

O Tolja und ich haben zwei Kinder. In nächster Zukunft erwarten wir keine mehr. Was später einmal sein wird, ist schwer zu sagen.

An Nun, wer plant denn diese Dinge schon? Ich weiß nicht...

O Es gibt schon Menschen, die das planen. Wir haben jedenfalls zwei Kinder geplant. Auf keinen Fall weniger – aber mehr, da wird es dann schon kompliziert. Jetzt bist du dran, Anjuta, du bist noch übriggeblieben.

A Wir haben drei Kinder, und das entspricht unseren Möglichkeiten. Wir bemühen uns, an diese Frage vernünftig heranzugehen und nicht gedankenlos... (Al: ... euch einfach zu vermehren.) Ja, wir finden aber auch, daß es nicht normal ist, nur ein einziges Kind zu haben. Mit unseren drei Kindern haben wir alle anderen schon überholt. In nächster Zeit werden wir wohl keine mehr bekommen, aber... (O: ...das ist nicht ausgeschlossen.) Eigentlich wollten wir vier Kinder haben, zwei Jungen und zwei Mädchen. Zwei Mädchen haben wir schon, aber nur einen Jungen. Also denke ich, daß wir noch ein Kind bekommen werden. Aber wenn eine zu große Pause dazwischen liegt, kommen vielleicht auch noch zwei. Aber dann ist Schluß, weil mir sonst die Zeit fehlen wird. Man muß ihnen so viel geben, und sie wollen so viel wissen, und es geschieht auch so viel mit ihnen. Manchmal fällt es mir sehr schwer zu verstehen, was in jedem von ihnen vor sich geht und mich in sie hineinzudenken. (O mit einem Seufzer: Genauso ist es.) Mit einem Kleinkind ist es noch verhältnismäßig einfach, du kannst relativ schnell entscheiden, was es braucht. Aber je älter jedes Kind wird, desto komplizierter wird alles. Was braucht es, warum tut es dieses oder jenes – da tauchen so viele Fragen auf, daß meine Kräfte nicht mehr für die Älteren reichen würden, wenn jetzt noch ein viertes Kind käme.

K Natürlich übernimmt man eine große persönliche Verantwortung. (A: Das ist es.) Und Zeit braucht man auch, um alles zu schaffen, weil jedes Kind Mutterwärme braucht. Und wenn viele Kinder da sind, dann fehlt schlichtweg die Zeit, besonders der Mutter.

O Das ist rein physisch schon sehr schwer. Und wenn ich jetzt über unsere Eltern nachdenke... (Gelächter), dann wundere ich mich, weil ich sie heute durch die Brille meiner eigenen Erfahrung sehe. Und je mehr Zeit vergeht, desto mehr muß ich darüber staunen, wie sie mit allem fertig geworden sind.

3. »Wir hatten nur selten ernste Meinungsverschiedenheiten...«
(Ehepartner, Babuschkas und Nachbarn)

In der Sowjetunion heiraten junge Leute in vielen Fällen nicht nur den Partner fürs Leben, sondern auch noch seine Familie, mit der das junge Paar häufig jahrelang zusammenleben muß. Das liegt nicht nur an den schlechten Wohnverhältnissen, sondern auch daran, daß die Großfamilie noch mehr oder weniger intakt ist. Die Babuschka gehört einfach zu einer jungen Familie dazu. Auch die Nikitins haben in Familien hineingeheiratet. Sie mußten sich nicht nur mit ihren Ehepartnern auseinandersetzen, sondern auch mit den Babuschkas und nur zu häufig mit den Nachbarn. Wie aber sind vor allem die Ehepartner auf die Vorstellungen der Nikitins eingegangen? Gab es Probleme, Diskussionen, Streit?

Al Selbstverständlich hatten wir Meinungsverschiedenheiten, aber wir haben dann immer eine gemeinsame Position gefunden.

Je Nein, in Erziehungsfragen hatten wir nie Meinungsverschiedenheiten. (Al: Manchmal schon.) Wir hatten andere Meinungsverschiedenheiten. (Al: Davon haben die anderen auch jede Menge. Anlässe finden sich immer, vor allem, wenn es um die Kinder geht.)

A Na ja, sicher haben wir uns ab und zu gestritten. Aber im allgemeinen waren wir uns den Kindern gegenüber einig, und wirklich ernsthafte Differenzen hatten wir nicht, es waren Kleinigkeiten, über die wir uns immer schnell verständigen konnten.

Je Zum Beispiel werde ich manchmal mit Natascha laut. Aljoscha aber auch. Wenn ich ihm sage »Warum schreist du denn so?« hält er mir entgegen »Du schreist ja auch!«

Al Nun, das läßt sich wohl eher durch unser kompliziertes

Leben erklären als durch prinzipiell unterschiedliche Positionen in Erziehungsfragen. Denn unser Leben fordert ja ständig sehr viel Energie, manchmal mehr, als du hast. Und wenn das Überleben mehr Kräfte verschleißt, als du hast, leidet natürlich deine Familie darunter.

Je Ja, wenn du nur ans Überleben denken mußt, vergißt du darüber die Erziehung.

Al Nein, man vergißt sie nicht, aber es gibt Augenblicke, in denen... Gab es denn in euren Familien grundsätzliche Meinungsverschiedenheiten?

A Mein Mann ist ja Pädagoge... (Gelächter)

Al Und damit ist alles gesagt?

A Er hat sich schon vor langer Zeit für die »Nikitin-Erziehung« interessiert und war nicht mit allem, was bei uns in der Familie geschah, einverstanden. Er hat vieles in Frage gestellt, und jetzt hat er seine eigenen Ansichten dazu. Deshalb ist es auch zu Meinungsverschiedenheiten gekommen, aber unsere Standpunkte waren nie grundsätzlich verschieden. Kolja arbeitet mit Jugendlichen, und deshalb neigt er dazu, auch mit kleinen Kindern wie mit Jugendlichen umzugehen. Jetzt sieht er aber auch, daß das nicht immer geht. Nun, wir helfen uns gegenseitig und versuchen, uns zurechtzufinden. Wenn er meint, daß ich etwas falsch mache, sagt er es mir, und ich halte es genauso. Das geschieht ganz spontan, normalerweise achte ich nicht darauf, ob die Kinder bei diesen »Klarstellungen« dabei sind oder nicht, obwohl Kolja strikt dagegen ist, daß wir in Gegenwart der Kinder über sie reden. Aber ich finde nichts Besonderes dabei, weil ich es so von Mama und Papa kenne, die ja immer in unserer Gegenwart über uns gestritten haben. Wir sprechen doch ganz normal miteinander, wir »beißen« uns nicht und fallen auch nicht übereinander her. (An: Aber Streit ist doch etwas ganz Normales, oder?) Es fällt mir schwer, Beispiele zu nennen, darüber müßte ich nachdenken.

Je Mir ist jetzt wieder eingefallen, warum wir Meinungsverschiedenheiten hatten. Es ging um die Einstellung zur Religion. Ich halte die religiöse Erziehung für sehr wichtig. Das gehört zur Tradition und zur Kultur, zur Kultur der Welt und zur Kultur der Völker. Ich habe also versucht, unsere Tochter an die Traditionen verschiedener Völker, auch unseres eigenen, heranzuführen. Deshalb feiern wir auch Ostern.

Al Dazu muß ich etwas sagen. Anfangs war das wirklich eine sehr strittige Frage, aber dann sind wir doch zu dem einfachen Schluß gekommen, daß die Religion wirklich Bestandteil der menschlichen Kultur ist. In unserem Land wurde in dieser Frage seinerzeit furchtbar übertrieben. Man hat die Religion mit einem Schlag abschaffen wollen und dann so getan, als habe es sie nie gegeben. Im Prinzip ist das Verhältnis zur Religion aber eine Frage, die sich jedem Menschen stellt, und wenn wir diesen Bereich von vornherein aussparen und ihm die Möglichkeit nehmen, darüber nachzudenken, dann ist daran nichts Gutes.

An Das gehört schon nicht mehr direkt zur Erziehung. (Je: Warum? Das hat eine enorme Bedeutung...) Das gehört zur Weltanschauung. Und die Frage, welchen Aspekt ihrer Weltanschauung Eltern ihren Kindern mitgeben wollen, ist eine sehr intime Angelegenheit.

Al Bei uns ging es um die Frage, ob man darüber sprechen muß oder nicht.

An Das ist aber keine Meinungsverschiedenheit in Fragen der Erziehung, da geht es um die Weltanschauung.

O Willst du damit sagen, daß unterschiedliche Weltanschauungen keinen Einfluß auf die Erziehung haben?

An Nein, d. h. eigentlich doch. (O: Seht ihr, genau darüber streiten sie sich.)

Je Anton, als Natascha noch klein war, drei oder vier Jahre alt, habe ich ihr Bilder von Rembrandt und anderen großen

Malern gezeigt, den »Christuskopf« und die »Kreuzaufrichtung«. Und ihr haben diese Reproduktionen sehr gefallen. Sie hat angefangen, mir Fragen zu stellen. Ich habe ihr dann erzählt, wie das alles zusammenhängt, habe ihr die Geschichten und Gleichnisse erzählt, die ich selbst kannte, und sie fand das immer sehr interessant. (Al: Davon wissen wir gar nichts.; An: Und das ist sehr schlimm.) Für Natascha entstand der erste Konflikt, als wir in die neue Wohnung zogen. Unsere Etagennachbarn kamen gleich am nächsten Morgen zu uns und luden uns zu sich ein. Aljoscha war zur Arbeit, ich war mit den Kindern allein. Die Nachbarn haben auch zwei Kinder, und Natascha fing an, dem Mädchen etwas zu erzählen, was mit Religion zu tun hatte. Aber das Mädchen ist zu seiner Mutter gerannt und hat sich beklagt, und die Mutter sagte zu mir: »Wissen Sie, daß Ihre Tochter von Gott redet? Sie sollten darauf achten!« Ich sagte darauf, daß das nichts Besonderes sei, und seitdem haben wir keinen Kontakt mehr. Mir war das egal, aber für Natascha war das ein solcher Schock, daß sie von all dem nichts mehr wissen wollte. Der zweite Schock kam in der Schule, und jetzt schämt sie sich beinahe, den Namen Jesu Christi auszusprechen.

O Da hast du die Kehrseite.

Je Nein, nein, sie wird das schon noch verstehen. (O: Später, das ist doch das Problem, wird dann nichts mehr daraus.) Aber sie muß einfach davon wissen.

O Dennoch war das ein im voraus provozierter Konflikt zwischen ihr und der Gesellschaft.

Je Na und?

Al Was soll man denn tun? Hatten wir etwa keine Konflikte? Es gab sie doch auf Schritt und Tritt.

Je Ich will nicht, daß sie sich an die Irrtümer und Fehler der Gesellschaft gewöhnt. Wozu sollte das gut sein?

Al Völlig richtig.

O Die Frage ist aber, wie sich das äußert und wohin das führt.

An Du kannst damit genau das Gegenteil von dem erreichen, was du erreichen wolltest.

Al Wir haben übrigens auch schon als Kinder sehr gut begriffen, daß es Dinge gibt, über die man mit anderen reden kann, und Dinge, über die man nicht reden darf, weil diese Gesellschaft so beschaffen ist. Es gibt Dinge, über die man nicht mit jedermann reden darf. So ist es doch, nicht wahr? (BP: Leider.) So merkwürdig das auch ist, aber wir sind dadurch nicht mehr oder weniger verlogene oder mehr oder weniger ehrliche Menschen geworden. Deshalb glaube ich nicht, daß es den Kindern schadet, wenn man mit ihnen darüber spricht, man muß sogar mit ihnen darüber sprechen und zwar so früh wie möglich.

Je Oljetschka, ich möchte dir noch etwas sagen. Die ganze Kultur gründet sich auf Religion. Natascha liebt die Musik von Bach und Händel sehr, sie liebt die Bilder der großen Maler, und weil all das unmittelbar mit Religion zu tun hat, bin ich überzeugt, daß sie davon nie mehr lassen wird. Im Augenblick möchte sie gerne wie alle anderen sein, und vielleicht versucht sie, all das zu verdrängen, aber ich weiß, daß diese Dinge in ihr stecken und sich weiterentwickeln werden.

Al Und dann ist da noch folgender Aspekt. Ich bin Atheist. (Je: Und ich bin keine Atheistin.) Ja, aber trotzdem stimmen wir in vielen Fragen, auch in unseren Ansichten über die Religion, überein. Anfangs hab ich all das ziemlich eng gesehen, wohl deshalb, weil Vater eine ziemlich eindeutige Haltung zu diesen Fragen hat und unsere ganze Familie absolut keine Beziehung zur Religion hatte. Aber irgendwann habe ich doch begriffen, daß die Lösung dieser Frage jedem einzelnen überlassen werden muß.

O Aber das darf man doch nicht einem Kleinkind aufbürden!

Al Wie kommst du auf Kleinkind, und wer bürdet ihm was auf?

O Die Entscheidung darüber muß meiner Ansicht nach auf einem höheren Bewußtseinsniveau getroffen werden.

A Das finde ich auch, ein kleines Kind kann ja noch nicht wählen. Aber wenn ihr danach lebt, ist das vielleicht doch etwas anderes. Ich habe nur etwas dagegen, daß gezielt indoktriniert wird.

Je Ja, wir leben danach, das machen wir nicht gezielt. Und so hab ich Natascha auch über die Geschichte des Alten Ägypten erzählt. (Al: Das ist auch ein Teil der menschlichen Kultur.) Und warum sollte ich gerade diesen Teil ausklammern, nur deshalb, weil das alles mit Religion zu tun hat?

O Wer redet denn von »ausklammern«? Das Problem besteht darin, wie man so etwas anbietet.

Al Das ist ja nur deshalb problematisch, weil man diesem Thema bei uns ein großes schwarzes Siegel aufgedrückt hat.

K Ich finde, man sollte ganz einfach an die Sache herangehen und kein Problem daraus machen.

Je Wir haben ja auch kein Problem daraus gemacht.

O Aber für Natascha ist ein Problem daraus geworden. Sie war schlicht überfordert.

Je Ich meine, sie hatte einfach Pech mit den Leuten. Wenn ihre Freunde auch aus gebildeten Familien kämen, wäre das nicht passiert, aber leider ist das nicht der Fall. (O: Und wo willst du solche Leute finden?) Nun, es gibt doch gebildete Menschen bei uns, oder?

A Aber wie kann man ein Kind nur auf einen bestimmten Kreis von Menschen vorbereiten. Das ist unmöglich.

Al Dann darf man sich auch nicht beklagen, wenn es Schwierigkeiten bekommt.

A Die Religion ist eine komplizierte Sache, und ich finde es nicht sinnvoll, sie schon einem kleinen Menschen zu vermitteln.

Al Ich meine, daß die Trennung zwischen Kirche und Staat, die seinerzeit bei uns durchgeführt wurde, richtig war. Die Religion als Kulthandlung gehört nicht in die Schule. Aber sie ist Teil der Weltkultur. Als ich gezwungen war, über diese Dinge nachzudenken, das hing teils mit Lena zusammen, teils mit meinen eigenen Gedanken über die Welt, mußte ich feststellen, daß das nicht einfach war, weil ich einfach nichts wußte. Wir leben unter dem Einfluß sehr vieler Klischees, die wir seit unserer Kindheit als gegeben hinnehmen.

An »Religion ist Opium für das Volk« – das ist alles, was wir darüber wissen, mehr nicht.

Al Ja, und in Wirklichkeit sind das sehr komplizierte philosophische Fragen, die uns letztlich dazu bringen, über den Sinn der Welt nachzudenken.

O Nun, aber jetzt bessert sich die Lage doch ein wenig...

Al Ja, jetzt hat man angefangen, die Dinge sehr viel ruhiger zu betrachten, aber in der Vergangenheit haben wir eben doch viel verloren und aus der Religion ein Schreckgespenst gemacht. Aber wenn du anfängst, darüber nachzudenken...

An Wir kommen also zu der Erkenntnis, daß die ganze Geschichte der Menschheit nicht von der Religion zu trennen ist und die Geschichte der Philosophie erst recht nicht. Und trotzdem gehört das alles nicht unbedingt zur Erziehung.

K Das gehört sehr wohl zur Erziehung, weil dieses Problem in einigen Familien auftaucht. Bei uns ist die Frage...

An ... nicht aufgetaucht. Aber ich möchte etwas zu einer Frage sagen, die hier noch nicht behandelt wurde, die mir aber wichtig scheint. Aljoscha und Anja, ihr lebt allein, ihr lebt nicht mit euren Schwiegereltern zusammen. Olga lebt hier bei ihren Eltern, und wir, Katja und ich, leben bei Katjas Mutter und Großmutter. Deshalb möchte ich etwas über diese Beziehungen sagen. Wir hatten doch keine Meinungsverschiedenheiten, oder?

K Ich kann mich nicht erinnern. Wir haben uns eigentlich immer verstanden.

An Ich würde es so sagen: Wenn ein Mensch keine vorgefaßten Meinungen über Erziehungsfragen hat, so ist er ziemlich leicht von etwas zu überzeugen, vor allem dann, wenn du selbst von deinen Ansichten überzeugt bist und sie überzeugend darlegen kannst.

K Entschuldige, aber ich möchte das einfacher sagen: Ich hatte keine Ahnung von Erziehung und habe mir auch keine Gedanken darüber gemacht. Und als ich Anton kennenlernte, wußte ich nicht, wer die Nikitins sind. Also hatte ich ihnen gegenüber auch keine negative Einstellung nach der Art »Ach, diese Nikitins!«, wie sie ihnen in der Schule begegnete. Entweder erwartete man etwas Großartiges von ihnen, oder man lehnte sie von vornherein ab. Ich hatte es in diesem Punkt leichter. Ich habe Anton einfach als Menschen angenommen. (An: Gott sei Dank.) Über Erziehung habe ich erst nachgedacht, als mein erstes Kind unterwegs war.

An Genau das wollte ich auch sagen. Wenn ein Mensch keine vorgefaßten Meinungen hat, kann man ihn viel leichter von etwas Neuem überzeugen. Er selbst kann Neues auch leichter annehmen. Aber nehmen wir die Babuschkas... Was passiert denn, wenn man in eine große Familie heiratet?

K Natürlich hat jede Familie ihre Gewohnheiten, und bei den meisten Familien beschränkt sich die Erziehung auf die Frage, wann die Kinder Strumpfhosen angezogen bekommen müssen. Bei Aljoscha und Lena tragen die Kinder die ganze Zeit Strumpfhosen, aber unsere Babuschkas haben akzeptiert, daß sie keine tragen (O: Geradezu heldenhaft haben sie das akzeptiert.), obwohl es in der ersten Zeit große Auseinandersetzungen darüber gab.

An Das fällt doch einem Menschen, der eine bestimmte

Meinung zu diesem Thema hat, der vielleicht auch Kinder erzogen hat oder beobachtet hat, wie Kinder großwerden, auch schwer! Wenn Menschen mit einem anderen Verständnis von Erziehung konfrontiert werden, das sich sehr stark von den allgemein gültigen Stereotypen unterscheidet, können sie das nur selten gelassen hinnehmen. Ich weiß nicht, wie es bei euch ist, ich kann hier nur von mir sprechen.

O Ich bin ganz deiner Meinung, wir haben die gleichen Erfahrungen gemacht.

K Das ist ein Problem, das alle haben.

An Wenn Olja zum Beispiel Besuch von ihrer Schwiegermutter bekommt, ziehen die Mädchen natürlich sehr häufig etwas an.

O Nun, wir möchten einfach Streit vermeiden. Wenn sie weg sind, ziehen wir ihnen die Strumpfhosen wieder aus.

Je Zu den Strumpfhosen möchte ich aber noch etwas sagen. Wie ihr wißt, ist Natascha 1984 krank geworden, und bis dahin ist sie auch barfuß gelaufen wie alle Nikitin-Kinder. Erst nachdem sie hier krank geworden war, haben wir ihr Strumpfhosen angezogen. Also müßt ihr mit uns wirklich nicht über Traditionen reden. Meine Mutter hat das alles voll und ganz akzeptiert.

Al Ja, ich hatte wirklich Glück mit meiner Schwiegermutter, sie war eine sehr kluge Frau und hat all das von Anfang an ruhig akzeptiert.

Je Sie hat es nicht nur akzeptiert. Sie war auch »dafür«.

Al Ja, sie hat buchstäblich gefragt: »Glaubt ihr daran? Sehr gut, dann wird es auch so gemacht.«

An Mir scheint, das kommt selten vor, daß ein Mensch, der schon eine feste Meinung hat, all das akzeptiert. Darauf kann man nicht zählen, das ist eine Ausnahme. Und ich finde, daß ich Glück gehabt habe, obwohl die Diskussionen und die Meinungsverschiedenheiten mit den Babuschkas zweifellos weitergehen werden. Anfangs haben sie auch nur mit Mühe akzeptiert, daß die Kinder nackt und barfuß herumlaufen, aber jetzt...

K Sie haben sich überzeugen lassen, weil sie ja sehen, daß die Kinder gesund sind, und dafür können sie Boris Pawlowitsch nur dankbar sein.

An Obwohl etwas von dieser Ängstlichkeit bis heute geblieben ist. Ich zum Beispiel weiß sehr gut, daß es ganz normal und auch angenehm ist, barfuß durch den Schnee zu laufen. Aber ein Mensch, der das nie gemacht hat und nicht weiß, was das soll, findet das einfach furchtbar und meint, daß dem Kind Gewalt angetan wird. Nehmen wir an, im Zimmer ist es kühl, und das Kind läuft nackt herum, während die Babuschka fröstelt. Natürlich meint sie, daß das Kind auch friert, obwohl das überhaupt nicht der Fall ist. Ich hatte immer ein ziemlich starkes Argument. Ich konnte immer sagen, daß ich mich an all das erinnere, daß ich das alles am eigenen Leibe ausprobiert habe, und ich konnte erzählen, wie angenehm das ist. Aber ich bemühe mich immer, alle diese Dinge mit den Augen des Kindes zu sehen. Wenn es sich wohlfühlt, ist es gut, wenn es die Kälte nicht bemerkt, ist alles in Ordnung.

K Das ist ein sehr wirkungsvolles Argument.

An Aber ich möchte noch etwas über die Ernährung sagen. Die heutigen Großmütter sind ja in den Hungerjahren des Krieges und der Nachkriegszeit aufgewachsen, und das hat sie einfach geprägt. Als sich bei uns die Verhältnisse dann besserten, sind viele von ihnen psychologisch nicht mitgekommen. (Al: Die Kinder müssen reichlich zu essen bekommen.) Genau, reichlich. Aber ich rege mich darüber nicht auf. Wenn das Kind nicht essen will, dann eben nicht. Mit dem Anziehen ist es genauso. Die Babuschkas möchten den Kindern immer etwas mehr anziehen, und das Kind soll es bequem haben. Vielleicht haben Großmütter seit Jahrhunderten diese Einstellung, vielleicht hat sich das aber auch verstärkt. Ganz allgemein gesprochen hat unsere Gesellschaft eine ziemlich stereotype Vorstellung vom »gesunden Kind«, wie es zu erziehen ist, usw. (Je: Das ist ein ganz falsches Stereotyp.) Richtig, völlig falsch. Wonach streben die Leute denn? Daß das Kind »ruhig« ist, also ruhig und gleichgültig. Und deshalb siehst du auf Schritt und Tritt kleine Kinder... (Al: ... die mit zwei Jahren schon einen stumpfen Blick haben.; K: Müde Greise), die schon völlig leer aus den Augen schauen, die dasitzen und gar nichts mehr wollen und auch nichts können. Dieses Stereotyp hat einen enormen Einfluß auf die Leute, und natürlich muß es geändert werden. Das versucht jetzt ja auch die Presse, und viele Menschen haben angefangen, darüber nachzudenken. Aber bis zu Veränderungen ist es noch ein weiter Weg.

K Anton ist über die Konflikte in der Familie zu einem sehr interessanten Gedanken gelangt.

A Das ist genau der Gedanke, der zur Diskussion gestellt werden muß. Ich weiß nicht, wie man in der Bundesrepublik zu diesen Fragen steht, vielleicht ist die Frage, wie die Leute zu Erziehungsfragen stehen und wie sie reagieren, wenn jemand seine Kinder nicht so erzieht, wie sie es für richtig halten, dort gar nicht aktuell.

Al In unserer Gesellschaft ist die Toleranz jedenfalls eine äußerst schwach verbreitete Erscheinung, sagen wir es gerade heraus.

A Sieh mal, Aljoscha, wie ist denn in den Großstädten das Verhalten der Familie gegenüber? Doch ziemlich gleichgültig. Aber dort, wo wir jetzt leben, in einer Kleinstadt im Gebiet Perm, haben die Leute mehr Kontakt zueinander, und wenn sie meinen, daß jemand sein Kind nicht so erzieht, wie sie es für richtig halten, dann mischen sie sich ein, und es entsteht ein enormer gesellschaftlicher Druck auf die Eltern. Einerseits ist das gut, weil dadurch ein gewisser Anstandsrahmen gewahrt bleibt und auch unwillige Eltern veranlaßt werden, sich irgendwie mit ihren Kindern zu beschäftigen. (O: Das ist Gleichmacherei.) Ja, gleichzeitig nivelliert die Gesellschaft auch diejenigen, die ausscheren möchten – das gilt als unanständig. Ich versuche, in diesem Sinn nicht aufzufallen, weil das einfach nichts bringt. Wenn junge Familien sich für diese Fragen interessieren, werde ich ihnen gerne erzählen, aber von allein werde ich kein Aufheben davon machen und herumrennen und auch nicht davon erzählen.

An Das ist alles richtig, ich halte es genauso.

A Wenn die Leute von sich aus kommen, kann ich ihnen helfen. Aber jetzt wird das immer schwieriger, weil die Leute allmählich mitkriegen, daß ich eine Tochter aus der Nikitin-Familie bin. Die Leute kommen angefahren und fragen mich aus. Manchmal muß ich mich allerdings wundern, auf welchem Niveau die Fragen, auch die elementarsten, sich bewegen. Man muß sich einfach wundern, wie wenig Eltern wissen, was sie tun sollen.

Al In unserer Gesellschaft herrscht einfach ein katastrophales Informationsdefizit.

IV. Hatten wir recht?

1. »Mit Tests kann man nicht alles messen...«
(Wie Lena Alexejewna und Boris Pawlowitsch heute ihre Kinder sehen)

Nach den langen Gesprächsrunden mit der ganzen Familie wollte ich gerne noch herausfinden, wie Lena Alexejewna und Boris Pawlowitsch ihre erwachsenen Kinder sehen. Inzwischen war mir schon klar geworden, daß die Mutter ganz andere Züge schildern würde als der Vater, und so ist es dann auch gewesen. Die Aufrichtigkeit der beiden hat mich tief beeindruckt. Am Ende dieses Dialogs hat man die sieben jungen Leute vor sich: Alexej, Anton, Olga, Anja, Julija, Iwan und Ljuba. Sieben unverwechselbare, eigenwillige Persönlichkeiten.

BP Ich werde die Kinder natürlich von der Seite her charakterisieren, die mir am nächsten ist und an deren Entwicklung ich beteiligt war. An der Tatsache, daß sie in der Schule und während der Ausbildung viel Zeit eingespart haben, bin ich schuld. Zweitens: Ich meine, daß sie gelernt haben zu arbeiten, und ich glaube, daß sie besser als viele andere arbeiten, wie schlecht auch unsere Werkstatt gewesen sein mag, wie wenig Ordnung dort auch geherrscht haben mag. Ich erinnere mich noch, daß in dem alten Haus ursprünglich eine Dusche eingebaut werden sollte. Aber ich habe statt dessen eine Werkstatt eingerichtet. Und ich war damit sehr zufrieden. Als wir hierherzogen, da hieß es auch wieder: »Das größte Zimmer machst du zur Werkstatt! Ordnung wird dort nicht sein, da wird wieder lauter Trödel herumliegen, und alles wird dreckig sein.« Aber ich bin trotzdem bis heute zufrieden mit der Werkstatt. Sie hat das Ihre geleistet.

LA Wie war das? *Wer* hat sich aufgeregt?

BP Das lassen wir jetzt einmal außen vor, derjenige, der sich aufgeregt hat, wird schon Bescheid wissen.

LA Warum? Ich war immer *für* die Werkstatt, für die erste und auch für die zweite. Also, Borja, Verdienste werden hier überhaupt nicht gewürdigt.

BP ALEXEJ ist Elektroniker geworden und zwar ein erstaunlicher Elektroniker. Wenn er den Schaltplan eines elektronischen Gerätes sieht, begreift er sofort den ganzen Mechanismus, wie die Elektronen sich bewegen, wo sie anhalten, warum, und für welche Zeit. Ein so ausgeprägtes elektronisches Denken erlebe ich zum ersten Mal. Das erstaunt und beeindruckt mich. Wir haben ein japanisches Radio gekauft. Es empfängt alle Rundfunkstationen, außer unserer Ultrakurzwelle, weil UKW in Japan auf einer anderen Wellenlänge gesendet wird. Aljoscha hat sich das Gerät vorgenommen und es mit seinem großen russischen Lötkolben so umgearbeitet, daß es jetzt auch unsere Ultrakurzwelle empfängt. Wenn etwas im Haus kaputtgegangen ist, repariert er natürlich alles sofort. Sogar wenn diese Geräte in der Bundesrepublik oder in Japan hergestellt worden sind, wenn es sich also um die neueste Technik handelt, kann er sie reparieren. Ich glaube, daß es in ganz Moskau nur fünf oder zehn Köpfe wie ihn gibt. (LA lacht.)

LA ALJOSCHA ist gut, er ist selbstbewußt, sehr von sich überzeugt und auch ein wenig in sich selbst verliebt. Leider hat er sich bis heute davon nicht freimachen können – aber er ist gut. Im Laufe seines Lebens hat er gerade diese Eigenschaft viele Male unter Beweis gestellt, und diese Eigenschaft ist für mich am wertvollsten. Als Neunzehnjähriger hat er die Verantwortung für eine Familie auf sich genommen und noch dazu für eine Familie, in der ihm praktisch niemand geholfen hat. Lena, seine Frau, ist nicht ganz gesund, und daher mußte er viele Arbeiten im Haushalt buchstäblich allein verrichten. Auch lebten in der Familie Lenas Mutter und Lenas Großmutter, und Aljoscha war der einzige Mann. Aber was für ein Mann war er denn, er war doch noch Student! Und trotzdem habe ich nicht ein einziges Mal während seines ganzen Familienlebens Klagen von ihm über sein Schicksal gehört. Er hat sein Kreuz einfach mit Würde getragen. Materiell hat es natürlich nicht gereicht, und wir mußten ihm helfen. Er hatte nicht einmal die Möglichkeit, etwas dazu zu verdienen. Die Großmutter war endlos krank, die Schwiegermutter war auch immer krank, Aljoscha mußte nachts häufig aufstehen und sich um die Kinder kümmern. Er mußte den Notarzt rufen und mit ins Krankenhaus fahren. Also, er weiß eigentlich in Problemsituationen immer einen Ausweg. Er läßt sich auch nicht gehen. Wenn es hier schwierige Augenblicke gab und wir nicht da waren, z. B. als Julija sich das Bein gebrochen hatte und ins Krankenhaus mußte, haben die Kinder gleich Aljoscha angerufen, und er ist auf der Stelle gekommen. Er hat alles stehen und liegen lassen und ist gekommen.

Also, seine Anteilnahme, seine innere Güte, seine tiefe innere Güte – das ist für mich am wertvollsten.

BP ANTON hat in allen Tests die höchsten Ergebnisse erzielt, besonders bei den schöpferischen Aufgaben. Und weil er mit allen möglichen Tests so leicht fertig wurde, hat er ein kritisches Verhältnis zu diesen Tests. Schon als Junge hat er Tests für Erwachsene ohne weiteres bestanden. Und es ist überhaupt erstaunlich, daß alle unsere Kinder Tests für Erwachsene bestanden haben, lange bevor sie erwachsen wurden – mit zehn, neun, acht, ja sogar mit sieben konnte Ljubotschka 94 Punkte des Eysenck-Tests erreichen. Anton mag ich, weil er ein sehr ruhiger Mensch ist. Er macht alles gut, wenn er will. Aber mir scheint, daß es ihm an Willen fehlt, und ich hätte mir natürlich gewünscht, daß er einen viel stärkeren Willen hat. Er hatte immer eine gute Beziehung zu seiner Umwelt, und das schreibe ich seinem Verstand zu. Er steht über allen anderen. Er ist so viel klüger als alle anderen, daß er eines versteht: Hasten, Streiten und Schimpfen haben keinen Sinn.

Und deshalb bewahrt er immer seine Ruhe. Und noch etwas. Im Unterschied zu Aljoscha geht Anton vernünftig mit Geld um. Aljoscha hat immer Schulden. Aber Anton hat immer etwas in der Rückhand. Ich finde, das ist eine positive Eigenschaft. (LA lacht.) Auch beruflich kommt er gut voran. Er hat zwei Arbeitsplätze, in einer Experimentalfabrik und im Institut für Patentprüfungen.

Und dort werden nur die fähigsten Leute angestellt, die die ganze Chemie kennen, die entscheiden können, ob ein Patent erteilt wird oder nicht.

LA ANTON habe ich schon sehr früh den »kleinen Prinzen« getauft. Er lebt seit seiner frühesten Kindheit auf seinem Planeten, und Aljoscha, sein Sohn, ist genauso. Seine Interessen drehen sich nur um eine Sache, er konzentriert sich auch nur auf eine Sache, und alles andere existiert für ihn nicht. Das ist meiner Ansicht nach die Eigenschaft, die ihn am stärksten charakterisiert. Und das ist eine schwierige Eigenschaft. Ich würde sagen, daß das Positive hier auch etwas Negatives hervorgebracht hat, weil es einem Menschen neben ihm schlecht gehen kann, und es kann passieren, daß er das nicht bemerkt. Ich glaube, daß seine Bücherweisheit, von der wir in seiner Kindheit so begeistert waren, ihm einen schlechten Dienst erwiesen hat. Er hat alles gelesen, er hat praktisch alles verschlungen und eine ungeheure Menge an Informationen gespeichert. Aber er sieht manchmal die lebendigen Menschen nicht. Und doch ist er ein guter Junge und auch ein treuer Freund. Er hat sich einen ständigen Freundeskreis geschaffen. Es sind immer noch die gleichen Freunde, mit denen er an der Universität zusammen studiert hat. Sie sind bis heute miteinander befreundet, und einer von ihnen ist unser Schwiegersohn geworden, Olgas Mann.

Katjuscha, seine Auserwählte, ist für ihn so etwas wie ein Licht im Fenster. Bis heute ist er in sie verliebt. Er kann sie tüchtig kränken, was er gar nicht will, und dann quält er sich und versteht gar nicht mehr, was er angerichtet hat. Aber für ihn existieren überhaupt keine anderen Frauen. Sie ist seine Einzige. Punktum. Das ist übrigens eine Eigenschaft, die mir sehr imponiert und die mir bei allen Menschen gefällt. Ich finde, das ist eine sehr wertvolle Sache.

Aber er hat auch einen Zug an sich, der mich beunruhigt. Nun, Boris Pawlowitsch ist ganz begeistert von seinem Sohn, und Anton ist wirklich sehr begabt. Aber er stellt wenig Ansprüche an das Leben. Ich sage zu ihm: »Anton, mit deinem Verstand und deinen potentiellen Möglichkeiten könntest du dich mit globalen Problemen beschäftigen und für etwas kämpfen.« Das soll nicht heißen, daß er mit seiner Position, einer durchaus mittelmäßigen Position, zufrieden ist. Er ist nicht zufrieden. Er weiß, daß er mehr leisten könnte. Aber er hat keinen beruflichen Ehrgeiz, und das gilt für alle unsere Kinder, wobei ich jetzt nicht Karriere im schlechten Sinn meine. Aber eine große Aufgabe in Angriff zu nehmen, dazu reicht es bei ihnen nicht. Ich spreche für mich von einer »Überaufgabe«. Dabei meine ich nicht, daß Anton Professor oder Akademiemitglied werden sollte. Das ist es nicht. Aber jeder Mensch sollte eine solche Aufgabe übernehmen, daß es ihn innerlich schüttelt vor Anspannung. Und das fehlt Anton. Mich aber beschämt das, weil er seine Möglichkeiten nicht völlig realisiert. Ich verstehe natürlich, daß das nicht nur von ihm allein abhängt. An seinem Arbeitsplatz leistet er eigentlich nichts, und das verstehe ich nicht. Warum promoviert er nicht? Nein, er wird nicht promovieren. Und sich eine richtige Aufgabe suchen, das kann er nicht. Er hat wie mir scheint, nicht das Bedürfnis.

Das ist übrigens auch der Grund dafür, daß keines der Kinder Sportler geworden ist. Ihnen fehlt der Drang, alle anderen zu besiegen und den höchsten Punkt zu erreichen. Und daran ist wie immer etwas Gutes, aber auch etwas Schlechtes.

Anton hat noch einen Zug, der mich auch beunruhigt, von dem er sich auch nicht lösen kann. Als er ein Kind war, war sein Vater ganz hingerissen davon, wie schnell er alle möglichen Fehler fand, und er fand sie in allen Tests, in allen Lehrbüchern. »Was für ein kluger Junge!« Und ich habe nicht gleich verstanden, daß ihm das einmal schaden würde. Aber seitdem ich das weiß, nenne ich ihn »Anton, den Kritikaster«. Er findet wirklich schnell alle möglichen Fehler, Allogismen in der Sprache usw., aber das Schlimme ist, daß er Befriedigung dabei empfindet.

BP Damit bin ich überhaupt nicht einverstanden. Als ob du wüßtest, was er empfindet, das darfst du nicht sagen, das ist einfach ungerecht!

LA Wenn du recht hast, sollte mich das freuen. Aber ich sehe auch das andere. Das ist natürlich keine Schadenfreude. Er freut sich ja nicht darüber, daß ein anderer Mensch sozusagen in die Grube gefallen ist und einen Fehler fabriziert hat. Er freut sich nur darüber, daß er diesen Fehler gefunden hat. Aber es macht ihm nichts aus, daß der andere einen Bock geschossen hat, ihm fehlt das Mitgefühl. Und das macht mich nicht sehr froh.

BP OLGA hat mehr als alle anderen unter der Grundschule gelitten. Vier Jahre hat sie dort zugebracht, deshalb fühlt sie sich im Vergleich zu ihren Geschwistern weniger entwickelt.

LA Das hat gerade noch gefehlt. Was erzählst du da bloß über das Mädchen, Boris Pawlowitsch. Und das erzählst du die ganze Zeit, ob Oljenka dabei ist oder nicht. Aber sie weiß natürlich, was du von ihr denkst. Ob sie das aber auch so empfindet, das ist doch noch sehr die Frage! Olga hat einen sehr hoch entwickelten Sinn für innere Würde, aber gleichzeitig ist sie nicht sehr von sich überzeugt. Das ist keine glückliche Verbindung. Wie seltsam und traurig das auch ist, aber für mich ist Olja ein ganz und gar verschlossener Mensch. Das ist mein Kummer, meine Schuld und meine Not, das ist mein Schmerz. Sie lebt doch mit mir zusammen, ist mir näher als alle anderen. Und trotzdem kenne ich sie am wenigsten. Nichtsdestoweniger zwingt mich das, was ich von ihr weiß, dazu, sie sehr zu lieben, d. h. nicht einfach nur liebzuhaben, ich habe sie natürlich sehr lieb, sondern ... Mir fehlt das richtige Wort. Vielleicht ist es Achtung, die ich empfinde. Ja, eine gewisse Ehrfurcht empfinde ich vor Olja, vor ihrer inneren Würde, vor ihrem Wunsch, alle ihre Schwierigkeiten selbst zu überwinden. Sie beklagt sich nie, sie läßt auch ihre Sorgen keinen anderen spüren. Sie trägt alles in sich, und natürlich übernimmt sie sich häufig und läßt das manchmal an den Kindern aus. Und trotzdem lädt sie ihr »Kreuz« nicht anderen auf. Das ist ein erstaunlicher Zug an ihr, und das ist mir sehr teuer bei einem Menschen. Ringsherum sehe ich ja nur, daß alle ihre Sorgen einem anderen aufhalsen, damit der sie dann trägt. Das geht ihr völlig ab, und das ist erstaunlich. Und ihr ist noch ein Zug eigen, der für Menschen charakteristisch ist, die innerlich viel durchmachen und die das nicht aus sich herauslassen, nämlich ein sehr feiner Sinn für Humor. Uns kommt sie sehr schweigsam vor. Aber wenn sie etwas sagt, dann sagt sie es so, daß alle unsere »Gelehrten« einpacken können. Woher sie diese Beobachtungsgabe, diese Genauigkeit im Ausdruck hat, ich weiß es nicht. Man ringt manchmal nur die Hände. Da hast du Olja, die angeblich irgendwann einmal zurückgeblieben ist. Sie ist überhaupt nicht zurückgeblieben, das ist sie nur nach deinen Tests. Aber sie ist ein sehr feinsinniger, akkurater Mensch, ein gerechter Mensch, und dieser Sinn für Gerechtigkeit hat uns schon beeindruckt, als sie noch ein

Kind war. Sie konnte, unabhängig davon, was ihr das ein-
brachte, einen anderen in Schutz nehmen. Und dann ist sie
Juristin geworden, als ob der liebe Gott es ihr befohlen
hätte. Sie ist vielleicht nur noch nicht am richtigen Arbeitsplatz gelandet. Aber in ihrer Gewissenhaftigkeit ist Olga
schon ein außergewöhnlicher Mensch. Sympathien oder An-
tipathien haben für sie nie eine Rolle gespielt, sie hat immer
versucht, gerecht zu urteilen, eine Situation nach dem Kriterium der Gerechtigkeit zu beurteilen. Das ist bei ihr sehr
stark entwickelt. Sie ist oft erschöpft, weil sie zuviel zu tun
hat. Ihr bleibt zuwenig Zeit für die Kinder, und das macht
mir großen Kummer. Ich will damit nicht sagen, daß sie uns
die Kinder einfach überlassen hat. Das ist es nicht, sie leidet
unter dem inneren Widerspruch. Sie weiß, daß sie uns mit
den Kindern einiges aufgeladen hat, und das quält sie sehr.
Sie möchte gerne mehr auf sich nehmen, aber dazu ist sie
körperlich einfach nicht in der Lage. Das ist eine große Belastung für sie, und das um so mehr, als das Zusammenleben
mit uns hier, das eigentlich eine Erleichterung für sie sein
sollte, tatsächlich noch eine zusätzliche Belastung ist. Materiell hat sie es leichter, viel leichter sogar, aber moralisch hat
sie es schwerer, weil der Unterschied zwischen ihrer Familie,
d. h. ihrem Mann, und unserer Familie doch sehr groß ist.
Ihr Mann gehört bis heute irgendwie nicht zu uns. Das ist
kein Vorwurf, im Gegenteil. Sie leben nun schon sechs Jahre
mit uns zusammen. Aber es gibt keine Konflikte, keinen
Streit. Er ist einfach anders, und trotzdem hält er das alles
hier aus, unser Gemeinschaftsleben, und er hält es würdig
aus. Aber sie quält sich mit dem Widerspruch herum, und
das macht die Belastung noch größer. Diesen Widerspruch
zu überwinden, ist sehr schwer. Ich bin manchmal sehr beeindruckt von Oljas Tapferkeit.

BP Anja nenne ich unsere »goldene Mitte«. Ich bin sehr
zufrieden mit all ihren beruflichen Qualitäten. Sie ist eine

hervorragende Krankenschwester. Ich bin auch sehr zufrieden mit ihren Eigenschaften als Mutter. Sie hat schon drei Kinder, und sie ist von den vier jungen Müttern in unserer Familie sicher die geschickteste. Sie schreibt hervorragend auf der Schreibmaschine, sie zeichnet gut und spielt Klavier. Und im Vergleich zu den anderen Kindern ist sie vielleicht am vielseitigsten entwickelt und begabt.

LA Anja macht einfach alles gern, voller Eifer, und manchmal gibt sie sich zuviel Mühe. Warum? Weil sie den gleichen Eifer und die gleiche Mühe manchmal auch von anderen erwartet. Und das ist nicht einfach. Weil mit ihr keiner mitkommt... Es regt sie furchtbar auf, wenn neben ihr jemand einfach so vor sich hinarbeitet oder nicht mit voller Kraft bei der Sache ist. Das kann sie nicht ertragen.

BP Und gerade diese Eigenschaft gefällt mir bei Anja und freut mich ganz unwahrscheinlich.

LA Aber das ist eine harte Eigenschaft, die schwer zu ertragen ist, besonders für eine Frau. Anka ist meiner Ansicht nach ein innerlich widersprüchlicher und unruhiger Mensch. Es fällt mir schwer, all das zum Ausdruck zu bringen, aber ich weiß, was ihr Können bedeutet. Das Problem ist, daß wir sie immer sehr gelobt haben. Anka, die »goldene Mitte«, Anka kann einfach alles! Was sind wir ohne Anka! Und es stimmt, der ganze Haushalt ruhte auf ihren Schultern. Das fing bei der Schreibmaschine an, die sie wirklich ausgezeichnet beherrscht, und sie hat ja auch alle unsere Manuskripte getippt, und das endete in der Küche bei Töpfen und Pfannen und beim Saubermachen. Als Nikolaj dann kam, um sie nach Perm wegzuheiraten, fiel das ganze Haus beinahe in sich zusammen. Was würden wir ohne Anjuta machen? Das war die Frage. Und bis heute klappt nichts mehr so richtig ohne sie. Sie hat die halbe Arbeit getan, und auf die jüngeren Kinder hat sie auch noch aufgepaßt. Das Erstaunlichste aber war, daß sie diese riesige Belastung gern auf sich genommen hat. Und natürlich waren wir immer sehr stolz auf sie, auf ihr Verantwortungsgefühl, auf ihre Geschicklichkeit und ihre Herzlichkeit.

Aber jetzt lebt sie ihr eigenes Leben, mit drei Kindern, und sie macht alles allein. Zu den Geschäften ist es weit, und zu kaufen gibt es nichts. Ihr Mann ist von sieben Uhr morgens bis zwölf Uhr nachts aus dem Haus – so lange hat er in seiner Schule zu tun –, so daß sie wirklich ganz allein mit allem fertig werden muß. Aber von ihm kommt nie ein Lob, als ob das alles ganz normal wäre! Und da ist sie bitter geworden. Und das ist ja auch wirklich schwer. Wir hatten eine ganz andere Beziehung zu ihr, wir haben sie nicht nur gelobt, sondern wirklich sehr geschätzt, das war eine Kompensation für die ungeheure Arbeit, die sie hier geleistet hat. Und sie lebte davon, sie ruhte in sich. Sie wußte, daß sie gebraucht wird und daß sie unersetzlich ist. Aber Kolja meint, daß wir sie zu sehr gelobt haben. Er hat seine eigenen Methoden. Er meint, daß man überhaupt nicht loben soll, damit der, der gelobt wird, sich nichts einbildet. Und darunter hat sie anfangs sehr gelitten, weil sie sich an nichts festhalten konnte. Ich habe mit ihm darüber gesprochen: »Du mußt sie doch wenigstens beachten«, habe ich ihm gesagt, »und sie auch mal fragen, wie sie das eigentlich alles schafft.«

BP Jetzt wenden die Leute sich schon um Rat an Anjuta, wegen unserer Erziehungserfahrung. Sie erteilt auch Auskunft, antwortet auf Briefe und hat auch schon Vorträge gehalten. Also muß sie in Otschor ein wenig unsere Pflichten übernehmen, weil sie eine Nikitin ist.

LA Aber sie tut das ohne Begeisterung, ohne sich etwas einzubilden und ohne besonders stolz zu sein. Sie erfüllt einfach ihre Pflicht, weil all das ja auch wirklich weitergegeben werden muß.

BP Julija nenne ich »kleine Krabbe«. Sie hat in der dritten Klasse angefangen, Märchen zu schreiben, und wir haben ihre Büchlein in einer Auflage von fünf Exemplaren sogar mit der Maschine abgeschrieben. Und dann hat sich daraus ein allgemeines Interesse an Literatur entwickelt. Jetzt ist Julija ein sehr belesenes Mädchen, und sie weiß sehr viel. Die ganze Familie kennt sich nicht so gut in der Literatur aus wie sie allein. Sie trägt sich eine Bibliothek zusammen, und sie hat ja auch die Fachschule für Bibliothekare absolviert und ein Rotes Diplom erhalten. Nachdem sie ein Jahr als Bibliothekarin gearbeitet hatte, hat sie an einem Wettbewerb der *Komsomolskaja prawda* teilgenommen und mit der Erzählung »Die Bibliothekarin« den ersten Preis gewonnen. Dann hat sie versucht, mit dem Preis zum Studium an der Journalistischen Fakultät der Moskauer Universität zugelassen zu werden. Aber bei der Aufnahmeprüfung hat sie in Englisch nur eine Drei bekommen, ihr fehlte dann ein Punkt, und so ist sie nicht angenommen worden. Dann hat sie die Bibliothekarsabteilung des Instituts für Kultur in Moskau absolviert und angefangen, in der Zentralen Kinderbibliothek in Moskau zu arbeiten.

Sie ist ein sehr tatkräftiger und kreativer Mensch. Wenn zu Hause ein Feiertag oder ein Geburtstag bevorsteht, dann bereitet Julija den Abend vor. Sie ist Regisseur, Conférencier, Kostümbildner in einem. Sie war es, die alle diese Abende und Feste »angekurbelt« hat. Aber Julija ist auch ein sehr eigenwilliger Mensch, sie ist, wie wir sagen, sehr widerspenstig. Als sie vier Jahre alt war, sagte sie zum Großvater: »Ich gehe von euch fort.« Und sie ist dann auch tatsächlich, als Vierjährige, zweieinhalb Kilometer weit weggelaufen, zum alten Haus. Als der Großvater uns mitteilte, sie habe ihm gesagt, daß sie fortgeht, haben wir sie überall gesucht. Sie war nicht im Haus. Ich bin dann mit dem Fahrrad zum alten Haus gefahren, sie war schon da. Also, mit vier Jahren ist sie von hier zweieinhalb Kilometer weit weggelaufen. Warum? Nun, sie hatte sich mit dem Großvater gestritten. Und der

Großvater hatte ein falsches Wort gesagt, das ihr nicht gefallen hatte, und so ist sie fortgegangen. Ein anderes Mal hat sie sich auch mit irgend jemandem gestritten und sich so versteckt, daß wir sie lange vergeblich gesucht haben, im Haus, auf der Straße, bei den Nachbarn.

LA   Es war Winter, und es war sehr kalt.

BP   Ja, es war sehr kalt, und sie war nur in Höschen und barfuß. Aber wir haben sie gefunden. Sie war unter einen Sessel gekrochen und eingeschlafen. Wir aber haben sie gesucht und gedacht, sie sei verschwunden.

Während des Studiums fuhr sie zweimal als Leiterin in ein Pionierlager. Sie hatte mit Jungen Pionieren im Alter von 11 bis 12 Jahren zu tun. Im Laufe eines Monats hat sie zusammen mit ihrer Freundin ein solches Theaterstück aufgeführt, daß alle Pioniere sich in Julija verliebt haben, in Julija und in ihre Freundin Natascha. Und dann sind alle Pioniere einige Jahre lang zu uns zu Besuch gekommen, und Julija hat sie auch besucht. Das heißt, sie kann sehr gut mit Kindern umgehen, wir sehen das auch bei den Enkeln. Ganz allgemein gesprochen ist sie ein intellektuell sehr weit entwickeltes Mädchen, in den Tests hat sie sehr hohe Ergebnisse gezeigt, wie Anton und Anja.

LA (traurig)   Immer willst du Harmonie mit der Algebra messen. Aber dabei kommt doch nichts heraus! Gerade Julija gehört zu den Naturen, bei denen du weder mit Tests noch mit anderen Methoden irgend etwas messen kannst.

BP   Das sagt ein Mensch, der noch nie etwas mit Tests gemessen hat! Der sich in den Tests überhaupt nicht auskennt und der die gleiche Dummheit weitergibt, die sich bei uns in der Sowjetunion seit dem Verbot der Pädologie im Jahre 1936 breitgemacht hat.

LA   Ich will mich mit dir gar nicht über die Tests streiten. Ich erkenne Tests an, man muß sie sogar anerkennen, ich sage bloß, daß sie nur eine bestimmte, eng begrenzte Fähigkeit des Menschen messen.

BP Da spricht ein Mensch, der überhaupt nichts begreift. Jeder Test deckt natürlich nur einen Bereich ab. Und mehr darf man von ihm auch nicht erwarten.

LA Nun gut, warum sollen wir darüber jetzt streiten. Jeder Mensch ist doch so vielseitig, daß es sehr schwer fällt, ihn nach einem Test zu beurteilen. Das gilt besonders für Julija. Sie gehört zu den Persönlichkeiten in unserer Familie, die am wenigsten vorherbestimmbar sind. Und sie gehört zu den ganz Kreativen. Ich habe sie schon vor langer Zeit, noch als sie ein Kind war, so definiert: »Das ist ein Feiertagsmensch!« Sie kann sehr große Anstrengungen unternehmen, um einen Augenblick der Freude zu schaffen, einen Augenblick ganz außergewöhnlicher Freude. Es ist der Überraschungsmoment, der für sie zählt, dieses Erstaunen, diese Begeisterung, dieses »Ach!«. Sie ist bereit, ihr halbes Leben für dieses »Ach!« zu geben, um sich und ihrer Umgebung Freude zu bereiten. Es ist nicht, daß sie sich produzieren will, nein. Aber ein Feiertag muß sein, möglichst mit Feuerwerk zum Schluß. Ohne das kommt ihr das Leben langweilig und armselig vor, sie läßt dann gleich den Kopf hängen und welkt vor sich hin. Und in diesem Augenblick ist sie nur noch schwer zu lenken. Sie fängt dann an, von einem Extrem ins andere zu fallen. Aber wenn sie ein bestimmtes Ziel vor Augen hat, kann sie grandiose Dinge vollbringen. Ein solcher Mensch ist sie.

Zur Zeit ist sie mit vielem unzufrieden, mit sich selbst, mit den Menschen um sie herum, mit den Umständen. Das kann man ja auch den Gesprächen entnehmen. Sie ist die eifrigste und schärfste Kritikerin all dessen, was bei uns geschieht, und all dessen, was um uns herum geschieht. Manchmal wirkt sie äußerlich hart. Mit mir und besonders mit dem Vater streitet sie sich herum und kann die tollsten Sachen von sich geben. Aber dieses »Vollreden« ist für sie selbst eine Qual. Sie quält sich für den Menschen, den sie ausschimpft und mit dem sie streitet. Das ist charakteristisch für sie, und mich rührt das immer sehr, weil sie nicht an sich selbst dabei denkt. Wenn sie all das hören könnte, was ich jetzt über sie erzählt habe, dann würde sie sagen: »Du redest schon wieder Schrott, das ist alles ganz anders!« Weil ich natürlich nur ganz am Rande etwas begriffen habe... Und noch etwas, sie hat ein grandioses Streben nach Freiheit, nach Befreiung in sich. Die innere Unfreiheit und die äußere Unfreiheit hier quälen sie entsetzlich und ärgern sie. Sie liebt ihr Zuhause sehr, natürlich, aber gleichzeitig sucht sie sich loszureißen, gleichzeitig will sie heraus hier. Gerade deshalb, weil sie ihr Zuhause liebt und ihm sehr verbunden ist, will sie, soweit es möglich ist, sie selbst sein. Und dieser Widerspruch quält sie ständig. Aber ich denke, daß sie diesen Widerspruch überwinden und schließlich ihr eigenes Leben leben wird.

BP Ich möchte gerne noch sagen, daß sie eine gute Sportlerin ist und gute Ergebnisse hätte bringen können. Sie hatte einmal den ersten Jugendrang in der Akrobatik. Aber sie war erst zehn Jahre alt. Diese Geschmeidigkeit hat sie sich bis heute bewahrt, sie beherrscht bis heute Spagat und andere gymnastische Nummern. Und noch etwas gefällt mir an ihr. Meiner Ansicht nach ist Julijas Zimmer das gemütlichste Zimmer im Haus. Sie hat da so viele Sachen, die man sonst bei keinem findet. Ich bin sehr gerne in ihrem Zimmer.

LA Die Geschichte dieses Zimmers ist auch ein bißchen ungewöhnlich. Wir hatten es für Anton eingerichtet, damals hatten wir noch nicht angebaut, aber wir mußten die Kinder doch irgendwie getrennt unterbringen. Und da haben wir für Anton dieses Dachkämmerchen entrümpelt und eingerichtet. Dann hat Wanja dort gewohnt, und dann Julija. Und so sagt diese »Klause«, sie selbst nennt ihr Zimmer »Klause«, eigentlich viel über sie aus. Seit ihrer Kindheit liebt sie kleine gemütliche Ecken, in denen sie die Hausherrin ist, und Gott behüte, daß einer ohne ihre Erlaubnis dort eindringt und ein Buch verlegt. So ist das schon lange mit ihr, sie erträgt keine Taktlosigkeiten, und meiner Meinung nach hat sie damit vollkommen recht. Bei uns wurde ja nie etwas abgeschlossen, wir haben kein einziges Schloß im Haus, alle wissen genau, daß keiner ohne weiteres in ein fremdes Zimmer gehen darf. Aber für Julija gilt diese Regel absolut.

BP JULIJA hat zwei Jahre unser Familienjournal herausgegeben und es »Sodom« genannt. Sie war der Chefredakteur. Damals stand an ihrer Tür: »Chefredakteur. Wegen Kleinigkeiten nicht stören.« Und: »Kein Zutritt für mittellose und arme Verwandte.«

LA JULIJAS größter Kummer sind ihre nicht realisierten Möglichkeiten. Sie versteht zwar, daß wir alles getan haben, was wir tun konnten, und mehr als das. Aber die Tatsache, daß wir vieles nicht leisten konnten, z. B. im Bereich der Kultur, der Ästhetik und der Ethik, diese Tatsache empfindet sie sehr stark. Und manchmal sagt sie: »Ich könnte viel mehr leisten, aber ich habe nicht die Kraft dazu und nicht die Möglichkeit.« Aber sie hätte wirklich Künstlerin werden können, sie hat tatsächlich begabte Hände. Sie könnte schon jetzt Innenarchitektin sein, aber wir haben ihr das nicht beigebracht. Sie hätte schreiben können, weil sie Stil- und Sprachgefühl hat. Sie war unsere erste Kritikerin und zwar nicht nur eine hartnäckige Kritikerin. Sie fühlt einfach, wo etwas nicht stimmt. Sie fühlt das, und das ist das Wichtigste, was man beim Schreiben braucht. Aber auch hier kann sie sich nicht verwirklichen, weil sie zu hohe Kriterien an sich selbst anlegt. Und das ist das, was sie zur Zeit am meisten quält. Sie könnte auch mehr leisten, aber im Augenblick sucht sie sich noch. Ihr jetziger Arbeitsplatz befriedigt sie nicht, das reicht ihr alles nicht, dort ist zuviel Routine, zuviel »Schau«, mit einem Wort: »Schrott«.

BP WANJA. Nun, ich träume schon lange davon, dem jüngsten Sohn, wie das bei einigen Völkern üblich ist, alles zu vererben, das Haus und unser Anliegen. Er würde uns alte Eltern dann behüten, hegen und pflegen. Aber ich weiß nicht, ob es mir gelungen ist, ihm diese Idee in den Kopf zu setzen. Einstweilen ist ihm davon noch nichts anzumerken.

LA Erbeifer legt er wirklich nicht an den Tag.

BP Ja, aber was mir sehr an ihm gefällt: Er hat einen sehr originellen technischen Verstand. Er begreift Technik sehr schnell und sehr leicht. Beim letzten Zeichenwettbewerb in seinem Technikum ist er Erster geworden, und bei der Zeichen-Olympiade des Moskauer Gebiets ist er auf den zweiten Platz gekommen. Da gab es auch eine Geldprämie. Es mußte aber nicht nur gezeichnet werden, es waren auch technische Aufgaben zu lösen. Im vorigen Jahr hat Iwan an dem Wettbewerb »Wer ist der Beste in seinem Beruf?« teilgenommen und das beste Detail im Technikum angefertigt. Von 89 möglichen Punkten hat er 88 bekommen, und der zweite hat dann 66 Punkte erreicht, der dritte 63. Das heißt, die Qualität von Wanjas Arbeit liegt weit über dem Durchschnitt. Und es ist die Qualität seiner Arbeit, die mich auch anrührt. Er macht viele Dinge besser als ich, obwohl er natürlich viel jünger ist. Er denkt auch viel genauer als ich. Wir haben zusammen zehn neue Aufgaben für das Spiel Uniwürfel* entwickelt, die in der dritten Auflage des Buches enthalten sein werden, und diese zehn Aufgaben kann der Autor nicht mehr lösen. Mir fehlen, wie man so sagt, die grauen Zellen, aber Wanja kann die Aufgaben lösen. Je schwieriger die Aufgabe ist, desto größer wird sein Vorsprung. In seinen intellektuellen Möglichkeiten ist Wanja mir haushoch überlegen.

Außerdem gefällt mir an ihm noch seine große körperliche

---

* Teil der »Aufbauenden Spiele«

Kraft. Man hat mich gewarnt, daß ich Unheil anrichte, wenn ich mich dem achtjährigen Jungen auf den Rücken setzte und Iwan mit mir herumlief und mich auf dem Rücken trug. Man hat gesagt, daß das böse enden werde, daß ich ihm den Rücken verkrüppele und daß Rückgrat verbiege. Aber es hat sich herausgestellt, daß das Kind um so kräftiger wird, je stärker die Belastung ist. Es hat viel kräftigere Knochen. Iwan z. B. hat sich beim Fallen nie etwas gebrochen. Und Wanja hat auch diesen ausgeprägten Sinn für Gerechtigkeit, den ich bei einem Menschen über alles schätze. Das macht sich überall bemerkbar.

LA   Ich möchte dem, was Boris Pawlowitsch sagt, noch etwas hinzufügen. Bei Wanja ist mir ein Zug seines Intellekts besonders teuer, den ich vielleicht als »Unprogrammiertheit« seines Denkens bezeichnen möchte. Ich würde einfach so sagen: Wanja hat einen lebendigen Verstand. Ich habe davon schon gesprochen, als ich von Anton erzählte. Anton ist ein Mensch von ungeheurer Belesenheit, er ist natürlich auch ein kluger Kopf, aber manchmal kann man vorhersagen, was er aus dem einen oder anderen Anlaß sagen wird. Ich denke da an Alltagssituationen oder an Situationen, in denen man seine Meinung zum Ausdruck bringen muß, nicht zu technischen oder wissenschaftlichen Problemen, sondern zu Lebensfragen, zu sittlichen Fragen. In dieser Hinsicht ist Iwan überhaupt nicht vorprogrammiert. Man weiß nie, was er sagen wird, weil das alles erst noch in seinem Inneren heranreift, aus seinen Beobachtungen der Menschen und aus seinen inneren Überlegungen heraus formuliert wird. Er war lange der große Schweiger in der Familie, und als Junge war er auch sehr schüchtern. Er hatte sogar Angst, einkaufen zu gehen. Er schämte sich einfach. Er war nicht feige, aber unheimlich schüchtern. Er hat sich auch immer hinterm Vorhang versteckt, wenn jemand kam. Er war sogar zu schüchtern zum Sprechen. Praktisch hat er alle Beobachtungen in seinem Inneren angesammelt und sie dann so verarbeitet, als seien ihm seine Überzeugungen und Überlegungen nicht von außen aufgedrängt worden, sondern in ihm selbst entstanden. Seine Ansichten sind sehr beständig und manchmal sehr bemerkenswert. Das liebe ich sehr an Menschen, solche Menschen findet man selten, und deshalb rede und diskutiere ich gerne mit Wanja.

Und er hat noch zwei bemerkenswert entgegengesetzte Wesenszüge. Einerseits kann er sehr grob sein, frech sogar, z. B. zu den Mädchen, obwohl er doch unter Mädchen großgeworden ist. Als er noch klein war, nannte er sich selbst manchmal »Djewanka«* und sagte: »Ich bin Djewanka.« Weil er ja nach drei Mädchen kam, aber als er dann merkte, daß er nicht »Djewanka« war, also kein Mädchen, sondern ein Junge, besonders in der Schule, ... da kam die Rache. Er fing an, die Mädchen anzumachen, und damit zu beweisen, daß er nicht Djewanka ist, sondern jemand anders.

Die Tatsache, daß wir ihn und Ljuba in eine Klasse geschickt haben, war wahrscheinlich ein Fehler. Das hat ihm das Leben nur erschwert, aber das habe ich zu spät gemerkt. Keiner von beiden hatte in der Schule die Möglichkeit, jeder er selbst zu sein. Das war sehr schwer. Er hat sie beschützt, das war einerseits gut, aber das war noch eine zusätzliche Belastung für ihn. Er war für seine Schwester verantwortlich. Und sie war behütet, aber ihm auch untergeordnet. Und unter dieser Schwierigkeit leiden heute noch ihre Beziehungen. Wanja will nämlich absolut nicht, oder besser gesagt: er kann einfach die Besonderheiten der weiblichen Psyche nicht verstehen, obwohl es doch so aussieht, als müßte es bei ihm genau umgekehrt sein. Aber in diesen Konfrontationen mit den Mädchen hat er sich irgendwie ein dickes Fell zugelegt. Also die Mädchen mußten ziemlich viel aushalten mit

---

* deutsch etwa: Mädchen

ihm. Ihnen war das unangenehm, niemand verstand ihn, und alle fragten immer wieder ratlos: »Wanja, was machst du da?« Das ist die eine Seite.

Aber auf der anderen Seite ist er das einzige von allen Kindern, das ein erstaunliches Taktgefühl hat. Das hat mich mehrmals richtig erschüttert. Ein Beispiel, an das ich mich immer wieder erinnere: Wir fuhren mit dem Zug nach Nowosibirsk und hatten Wanja mitgenommen, damit er nicht mit Ljuba allein blieb. Er war damals elf Jahre alt, und wir hatten Angst vor zusätzlichen Reibungen. Es war auch interessant für ihn, er war ja schon ziemlich groß. Wir fahren also mit dem Zug, in unserem Abteil ist außer uns noch ein vierter Fahrgast. Und außerdem noch ein Kollege, der auch nach Nowosibirsk fuhr, zu einer Tagung. Einmal kauften wir auf einem Bahnhof Eis für alle, auch für diesen Kollegen. Und ich sagte Wanja, er möge dem Kollegen das Eis bringen. Er nimmt das Eis und geht los, plötzlich bleibt er stehen, dreht sich um, sieht mich an und sagt: »Mutti, da ist doch noch jemand im Abteil!« Da habe ich dann verstanden, daß ich dabei war, taktlos zu handeln, und der Junge hat mich davor bewahrt. Und das ist noch viele Male passiert. Zum Beispiel haben wir einmal zwei Geburtstage auf einmal gefeiert. Da war natürlich viel Volk versammelt, auch viele Erwachsene. Der Schriftsteller Jurij Rjurikow war auch dabei, die Rjurikows haben eine Datscha in der Nähe und sind häufig bei uns zu Besuch. Rjurikow bringt also einen Toast aus, einen Limonadentoast natürlich: »Laßt uns auf die Eltern unserer Geburtstagskinder trinken!« Er meinte Boris Pawlowitsch und mich. Alle heben ihre Gläser, und plötzlich sagt Wanja ganz ruhig: »Aber hier haben wir doch auch noch die Babuschka!« Denn neben ihm saß meine Mutter, sie war schon über neunzig und eine ganz kleine magere Frau. Mir wurde plötzlich ganz anders zumute, und ich habe mich gefragt, was wir denn da tun, wir waren doch erwachsene Menschen!

Aber dieser Junge hat sich vorgestellt, in welch unangenehme Lage wir uns selbst gebracht haben und die Babuschka dazu. Das war für mich eine große Lehre. Und meine Mutter, eine Lehrerin mit 50jähriger Berufserfahrung, fing an zu weinen. Und dabei hatte sie beinahe jeden Tag Streit mit diesem Wanja. Sie hielt uns ständig vor, daß da ein grober Mensch heranwächst, der sich nicht unterordnen wolle. Und plötzlich das! Also, diese Verbindung gefällt mir sehr. Er ist ja noch im Werden, er sucht sich noch. Aber er steht schon ganz kräftig auf beiden Beinen, obwohl seine Entwicklung noch nicht abgeschlossen ist. Ich denke, daß solche Menschen im Leben zurechtkommen. Wanja hat auch sehr spät mit dem Lesen angefangen, er hat nie schnell gelesen, und das war sein Glück. Dann hat er plötzlich angefangen, sich für Literatur zu interessieren. Und ich habe nachgesehen, was er liest. Er liest gute Literatur. Er hat z. B. den ganzen O'Henry gelesen. Manchmal schlage ich ihm vor, daß er sich hinsetzt und liest, oder wir lesen zusammen oder er liest begeistert Ausschnitte vor. Ich fühle immer genau, wann ihm eine Stelle gefällt, auch wenn er das nicht zeigt. Aber man merkt deutlich, welch innere Befriedigung ihm menschliche Hochherzigkeit bereitet. Das ist natürlich Balsam für meine Seele, ich habe das selbst gerne. Jetzt hat er gerade Salinger gelesen, aber er hat mir noch nichts erzählt. Übrigens reden wir gerne miteinander, auch wenn das nur selten vorkommt. Ich falle abends einfach um vor Müdigkeit, ich kann einfach nicht mehr. Ich sage: »Wanjuscha, nun laß mich doch, ich kann nicht mehr, ich muß schlafen.« Aber er fängt immer wieder an: »Mutter, ach Mutter, laß uns doch noch 'n bißchen lesen.«
Für mich ist das sehr interessant, aber ich bin abends zu kaputt. Aber jetzt, da Iwan über die Bücher in die Welt der menschlichen Dramen, sozusagen in das Seelenleben eindringt, fängt er an, sich Gedanken zu machen, und wahr-

scheinlich ist er doch kein so großer Techniknarr. Unlängst hat er sich mit Psychologie beschäftigt und die Entdeckung gemacht, daß seine Ausbildung ihm nicht das gegeben hat, was er sich erhofft hatte. Eigentlich ist er ein erstaunlicher Mensch. Aber das alles auf einen kurzen Nenner zu bringen, ist natürlich sehr schwer.

LA Über Ljuba hat Julija an einem unserer gemeinsamen Abende bei Tisch einmal etwas Interessantes gesagt. Ich weiß nicht mehr, aus welchem Anlaß, vielleicht war es Ljubas Geburtstag. Jedenfalls hat Julija gesagt: »Ihr ahnt das nicht einmal, aber ich glaube, daß Ljuba die komplizierteste von uns allen ist und daß wir sie am wenigsten kennen.« Ljuba führt ein sehr verschlossenes Leben, auch wenn es so aussieht, als liege bei ihr alles auf der Hand, als wäre alles offensichtlich. Sie ist ja unsere Kleinste, und alle haben sich um sie gekümmert. Alle haben sie lieb, alle sind gut zu ihr. Sie war Großvaters Liebling. Und trotzdem hat sich doch gezeigt, daß wir alle Ljuba überhaupt nicht verstehen.

Einmal hat sie mich durch ein Geschenk einfach erschüttert. Mit diesem Geschenk ist dann noch etwas Schlimmes passiert, weil eines von den Kleinen es in die Finger bekommen und zerbrochen hat. Das Geschenk hatte aber eine sehr große Bedeutung. Es war eine kleine Schachtel mit schönsten, selbstgenähten Kleidern für eine orientalische Schönheit. Ljuba war vielleicht zehn Jahre alt, sie hatte alles selbst genäht, und die Kleider waren natürlich winzig. Ein Brief lag dabei. Und dieser Brief hat mich einfach umgeworfen. Sie schrieb da sinngemäß: »Mutti, ich weiß, Papa hat dir ein Leben gegeben, das dich von den materiellen Dingen, die der Sinn deines Lebens hätten werden können, weit weggeführt hat. Aber das andere wäre alles Plunder gewesen.« Sie hat das auf ihre Art gesagt, aber doch genau den Punkt getroffen. Das heißt: »Du hast ein viel erfüllteres Leben kennengelernt, obgleich du das alles nicht hattest. Aber weil du trotzdem schöne Sachen liebst, schenke ich sie dir, um dich ein wenig zu entschädigen.« Sie hat natürlich nicht diese Worte gebraucht, aber das war der Sinn ihres Briefes. Und dieses Mädchen war zehn Jahre alt.

Selbst als erwachsene Menschen nehmen wir sie noch nicht ernst – sie ist immer noch die »Kleine«. Sie ist nämlich nicht sehr geschickt im Haushalt, weil die älteren immer alles erledigt haben. Deshalb muß sie bis heute ständig Anwürfe einstecken, wenn ihr mal wieder etwas aus den Händen gefallen ist: »Wieder mal Ljuba...« »Natürlich Ljuba, wer sonst...« usw. Einmal ist sie mit Antons Familie in den Süden gefahren, sie hat die Kinder eingehütet, alles ist gut gegangen, niemand hat mit ihr gemeckert, sie hat überall geholfen, und alles war in Ordnung. Aber wenn sie hier ist, zu Hause, nimmt sie niemand ernst. Manchmal ärgert sie sich auch selbst darüber, daß sie so ungeschickt ist. Sie sagt sogar von sich selbst: »Ich bin ja vielleicht unbeholfen...«

Als ganz kleines Mädchen, sie war vielleicht vier Jahre alt, hat sie sich einmal halb im Scherz, halb im Ernst etwas ausgedacht, woran wir uns noch lange erinnert haben und uns bis heute erinnern. Boris Pawlowitsch und ich hatten uns in der Wolle, wir saßen beleidigt am Tisch, und da kriecht sie plötzlich zwischen uns, umarmt uns beide und fragt: »Sagt einmal, wer ist zwischen euch?« Und wir sagten beide: »Ljubow«* und mußten lachen. Sie hat sich das selbst ausgedacht, weil sie auch so einen Drang hat, die Menschen zu vereinen.

Ich meine wirklich, daß jede Frau sich Fertigkeiten und Handgriffe, besonders wie sie im Haushalt nötig sind, in einem halben Jahr aneignen kann. Man braucht die Mädchen überhaupt nicht darauf zu trainieren, mit drei Jahren Piroggen zu backen. Nein, das Wichtigste ist, daß eine Frau liebt,

---

* deutsch: Liebe; Ljuba ist der Diminutiv von Ljubow

dann wird sie auch alles können. Mir scheint, der Mann, den Ljuba einmal heiratet, kann sich glücklich schätzen. Alle meine Kinder sind sehr treu und zuverlässig in dieser Hinsicht, davon habe ich mich schon viermal überzeugen können, obwohl es natürlich auch Probleme gibt.

Ljuba hat es auch aus einem anderen Grund schwer. Sie ist ein Mensch, der von Liebe und Aufmerksamkeit umgeben war. Alle haben sie verwöhnt, besonders der Großvater. Er hat sie sehr geliebt, sie war wohl die erste und letzte Liebe seines Lebens. Und ich bin Ljuba sehr dankbar, weil sie ihm als Kind seine letzten Jahre buchstäblich verschönert hat. Mein Schwiegervater war ein sehr harter Mensch, menschenscheu geradezu. Er lebte ganz für sich. Er mochte Kinder nicht, er hat unsere und andere Kinder nur gerade geduldet. Irgendwann einmal ist er wohl zum Einhüten gezwungen worden, und seit der Zeit konnte er Kindergeschrei und Windeln überhaupt nicht ertragen. Die Kinder haben ihm mit gleicher Münze heimgezahlt. Sie haben ihn auch nur geduldet, den Großvater, sie haben ihn auf ihre Art geachtet, weil er eben der Großvater war. Aber das war keine Liebe. Ljuba hingegen hat sich ihm verbunden, weil er Gefallen an ihr gefunden hatte. Sie war seine letzte Enkelin. Und diese Liebe eines kleinen Menschen hat den Großvater aufgetaut.

BP Ljuba fing sehr früh an zu sprechen, und das hat sie wohl dem Großvater zu verdanken.

LA Ja, das ist richtig. Sie hat auch früh angefangen zu lesen und zwar immer Erzählungen über das Leben, über die zwischenmenschlichen Beziehungen. Einerseits hat sie der Schutz des Großvaters gewissermaßen vor dem Leben in Sicherheit gebracht, aber andererseits hat dieser Schutz sie auch ein wenig unpraktisch gemacht. Aber sie kann sehr stark lieben, und diese Fähigkeit hat sie zu einem jungen Menschen gemacht, der sehr lebhaft auf dieses Gefühl reagiert. Und das ist wörtlich gemeint. Auf das kleinste Zeichen von Zärtlichkeit, von Aufmerksamkeit und von Fürsorge reagiert sie sehr dankbar. Was ihre praktischen Fähigkeiten angeht oder irgendwelche andere Fähigkeiten – ich denke, daß *diese* Fähigkeit sich auf alle anderen auswirken wird, und da kann sie bei deinen Tests ruhig »Null« zeigen.

BP Sie zeigt aber keine Nullen. Du hast über Ljuba schon alles erzählt, ich kann nur noch wenig hinzufügen. In sportlicher Hinsicht bin ich mit ihr zufrieden. Als sie geboren wurde, schrieb man ihr ins Krankenblatt, daß sie einen »angeborenen Herzfehler« hat. Lena und ich haben daraufhin beschlossen, niemals daran zu erinnern, daß sie irgendeinen Fehler hat. Und wir sind mit ihr umgegangen wie mit einem gesunden Kind. (LA: Aber das war ja noch sehr die Frage, ob sie wirklich etwas hatte!) Nun, die Ärzte hatten so eine Vermutung. Wir haben aber ein Kreuz über diese Vermutung geschlagen, und Ljuba ist gesund großgeworden.

LA Ich möchte noch etwas hinzufügen. Eines ihrer großen Probleme ist ihre Einsamkeit. Das ist wirklich ein sehr ernstes Problem für sie, und sie leidet sehr darunter. In der Schule war sie immer drei Jahre jünger als die anderen Kinder, außerdem war sie immer mit ihrem Bruder zusammen, und sie hatte natürlich überhaupt keine Freundinnen. Und zu Hause war sie durch den Bruder von den älteren Schwestern getrennt und hat sich diesen auch nicht anschließen können. Im Technikum hatte sie praktisch auch keine Freundinnen. Was ihr fehlt, ist eine »beste Freundin«, wie man so sagt. Das macht ihr das Leben sehr schwer. Aber auf der anderen Seite fördert das natürlich ihre innere Entwicklung. Und diese innere Arbeit schafft einen wertvollen, interessanten und guten Menschen. Alle Kräfte werden nach innen gekehrt und nicht nach außen gewendet, und das ist meiner Ansicht nach immer gut.

2. »Wir müssen analysieren, was wir getan haben...«

(Ob die Eltern alles noch mal genauso machen würden)

Die Nikitins liegen seit über 25 Jahren mit ihrer Umwelt in Streit, sie führen eine öffentliche Existenz. Die sieben Kinder sind unter ärmlichsten Bedingungen aufgewachsen. All das verlangte ständige, beinahe übermenschliche Anstrengungen. Ging das immer glatt, hat es nicht auch Auseinandersetzungen in der Familie, zwischen den Eltern, gegeben? Sind Lena Alexejewna und Boris Pawlowitsch der Meinung, daß sie alles richtig gemacht haben? Meine Frage lautet also: »Wenn Sie noch einmal von vorn beginnen könnten, würden Sie dann alles wieder genauso machen?«

LA Was für eine Frage! Darüber zerbreche ich mir immerzu den Kopf. Los, Boris, erst du und dann ich.

BP Ich möchte zunächst die Frage differenzieren: Was heißt, von vorne anfangen? Wenn ich jetzt noch einmal geboren würde und jung wäre? Ich würde natürlich meine einmal begonnene Arbeit fortführen – das wäre mein Traum. Unsere Kinder sind gut, ich bin mit allen meinen Kindern zufrieden. Ich könnte von keinem sagen, daß es mir Kummer bereitet, weil es so und nicht anders ist. Auf seine Weise ist keines ohne Fehler – ideale Menschen gibt es nun einmal nicht –, aber die Vorzüge überwiegen doch bei weitem. Intellektuell haben sie dem normalen Durchschnittsmenschen vieles voraus, sogar den eigenen Eltern. Kurz, wenn ich mein Leben noch einmal beginnen würde, würde ich einfach das fortführen, was ich begonnen habe.

LA Ich habe die Frage ein wenig anders verstanden. Wenn man sein Leben, sein Familienleben, noch einmal beginnen könnte, welche Fehler würde man dann gern vermeiden? Darüber denke ich sehr viel nach, darüber zu schreiben ist mir noch nicht gelungen. Aber ein paar Gedanken über die Fehler, die wir hätten vermeiden können und sollen, habe ich notiert. Die könnte ich jetzt anführen. Ich erzähle das normalerweise den Leuten, die versuchen, unseren Weg nachzuahmen oder irgend etwas für sich davon zu übernehmen.

BP ... oder die weiter gehen als wir. Wer klug ist, geht weiter als wir.

LA Was nun den Wunsch betrifft, umzukehren und alles von vorn zu beginnen – nein, das will ich nicht, um keinen Preis. Gott bewahre, wie man so schön sagt. Ich glaube, das wäre ein Verrat an uns selbst. Ich finde unser Leben lohnend, schwierig und interessant genug, und ich halte uns, wenn Sie so wollen, sogar für glücklich. Obwohl ich manchmal in eine so tiefe Verzweiflung falle, daß ich sogar an Scheidung denke – auch das ist vorgekommen...

BP Ich habe ihr gesagt: Daraus wird nichts! Die Nummer zieht nicht! (lacht)

LA Wir haben große Meinungsverschiedenheiten: im kleinen wie im großen. In der Beziehung unterscheiden wir uns wenig von anderen Familien. Aber wir unterscheiden uns eben doch, und deshalb halten wir wahrscheinlich stand. Das hier ist mein Geheimheft, da steht sogar mit rot »Unsere Fehler« geschrieben. Bei uns ist es so: Boris sagt oft, daß ich an die Bewertung dessen, was wir getan haben, »von der schwarzen Seite« herangehe. Wir müssen nun einmal analysieren, was wir getan haben, denn schließlich geben wir unsere Methoden und Erfahrungen an andere Menschen weiter. Und wenn ich meine Aufmerksamkeit mehr auf das richte, was nicht klappt, dann nennt Boris das »von der schwarzen Seite herangehen«. Er hat mir ein schwarzes Heft angelegt, damit ich alle meine »schwarzen« Gedanken aufschreiben kann, aber er hat mir auch ein rotes Heft geschenkt – für die positiven Seiten.

Mir wurde klar, daß wir wahrscheinlich auch hier eine Art Aufgabenteilung haben. Und das erweist sich sogar als nützlich, denn wenn ich die ganze Zeit nur »Pro« wäre, dann würden wir in irgendwelche nebulösen Fernen davongetragen und verlören jegliche Vorstellung von der Realität. Wohl oder übel mußte ich die Position des Kritikers übernehmen, obwohl das keine leichte Position ist, da sie natürlich Konflikte heraufbeschwört. Ich war gezwungen, diese Rolle zu übernehmen. Und nicht etwa, weil ich querulantisch veranlagt wäre, sondern weil ich einfach spürte, daß ein Gegengewicht nötig war. Enthusiasmus ist ja schön und gut, aber wir sind nun einmal verpflichtet, auch die negativen Seiten zu sehen, sonst wird die Orientierung schwierig. Nach einer unserer Auseinandersetzungen habe ich folgendes notiert: »Das erste, was wir falsch gemacht haben, war unsere Fixierung auf die Kinder.« Bei irgendeinem Autor habe ich den Ausdruck »sich an der Kindheit ergötzen« gelesen. Die Kinder sind die Hauptsache in unserem Leben geworden, nicht die Kindheit als solche, nicht die Erforschung der Kinder, das kam ein wenig später oder fast gleichzeitig, obwohl das etwas ganz anderes ist. Es ist eine Sache, wenn Leute alles erforschen, was mit der Erziehung zusammenhängt, und eine ganz andere, wenn konkrete Menschen, die sich in unserer Gewalt befinden, unsere eigenen Kinder, zu dem werden, worauf wir unsere Hauptaufmerksamkeit richten. Das war hypertrophiert, das war schlecht – in erster Linie für die Kinder.

Gut, wir haben uns besonnen! Übrigens war es nicht der Verstand, der mir geholfen hat, das einzusehen – der Verstand hätte dazu vielleicht gar nicht ausgereicht –, aber ich habe es gespürt, als die Kinder, schon als sie noch ganz klein waren, anfingen, sich zu kontrollieren, zu messen, sich hervorzutun, Tricks anzuwenden, sich anzupassen und so weiter, eine finstere Sammlung von schlechten Eigenschaften. Da habe ich gefühlt, daß wir etwas falsch machen. Das Nachdenken darüber kam erst viel später, als mir klar wurde, daß erwachsene Menschen nicht im Kreis um Kinder herumtanzen dürfen, besonders nicht in der Familie. Wir dürfen unser Leben nicht unseren Kindern widmen, nicht bis zur Selbstzerfleischung gehen. Das ist einer unserer größten Fehler gewesen. Wir haben im Laufe unseres Lebens versucht, ihn zu korrigieren. Meines Erachtens ist uns das auch weitgehend gelungen. Bei meinen Enkeln lasse ich so etwas erst gar nicht zu. Als Großmutter bin ich nicht Eigentum meiner Enkel. Sie rücken mir natürlich auf den Leib, aber ich lasse mich von ihnen nicht zerfleischen. Nicht, weil es mir leid um mich täte, sondern weil ich die Gefahren kenne. Man darf sich nicht aufopfern, und das haben wir zum Teil gemacht.

Unser zweiter Fehler ist weniger unsere Schuld als unser Unglück: Aus unserem eigenen Mangel an Kultur, aus einer gewissen Unterentwicklung, aus fehlender Einsicht haben wir unsere Rollen, unsere Funktionen als Mann und Frau in der Familie vertauscht. Das hat uns viel Unglück gebracht. Sie werden sicher beobachtet haben, daß ich hier die Führung übernehmen mußte, und das darf man in einer Familie nicht einreißen lassen. Der Mann muß die Führung übernehmen. Boris Pawlowitsch hat die Führung in bestimmten Lebensbereichen, in bezug auf seine Tätigkeit, und dennoch mußte ich alle Entscheidungen in Familienangelegenheiten im wesentlichen allein treffen. Alles, was mit der Schule zusammenhing, lag auf meinen Schultern. Ich hatte ohnehin einen maskulinen Charakter, weil ich unter lauter Jungen aufgewachsen bin. Meine weibliche Seite war nur schwach ausgeprägt; allein das Muttersein hat mich als Frau gerettet! Selbst mein Verstand ist eher männlich als weiblich. Darunter leide ich sehr. Meine Töchter haben diesen Zug von mir geerbt, und ich sehe, wie sehr sie das in ihrem Familienleben beeinträchtigt. Die Vermännlichung der Frau und die Verweiblichung des Mannes sind ja sowieso ein globaler Prozeß, und dieses Problem hat auch in unserer Familie schmerzliche Spuren hinterlassen. Wenn ich noch einmal von vorne beginnen würde, ich würde versuchen, das irgendwie zu korrigieren, an einigen Stellen in den Hintergrund zu treten, die führende Rolle des Mannes in der Familie irgendwie zu stimulieren. Dazu hat es mir an Intuition, Entschlußkraft und Verstand gefehlt. Jetzt muß ich die Suppe auslöffeln.

Ein weiterer gravierender Fehler – wir haben den Ernst des Lebens durch Spiel ersetzt. Zum Glück ist unser Leben selbst nicht leicht gewesen: der Alltag, die ständigen materiellen Schwierigkeiten – das hat uns zu ernsthaften Lösungen gezwungen. Wenn man uns Subventionen gezahlt oder mit irgendwelchen Prämien überschüttet hätte, ich glaube, wir hätten uns da noch mehr und noch tiefer verrannt.

Hier werfen Sie einen Blick in unsere Werkstatt, die ja in Wirklichkeit gar keine WERKSTATT ist. Bei der Gelegenheit denke ich an meinen Vater, dem jede Arbeit leicht von der Hand ging, einer meiner Brüder und ein Vetter sind genauso. Sie haben sich in ihren Wohnungen, in winzigen Räumen, eine Werkstatt eingerichtet. Das nenne ich eine Werkstatt, wo Platz für das Werkzeug oder Platz für die Arbeit ist. Da wird etwas getan, das sieht man gleich. Während bei uns... Boris Pawlowitsch hat etwas Großartiges getan, indem er den Kindern Werkzeug in die Hände gab und ihnen das Arbeiten beibrachte. Ich werde ihm, wie man so schön sagt, bis zum Ende meiner Tage dafür dankbar sein. Unsere Kinder haben geschickte Hände, aber diese geschickten Hände haben sich nie an einer ernsthaften Sache beweisen können.

Als sie ins Leben hinaustraten, gab das Leben ihnen nichts Ernsthaftes zu tun, aber wir hatten ihnen ja auch keine wirkliche Arbeit in unserer Werkstatt gegeben: Sie haben ein bißchen herumgespielt – und alles wieder hingeworfen. Wunderschöne kleine Werkbänke haben wir angeschafft oder die Kinder haben sie sich selbst gebaut, aber was haben sie auf diesen Werkbänken wirklich gemacht, daß sie selber Freude am Werk ihrer Hände gehabt hätten? Auch das ist weniger unsere Schuld als unser Pech. Mir war das Problem schon früh klar, aber leider habe ich da nichts tun können. Das ist einer unserer schlimmsten Fehler, und heute kämpfe ich mit aller Macht dagegen an: Man darf Kindern nicht einfach teure Sachen, teures Werkzeug in die Hände geben. Ein Kind muß sich diese Dinge verdienen, mit seiner Arbeit, seiner Mühe, wenn man ihm irgendeine Arbeit aufträgt. Mein Vater hat gewußt, wie man das machen muß: Ich kann mich erinnern, mein Bruder und ich haben uns förmlich darum gerissen, dem Vater unsere Selbständigkeit in Arbeitsdingen zu beweisen! Einmal bekam ich von ihm den Bleistift, um eine Linie auf seiner Zeichnung zu ziehen. Dieses Gefühl des Vertrauens in meine Arbeit werde ich mein Leben lang nicht vergessen. Und wir haben einfach bloß die Möglichkeiten zur Verfügung gestellt: Hier bitte, mach! – aber wir waren nicht in der Lage, irgendeine Arbeit ernsthaft zu organisieren. Das einzige, was größeres Unglück abgewendet hat, ist die Tatsache, daß der Vater sich sehr gut auf handwerkliche Arbeit versteht und reale Dinge gemacht hat: Regale, Möbel, die ganze Einrichtung. Und die Kinder haben ihm dabei geholfen. Nicht so, wie man es hätte tun können, doch wir hatten ja auch schrecklich wenig Zeit... Dennoch bleibt, daß wir die Arbeit durch Spiel ersetzt haben, ein tragischer Fehler, wie ich meine.

Weiter. Was jetzt kommt, ist meine Schuld. Ich habe einfach

nicht geschafft, auf die ästhetische Seite des Lebens zu achten, und heute reklamieren die Kinder das, besonders Julija. Von Hause aus war mir das Ästhetische vertraut: Einer meiner Brüder ist Architekt, und ich bin mit ihm zusammen aufgewachsen, er hat mich mit Menschen, die sich mit Kunst beschäftigen, zusammengebracht. Ich verfüge über einen gewissen Geschmack, aber trotzdem ist es mir nicht gelungen, so etwas wie häusliche Gemütlichkeit zu erzeugen. Gemütlichkeit nicht im spießbürgerlichen Sinne, sondern im Sinne von Harmonie. Auf seine Art ist unser Haus natürlich auch harmonisch, aber wenn wir eine schöne Schrankwand kaufen und in Boris Pawlowitschs Zimmer quetschen würden, müßten wir alles andere auch ändern.

Die Japaner haben eine immense ästhetische Kultur, und sie bemühen sich, ausnahmslos alle Kinder ästhetisch zu erziehen. Hier liegt einer der Gründe für ihre kolossale Produktivität und die wunderbare Qualität ihrer Erzeugnisse. Sie haben den Vorteil der ästhetischen Erziehung erkannt. Ein ästhetisch gebildeter Mensch, der die Harmonie überragender Werke menschlicher Hände von Anfang an kennengelernt hat, kann nicht nachlässig arbeiten. Er wird einen Abscheu davor haben, jemandem auf einem schmuddeligen Zettel eine Notiz zu hinterlassen. Ich glaube, mit dem ästhetischen Urteilsvermögen werden auch viele moralische Werte im Menschen angelegt.

In dieser Beziehung hätte ich den Kindern mehr mitgeben können, denn ich strebe sehr nach Harmonie. Das stammt noch aus meiner Familie: Wir haben gern zusammen gesungen, wir liebten Musik, Poesie, Bücher – alles, was mit der geistigen Welt der Kunst zu tun hat. Mit Ausnahme der Bücher ist das alles in unserer Familie stiefmütterlich behandelt worden. Da ich ja in einer Bibliothek arbeitete, konnte ich die Bücher einfach nicht vergessen. Wenn ich nicht in einer Bibliothek gearbeitet hätte, wären wir arm dran gewesen – es ist bei uns unmöglich, gute Bücher aufzutreiben*. Aber so konnte ich die besten, die mir in die Hände kamen, zum Lesen mit nach Hause bringen. Ich versuchte, den Kindern die Liebe zum Wort, zum Klang des Wortes zu vermitteln. Über das Vorlesen selbst läßt sich vieles sagen. Das ist ein ganz erstaunlicher Vorgang, bei dem man nicht nur etwas erkennen und in die menschliche Seele einpflanzen kann, sofern es sich um Kunst handelt. Schon der Vorgang an sich bringt die daran Beteiligten einander unwahrscheinlich nahe. Ich wüßte sonst nichts, was eine solche Wirkung hervorbrächte. Beim Fernsehen, im Theater, im Kino sieht man einander nicht an, sondern schaut irgendwo in die Ferne, und jeder erlebt das Dargebotene für sich allein. Beim Vorlesen sieht man die Anwesenden, und sie sehen den Vorleser: Wenn meine Stimme an irgendeiner Stelle zittert, sehen sie mein Gesicht. Und ich spiele dabei ja nicht, da ist äußerste Aufrichtigkeit gefordert, und ich kann die Gesichter der Kinder sehen. Das ist eine so verblüffende Methode des Zueinanderfindens, des gegenseitigen Erkennens, wie ich keine bessere kenne.

Heute würde ich eine schöngeistige Bibliothek anlegen. Damit hat bei uns erst Julija angefangen. Wir hatten früher überhaupt keine Belletristik im Hause, das muß ich zu meiner Schande gestehen. Die Bücher aus der Bibliothek mußte ich ja zurückgeben. Wie schwer es mir immer gefallen ist, ein Buch zurückzugeben, mit dem ich quasi seelisch zusammengewachsen war und das man nirgends auftreiben konnte! Julija hat deshalb einen »Aufstand« angezettelt: »Sieh mal, Papa, wieviel Bücher du hast! Und wo sind Mutters Bücher?« (mit Mutters Büchern meint sie Bücher über Kunst, Literatur...)

---

* Anspruchsvolle Literatur wird in der Sowjetunion in viel zu geringer Auflage herausgegeben. Gute Bücher sind immer schnell vergriffen und dann nur noch zu horrenden Preisen auf dem Schwarzen Markt zu haben.

Und so ist es auch tatsächlich! Gute Bücher muß man im Hause haben, damit man nur die Hand auszustrecken braucht, um die Zeilen zu lesen, deren man gerade so dringend bedarf.

Und noch einen Fehler haben wir gemacht. Frühe Entwicklung, Früherziehung – mit der Betonung auf »früh«. Wissen Sie, da war sozusagen ein sportliches Interesse: Vielleicht geht es ja auch noch früher? Das habe ich bei unseren sogenannten Anhängern beobachtet, zu denen ich ein ausgesprochen skeptisches Verhältnis habe. Und noch früher – was kommt dabei heraus? Ich glaube, daß man an solche Dinge nicht mit einem sportlichen Interesse herangehen darf.

Was nun kommt, ist das Schwierigste – war es ein Fehler, war es keiner? – die Tatsache nämlich, daß wir hier leben wie in einem Aquarium. Es ist unvorstellbar, was wir da angerichtet haben. Einfach unvorstellbar. Manchmal verstehe ich überhaupt nicht, wie wir das alle ausgehalten haben, warum die Kinder bis heute nicht das Weite gesucht haben, denn das war außerordentlich schwer zu ertragen. Ich verstehe die Familie als eine intime Welt, die den Blicken Unbefugter nicht zugänglich ist, als die sehr private Umgebung eines Menschen... wie die Engländer sagen »my home is my castle«, nicht weil ein Zaun darum gezogen wäre, sondern weil hier, in der Familie, der Mensch ganz er selbst sein darf und das wohl der einzige Ort ist, wo er ohne irgendwelche Hüllen sein kann, buchstäblich sogar ohne Kleider.

Und wenn Tag und Nacht und ohne Ende die Leute in Scharen ins Haus einfallen, stürzt natürlich alles zusammen. Es hat mich enorme Kräfte gekostet, die Familie vor dem völligen Zerfall und Zusammenbruch zu bewahren. Boris Pawlowitsch sieht das alles ganz gelassen. Er muß selber sagen, wenn ich mich da irre. Für ihn stellte es sich so dar: Aber natürlich, den Leuten, die zu uns kommen, müssen wir helfen. Wieviel wir auch geredet haben, wieviel wir auch gestritten haben, soviel ich auch geheult habe, so sehr ich auch verzweifelt war und so viele Ultimaten ich auch gestellt habe... (lacht), es ist mir dennoch nicht gelungen, ihm für meine Begriffe ganz offensichtliche Dinge klarzumachen. Später griff die Auseinandersetzung auf die Kinder über – sie fingen an aufzubegehren.

Besonders hat mich erschüttert, als ich vor 15 Jahren plötzlich hörte – im allgemeinen sind unsere Kinder gutmütig und anderen Menschen freundlich gesonnen: »Oh, da kommen ja diese Typen schon wieder!« Ich war entsetzt, förmlich erstarrt. Wir wissen doch gar nicht, was das für Leute sind. Eigentlich sind es gute Leute, die zu uns kommen – und da ist es doch schlimm, daß sich schon, unabhängig davon, wer da kommt, ein gewisser Menschenhaß eingestellt hat: aus Erschöpfung, infolge dieses permanenten Kaleidoskops an Gesichtern... Mich bringt das überhaupt in einen unmöglichen Zustand, meine Psyche kann wahrscheinlich nicht mehr als hundert Bekannte verkraften, und wenn ich ein mir bekanntes Gesicht sehe und nicht mehr weiß, wer das ist – dann finde ich das »beschissen«, wie Julka sagt. Und solche »Scheiße« erlebe ich jeden Tag... mich reibt das völlig auf, ich bin schon ganz abgestumpft, was ja dem Wesen einer Frau nicht entspricht. Und als ich das hörte – »diese Typen« – habe ich mich drei Tage ins Bett verkrochen. Damit fingen unsere Fehden an; an die Birke wurde der Aufruf »Besuch nur am letzten Sonntag des Monats« angeschlagen.

Was würde ich heute tun? Ich kenne Familien, bei denen es ähnlich zugeht wie bei uns: dieselben hochschlagenden Wellen der Popularität, dieselbe Eitelkeit. Dieses berauschende Gefühl: Man hat uns erkannt, man erkennt uns! Boris Pawlowitsch findet das unterhaltsam, er ist wie ein Kind. (BP: Lena Alexejewna redet immer für mich mit!) Gleich bist du an der Reihe, dann kannst du ja alles dementieren! Heute würde ich das alles reduzieren und mich sehr darum kümmern, daß die Information, die die Leute erhalten, der Realität so nahe wie möglich kommt, damit es keine Legenden gibt – weder in die eine noch in die andere Richtung: keine vergoldeten Denkmäler und keine Polizei. Denn wir stehen doch ständig zwischen diesen zwei Feuern: Die einen fordern: »In Acht und Bann mit ihnen! Die gehören ins Irrenhaus!« Die anderen sagen: »Euch sollte man schon zu Lebzeiten Denkmäler errichten! Sie haben einen Ministerposten verdient!« Aber die Leute brauchen weder das eine noch das andere: weder Abgötter noch Propheten. Sie brauchen etwas anderes: zuverlässige Information aus erster Hand, von uns. Darum würde ich mich kümmern.

Ich bin schon seit langem dafür, daß wir keine Reporter mehr hier empfangen, weil sie sowieso nichts verstehen, und wenn sie noch solche Geistesgrößen sind! So läuft das bei uns: Sie kommen her, haben schon irgendwas gesehen, irgendwas gelesen ... ach, du liebe Güte! Da sind schon sieben Bände voller solcher Veröffentlichungen. In diesen sieben Bänden ist, wenn es hoch kommt, ein Prozent richtiger Information. Man geniert sich wirklich, das alles zu zeigen.

Dafür würde ich von Anfang an Sorge tragen, daß wir alles, was wir schreiben, gemeinsam diskutieren, unter strenger Kontrolle der Kinder sozusagen. Dabei sollten wir uns nicht in den schönsten Farben darstellen, sondern mit allen Schwierigkeiten, mit größtmöglicher Offenheit, wobei wir das Maß an Offenheit selbst festlegen.

Und ein letztes noch: Wir sagen immer: »Die Kinder haben es leicht in der Schule. Sie erreichen leicht dies und das ...« Sie haben es in der Tat leicht. Aber das ist doch schlecht. Den jeweiligen Schwierigkeitsgrad, das Maß der Belastung für die Kinder haben wir nicht besonders gut dosiert. Und bei ihnen entstand der Eindruck, daß alles leicht sein müsse – sie erwarteten es geradezu. Nehmen wir zum Beispiel eine Fremdsprache, die wir in der Familie nicht vermitteln konnten, womit auch dies leicht gewesen wäre – kaum eines der Kinder kennt eine Fremdsprache, da hat keiner »angebissen«, eben weil es schwer ist. Mit diesem ewigen »leicht, leicht« haben wir uns auch selbst ein Bein gestellt. Was das betrifft, würde ich heute eine andere Strategie entwickeln.

Ja, und noch ein immenses Problem für Eltern und Erzieher: das Verhältnis zwischen »ich will« und »du mußt«. Wir haben dieses Problem nicht gelöst. Nein, ich würde sagen, insofern keine Katastrophen eingetreten sind, haben wir im Grunde wohl alle Probleme gelöst, aber nicht so, wie man sie hätte lösen müssen, nicht auf dem richtigen Niveau. Das Wollen ist für unsere Kinder weit wichtiger als das Müssen. Im Prinzip liegt das ganze Glück des Menschen doch darin, daß aus »ich muß« »ich will« wird, und deshalb muß man herausfinden, was man »muß« und was man »nicht muß«. Das ist ein ausgesprochen wichtiges Problem, und im großen und ganzen machen die Kinder das auch richtig. Das ist das, was mich tröstet. Denn es ist so wichtig, herauszufinden, was man »muß« – und dann fügt sich eins zum anderen und man bekommt, was man gerne möchte. In unserem Leben gibt es viele Widersprüche: da sagt man ihnen, »du mußt«, und sie verstehen nicht warum. »Warum muß ich in die Schule gehen?« Ja, warum eigentlich? Versuch mal zu beweisen, daß man in diese lausige Schule gehen muß. Als ich darüber nachdenken mußte, kam ich zu dem Schluß, daß diese beiden Dinge nicht miteinander kollidieren dürfen. »Ich muß« – das sollte man aus eigener Überzeugung sagen und nicht, weil irgendeine Autorität einen dazu zwingt. Wenn man überzeugt ist, dann werden »Wollen« und »Müssen« in jedem Fall zur Deckung kommen.

Ich selbst bin in der Stalinzeit erzogen worden, in einer Zeit, als man an einen Götzen glaubte, damals hat man uns das »Müssen« sehr stark eingebleut, das Gefühl der Pflicht war uns in Fleisch und Blut übergegangen. In dieser Beziehung fechte ich selbst einen ständigen Kampf mit mir aus: »Muß ich das wirklich?« Man hat dir doch gesagt, »du mußt!«, und wie eine Idiotin machst du es dann auch. Ich mußte da selbst erst durch einiges hindurch und versuche nun, den Kindern beizubringen, was man muß und was nicht. Ich lehre sie, Entscheidungen zu treffen, denn was wir angeblich müssen, ist längst nicht immer ein »Muß«. Wenn alle um dich herum sagen, »du mußt«, dann streng deinen eigenen Kopf an, ob man das wirklich muß. Muß man sich zum Beispiel wie alle kleiden? Wenn es einen vor Aggressionen schützt? Als Olja mir sagte: »Kleide dich wie alle, dann lassen dich alle in Frieden«, ist mir klar geworden, daß modische Kleidung ein wirkliches »Muß« und kein Tick sein kann. Sonst hätte ich sie wohl gehänselt: »Was willst du eigentlich mit den modischen Klamotten?« Sie können eben wirklich notwendig sein, so wie sie manchmal auch von Nachteil sein können.

So, jetzt komme ich ins Stocken, das wäre alles zu diesem Thema. Bei der Niederschrift all dieser Gedanken bin ich wieder einmal »von der schwarzen Seite« an die Dinge herangegangen. Und deshalb mußte ich mir parallel zu dem, was ich geschrieben hatte, auch noch die Mühe machen und das Positive daran suchen.

Ganz kurz: Wenn es schlecht ist, sich ganz auf die Kinder zu konzentrieren, so waren wir dennoch nicht nur auf die eigenen Kinder fixiert, sondern wir haben uns mit den Problemen der Kindheit allgemein befaßt. Wir haben uns früh von der Konzentration auf unsere eigenen Kinder befreit.

Wir haben die Vater- und Mutterrolle vertauscht, doch die Rollenverteilung war trotzdem recht klar: Für den Vater waren sein Engagement, seine Beschäftigung, die physische und intellektuelle Entwicklung der Kinder das Wichtigste; für die Mutter die Beziehungen innerhalb der Familie, moralische Probleme. Diese klare Aufteilung hat uns auch geholfen, mit der Situation umzugehen.

Ernsthafte Dinge haben wir durch Spiel ersetzt, doch das Spiel war kein leeres Vergnügen, das Spiel war trotz allem eine Vorbereitung aufs Leben, und, wenn auch in geringem Maße, wirkliche Arbeit, da es echte Schwierigkeiten gab. Bei uns gab es keine Spiele um des bloßen Vergnügens willen, Zeitvertreib wie Karten, Domino, das stand bei uns nicht hoch im Kurs, so etwas hatten wir gar nicht im Haus.

In ästhetischer Hinsicht haben wir den Kindern nicht das gegeben, was wir hätten geben können. Aber in moralischer Hinsicht waren wir dennoch auf höchstem Niveau, trotz alledem... (lacht). Da bin ich Maximalistin bis ins Letzte: Ich kann vieles verzeihen, aber einige Dinge verzeihe ich nie – ich selbst bin so erzogen worden, mein Vater war so, und ich bin ihm sehr dankbar dafür, sehr! Denn es gibt im Leben so vieles, was einen aus der Bahn werfen kann, das steht man nur durch nicht kraft seines Verstandes, sondern durch eine Art Intuition, moralische Integrität, Kompromißlosigkeit. Man kann eine Menge Kompromisse machen: Ich behaupte zum Beispiel, daß man auch lügen können muß, aber bestimmte Dinge darf man einfach nicht zulassen – da muß man fest stehen wie ein Fels.

Die frühe Entwicklung mit Betonung auf »früh« – Ja, das hat es gegeben. Und gerade das hat uns die Möglichkeit gegeben, vieles zu entdecken. Das ist besonders die Leidenschaft von Boris Pawlowitsch: »Was können sie eigentlich wirklich? Und wenn man es so macht?« Das hat zu Entdeckungen geführt. Nicht einfach, um vor den Nachbarn anzugeben; unser Ziel war ja ein ganz anderes.

Dann unsere Offenheit für die Leute – unser großes Problem –, aber wir haben das ja nicht getan, um uns zur Schau zu stellen, sondern zum Wohl der Leute und zu unserem. Das stellte wahrscheinlich ein gewisses Korrektiv dar, und so haben wir unsere Kinder nicht verloren und die Leute nicht vor den Kopf gestoßen. Darum kümmert sich vor allem Boris Pawlowitsch: »Die Leute kommen mit ihren Problemen zu uns, habt nur ein wenig Geduld...« Dann haben wir eben Geduld. Und das hat sich als richtig erwiesen.

Daß einem alles leicht fällt, ist einerseits natürlich schlecht, hat sich andererseits aber auch als gut erwiesen, weil Kinder so ohne Komplexe groß werden: »Ich kann das! Wenn ich will, kann ich das!« Dieses Gefühl der Selbstsicherheit ist, glaube ich, für die Persönlichkeit von nicht geringer Bedeutung.

Das Wollen und das Müssen halten sich nicht die Waage. Ich schreibe hier: »Das Wichtigste ist dennoch, daß man Gutes und niemals etwas Niederträchtiges will.« Ich habe bei den Kindern nie Anpasserei beobachtet, kein Vordrängeln und Wegstoßen anderer. Dergleichen habe ich nie bemerkt, weder als sie klein noch als sie größer waren. Da gibt es also eine gute Basis. Ich ziehe daraus folgenden Schluß: Warten wir noch mit dem Ins-Wasser-Gehen, mit der Scheidung... (lacht), denn Plus und Minus halten sich trotz alledem die Waage.

BP Ich möchte nur eine kleine Anmerkung zum Schluß der langen Rede machen, zum allgemeinen Resultat. Lena Alexejewna sagt: »Das Positive und das Negative halten sich die Waage...«. Damit bin ich nicht einverstanden. Sich die Waage halten, das heißt ja ausbalanciert sein, zu gleichen Teilen. Die Vorteile stellen aber den entschieden größeren und gewichtigeren Teil dar, die Mängel – den entschieden kleineren. So sieht mein Ergebnis des Abwägens aus.

LA Ich bewerte doch nicht das ganze Experiment. Es wurde die Frage gestellt, was wir verbessern würden, wenn wir noch einmal umkehren könnten. Das heißt: Welche Fehler sehen Sie in der Vergangenheit? Und über diese Fehler habe ich gesprochen. Und nur darüber. Ich habe überhaupt nicht von der positiven Seite gesprochen. Und dann habe ich gesagt, daß in diesen Fehlern, Mängeln auch ein Teil Gutes ist. In diesem Sinne habe ich von »Ausgewogenheit« gesprochen.

BP Da siehst du. Du hast sehr lange von den Mängeln gesprochen und nichts von den Vorteilen gesagt. Du gehst also wieder »von der schwarzen Seite«, wie du sagst, an die Dinge heran.

LA Die Frage lautete: Was würden Sie vermeiden wollen? Und das nenne ich nicht »von der schwarzen Seite« an die Dinge herangehen... (BP: Aber ich.) Das ist sozusagen die andere Seite der Medaille. Und sowohl die eine als auch die andere haben ein Recht zu existieren.

V. In der sowjetischen Gesellschaft

1. »Wir müssen optimistisch sein...« (Die Nikitins über »Glasnostj« und »Perestrojka«)

Am Ende einer unserer langen Gesprächsrunden, der Morgen graute schon, kamen wir auf ein aktuelles Thema zu sprechen, das seit dem Amtsantritt von Michail Gorbatschow als KPdSU-Generalsekretär die Menschen in der Sowjetunion bewegt, auf die »Perestrojka«, also die von Gorbatschow eingeleitete Politik der »Umgestaltung« der sowjetischen Gesellschaft. Ich war gespannt zu hören, wie die Nikitins über die Gesellschaft denken, in der sie leben, und fragte sie, was sie von der neuen Politik erwarten.

I Sollen wir unsere persönliche Meinung sagen oder die offizielle? (Gelächter)
M Bedenkt bitte, daß ich nicht aus der Redaktion der *Prawda* bin.
I Genau das ist das Problem! (sehr lautes, allgemeines Gelächter)
Al Ach, Wanja, bringst du uns aber in Verlegenheit!
I Wahrscheinlich müssen wir umfassend antworten.
Al Laßt uns also die Frage nach der »Perestrojka« angehen, Witze könnten wir bestimmt auch viele machen, aber natürlich ist das eine sehr ernste Frage.
I Über unsere Gesellschaftsordnung kann man sich allerdings lustig machen...
Ju Aber Wanja ist in seiner Seele doch Kommunist, er weiß das bloß nicht... einfach furchtbar...
I Niemand von uns würde beispielsweise in den Westen gehen.

Al Das stimmt.

Ju Wir würden vielleicht nicht in den Westen gehen, aber alle hätten dafür unterschiedliche Gründe. Zum Beispiel ist es möglich, daß einer aus Feigheit nicht geht.

I Oder weil ihm die Sprachkenntnisse fehlen...

Ju Wie sagte doch Onkel Wolodja? Die Leute fahren wegen Unfähigkeit. (Gelächter) Das ist sehr genau beobachtet.

I Auf jeden Fall fahren nicht die Leute, für die das wichtig ist.

Ju Das stimmt! (lautes Gelächter!)

BP Es fahren auch nicht die, die lieber das Land verlassen sollten.

Ju Vater hat wieder alles auf seine Art verstanden...

I Nun, Vater ist ja auch Parteimitglied.

Ju Vater ist Kommunist, stimmt.

A Mein Mann auch.

Ju Noch jemand? Wer will nach Kolyma*? Einzeln vortreten!

Al Ich bin eigentlich sehr froh darüber, daß ich seit dem letzten Jahr keiner Organisation mehr angehöre. Aus dem Komsomol** bin ich ausgetreten. Das war eine angenehme Läuterung.

Ju Laßt uns jetzt lieber ernsthaft reden, sonst werden wir noch lange laut lachen. Ich persönlich habe überhaupt keinen Grund zu glauben, daß wirklich etwas geschieht. Es gibt überhaupt keine Gründe, jedenfalls keine ernstzunehmenden Gründe dafür, daß sich etwas ändert. Die Sache ist ja nicht die, daß dort oben jemand abgesetzt wird oder nicht. Die Sache ist die, daß diese Lüge unsere ganze Gesellschaft so zerfressen hat, daß ich überhaupt nicht verstehen kann, wovon man bei der Analyse ihres Zustandes ausgehen soll.

* Halbinsel Kolyma, Teil des Archipel Gulag, Anspielung auf die Massenverhaftungen in der Stalin-Zeit
** Parteijugendverband

Denn alle jene Prinzipien, auf die sich diese Gesellschaft gründet, haben sich als Lügen erwiesen. Und vielleicht ist das alles nur eine kurze Periode unserer Geschichte. Vielleicht ist es mit unserem Staat so wie mit dem Dreißigjährigen Krieg. Der hat dreißig Jahre gedauert, und dann war er zu Ende.

I Nein, das stimmt nicht, was du sagst, das stimmt überhaupt nicht.

Ju Nehmen wir einmal das, was jetzt alles gedruckt wird. Also, ich kann überhaupt nicht verstehen, warum das früher nicht gedruckt wurde. Das wenige Normale, das jetzt in unser Leben dringt, bestätigt doch eigentlich nur, wie sehr alles übrige unnormal ist, zutiefst unnormal. Ich verstehe nicht, wie wir da herauskommen können. Es gibt überhaupt keinen Weg.

I Du verhedderst dich unnötig...

Al Du hast natürlich den Zustand unserer Gesellschaft gut beschrieben, Julija, sagen wir es einmal in aller Deutlichkeit. Aber herauskommen aus diesem Zustand müssen wir, einen anderen Weg gibt es nicht. Und wenn wir das jetzt nicht schaffen, dann wird alles noch schlimmer.

BP Und wenn nicht jeder hilft, wird auch nichts besser.

Al Vor kurzem habe ich irgendwo gelesen, und den Gedanken fand ich gut, daß es nur dann eine Garantie für die Veränderungen gibt, wenn das ganze Volk auf diese Veränderungen reagiert, wenn es irgendwie Einfluß auf das Geschehen nehmen kann. Nur dann gibt es eine Garantie, wenn alle Menschen sich um diese Fragen kümmern. Im Prinzip kann es keinerlei Garantien geben, die nur auf den Zusicherungen einer verantwortlichen Persönlichkeit beruhen. Das hat auch die Geschichte gezeigt.

An Darüber streitet ja auch niemand mit dir.

Al Nein, verstehst du, Julija glaubt nicht, daß Veränderungen möglich sind. Das ist auch schwer zu glauben. Aber wenn man nicht daran glaubt, dann wird einem ganz beklommen zumute.

Je Aljoscha, erinnerst du dich an den Roman *Placha**?

Al Ich habe ihn noch nicht gelesen.

Je Ich auch nicht, aber Titel ist Titel. (Gelächter) Warum vorzeitig den Kopf auf den Richtblock legen?

Al Was heißt vorzeitig? Verstehst du, in Wahrheit liegt unser Kopf schon ziemlich lange auf diesem Block. Und ich erinnere mich an das Wort, daß es besser ist, im Stehen zu sterben als auf den Knien zu leben.

M Und was meint Boris Pawlowitsch?

BP Seht mal, wir wollen alle Garantien sofort haben. Wir haben in einer furchtbaren Zeit gelebt, ich weiß gar nicht, wie ich diese Zeit bezeichnen soll, als eine Zeit feudaler Sklaverei oder als einen noch schlimmeren Zustand. Eine solche Vernichtung begabter und kluger Menschen wie bei uns ist noch zu keiner Zeit und noch in keinem anderen Staat vorgekommen. Das war einfach furchtbar, aber die Menschen haben gelebt. Jetzt hat man uns wenigstens ein bißchen *glasnostj* gegeben. Euch gefällt sie noch nicht, aber ich z. B. bekomme sie sehr positiv zu spüren. Man hat Mutter und mich in der *Lehrerzeitung* abgebildet, und in der Akademie der Pädagogischen Wissenschaften hat man angefangen, mich zu grüßen. (Julija: Und nun?) Und wenn ich jetzt zu schreiben anfangen würde, dann würde man mich gleich drucken.

Die Garantien fallen nicht vom Himmel, diese Garantien muß das Volk sich selbst erkämpfen. Man muß etwas tun, man muß etwas dazu beitragen. Wenn z. B. Kooperativen gegründet werden können, dann müssen soviel wie möglich gegründet werden. Denn dieses Genossenschaftseigentum unterscheidet sich vom Staatseigentum und kann schon etwas leisten. Wenn die Kooperativen erst auf die Beine ge-

---

* Roman von Tschingis Aitmatow, deutsch: *Der Richtplatz*

kommen sind und anfangen, mit Millionen umzugehen, dann kann man doch schon etwas machen. Aber was kann man ohne eine Kopeke anfangen? Garantien waren früher nicht da, und es wird auch in Zukunft keine geben. Ich meine, daß jeder sich nach bestem Wissen für die Veränderungen einsetzen muß.

Je Aljoscha ist ja in einer Genossenschaft. Der Chef ist ein Mensch mit viel Vitamin B, der lebt nur von diesen Beziehungen. (BP: Zur Zeit ist das noch so, das muß man zugeben.) Aber ein normaler ehrlicher Mensch kann keine Genossenschaft organisieren, ohne daß sie ihn festsetzen. Sie werden ihm irgend etwas anhängen und ihn hinter Gitter bringen.

BP Aber das sind doch Märchen, an die heutzutage keiner mehr glaubt, weil wir jetzt anfangen, uns ernsthaft mit dieser Sache zu beschäftigen. Man setzt die Leute nun wirklich nicht mehr so schnell fest wie früher.

Al Das kann man ja nicht alles so schnell schaffen.

L Aber man hat damit angefangen.

Al Und allmählich kommt da etwas in Gang. Mir hat gefallen, wie Nuikin* sagte, daß bei großen sozialen Veränderungen niemand irgend jemandem Garantien geben kann. (BP: Stimmt). Außerdem hat er gesagt, daß er Gorbatschow und seinen Mitkämpfern glaubt. (Ju: Aber ich glaube ihm nicht.) Nun, du brauchst ja auch nicht zu glauben, wer zwingt dich denn dazu...

BP Gorbatschow ist beträchtlich klüger als alle seine Vorgänger.

Al Wenn du natürlich an seiner Stelle wärest, Julija...

Ju Verzeihung, ich steige nicht aufs Rednerpult, Gott sei Dank.

Al Trotzdem wirst du ihn auch schätzen.

* Andrej Nuikin, bekannter Moskauer Publizist

An Julija, weißt du, das ist die bequemste Position. Ich mache nicht mit, und die da oben sind alle Dummköpfe.

Ju Ich sag doch nur, daß wir unsere Politiker überhaupt nicht kennen, daß wir sie einfach nicht kennen.

Al Genossen, es sieht so aus, als wenn jetzt politische Meinungsverschiedenheiten beginnen. Interessant.

Je Aber in letzter Zeit haben alle möglichen Leute, auch solche, die sich schon lange kennen, angefangen, sich in ganz verschiedenen Gruppen zu organisieren.

Al Ja, das ist ein sehr interessanter Prozeß, und diese Differenzierung der gesellschaftlichen Schichten verläuft ohne wenn und aber. Wer ist auf welcher Seite der Barrikade? Das heißt, das ist in aller Stille schon ziemlich deutlich geworden. Das Unglück ist bloß, daß alle diese Prozesse so langsam verlaufen.

BP Wir möchten das alles viel schneller voranbringen, aber 70 Jahre nach der Oktoberrevolution sind wir nicht da angelangt, wo wir hin wollten, jetzt müssen wir umkehren. (Ju: Das ist unmöglich.) Schade natürlich, daß wir 70 Jahre gebraucht haben, um zu begreifen, daß wir umkehren müssen.

M Ist das überhaupt möglich?

BP Wir müssen umkehren, sonst überleben wir nicht. (Ju: Dann überleben wir eben nicht...) Unser Entwicklungstempo ist langsamer als in allen anderen Ländern.

M Woher kommt das?

BP Das kommt von der Dummheit und Unfähigkeit unseres Systems. Der Bürokratismus ist eine der schlimmsten Formen der Staatsführung. Das haben wir jetzt verstanden.

Je Nun, wir verstehen das schon, aber die da oben verstehen das nicht.

K Weil das für sie nicht von Vorteil ist.

Je Ich drücke mich natürlich bildlich aus. Sie verstehen wirklich alles, aber sie tun so, als ob sie nicht verstünden.

I Das ist ja auch das Wesen der Bürokratie: die bestehende Ordnung aufrechtzuerhalten. (BP: Natürlich.)

BP Es heißt, daß der Personalbestand der Ministerien um 50 % verringert werden soll. Und drei Ministerien sind schon zu einem vereinigt worden: das Bildungsministerium, das Komitee für berufliche Bildung und das Ministerium für Hochschulwesen. Wenn sie da auch noch 50 bis 75 Prozent der Mitarbeiter freisetzen... (Ju: Glaubst du das wirklich? Ha, ha...; K: Die bleiben doch alle auf ihren Posten!)

Al Richtig, das Problem ist aber, daß niemand da ist, der all das machen könnte. Es gibt zu wenig qualifizierte Leute.

Je Nein, solche Leute gibt's, aber sie sind nicht an der Macht.

Al Nein, die sind nicht zahlreich genug.

An Und trotzdem muß man Optimist sein. Das ist das Minimum. Es sieht wenigstens so aus, als ob alle diese Prozesse, die bei uns eingeleitet wurden, in die richtige Richtung verlaufen.

Al Ja, aber ich muß sagen, als alle diese Veränderungen einsetzten, im März 1985, als Gorbatschow Generalsekretär wurde, da hatte ich sehr große Zweifel, aber diese Zweifel nehmen doch ab, und das ist sicher die Hauptsache. Es gibt natürlich den starken Wunsch, mitzumachen und der Sache stärker zu helfen, aber wir müssen auch ehrlich zugeben, daß von uns in unserer gegenwärtigen Situation konkret überhaupt nichts abhängt. Wir können vorläufig nur zusehen. Ich denke auch nicht, daß dieser ganze Prozeß sehr stark auf uns gewirkt hat.

Ju Meiner Ansicht nach hat er überhaupt nur auf einen einzigen Menschen stark gewirkt. Auf Gorbatschow.

Al Ich hab eher an die Lebenshaltung eines jeden von uns gedacht. Die hat sich im Prinzip doch nicht geändert. Sie ist genauso geblieben, wie sie war. Es ist nämlich so, daß die

Ideale, die bei uns immer hochgehalten wurden, eben die Ideale sind, die man haben sollte und deshalb...

Ju Warum hast du die Ideale, ›die man haben sollte‹? Woher hast du die?

Al Julija, ich respektiere deine Meinung, aber... Ich wollte sagen, daß von uns konkret im Augenblick wirklich nichts abhängt, einfach infolge unserer familiären Situation. Aber von unseren Eltern kann sehr wohl etwas abhängen, vielleicht sogar sehr viel. Doch unabhängig davon glaube ich, daß sich etwas ändert; die Zuversicht wird größer und das Mißtrauen wird kleiner. Aber zur vollen Zuversicht ist es noch ein weiter Weg.

Ju Und bald werden wir uns wieder mit Hurra! auf den Boden schmeißen. (traurig)

BP Skeptiker braucht man in einer Gesellschaft offenbar auch. (Al: Und wie man sie braucht!) In gewisser Weise leisten auch sie nützliche Arbeit.

Al Bei einem meiner Lieblingsautoren habe ich eine interessante Erscheinung beobachtet. Er führt von Zeit zu Zeit in seine Bücher Fehler ein, die man auf den ersten Blick nicht bemerkt, die aber doch ziemlich offensichtlich sind. Warum? Es ist einfach wichtig, beim Leser nicht die Wahrnehmung zu ersticken. Ein verbesserter Fehler bleibt besser im Gedächtnis als eine glatte Darstellung. Deshalb ist die Tatsache, daß wir heute so offen über unsere Fehler reden, auch so wichtig.

I Das ist aber nur halber Kram. Wir haben schon wieder angefangen, uns daran zu gewöhnen. (Al: Was heißt gewöhnen, die Fehler müssen einfach korrigiert werden. Eine andere Sache ist, daß sie bei weitem noch nicht immer korrigiert worden sind.)

Ju Die Leute, die vor der Perestrojka rechtschaffen waren, bleiben auch in der Perestrojka rechtschaffen und nach der Perestrojka und ohne Perestrojka. Die Leute, die nicht rechtschaffen vor der Perestrojka waren, werden auch in der Perestrojka nicht rechtschaffen sein und nach der Perestrojka auch nicht.

BP Du siehst die Dinge völlig falsch. Du lehnst jede Dynamik der Entwicklung ab.

Al Hier geht es aber nicht einfach um Dynamik. Hier geht es um den Unglauben, um den Mangel an Vertrauen. Wie viele Jahre wurde die Rechtschaffenheit bei uns vernichtet! Und wie weit haben sie es gebracht. Es gibt ja eine große Anzahl von Leuten, eine ganze Schicht sogar, die gezwungen waren, unter den bei uns entstandenen Bedingungen unehrlich zu sein, zu lügen, und die gerne *nicht* so geworden wären. (Ju: Wie ist denn das zu verstehen?) Wörtlich. (BP: Das ist sehr einfach zu verstehen. Die Ehrlichen wurden umgebracht.)

Ju Aber in den letzten zwanzig Jahren hat es so etwas Furchtbares trotz allem nicht gegeben.

Al Die Intelligenzia glaubt aber noch nicht so richtig an die Perestrojka. Sie verhält sich sehr vorsichtig all dem gegenüber und wartet ab. (Ju: Die Reste der Intelligenzia!) Die Geschichte hat auch viel dazu beigetragen, daß sie ängstlich ist, und das ist ganz natürlich. Diese Angst sitzt uns doch in den Knochen, das hat sich doch viele Jahre in uns festgesetzt. (BP: Und in wieviel Generationen!) Ja, und das läßt sich nicht in einem Augenblick ändern. Ich habe z. B. in zwei Fabriken gearbeitet und hatte die Möglichkeit, mit Menschen zusammenzukommen. Ich muß sagen, daß die Stimmungen und die wirklichen Gedanken des Volkes sich grundsätzlich von dem unterscheiden, was öffentlich erklärt wird.

Ju Das heißt: Das, was öffentlich erklärt wurde, hatte keinerlei Beziehung zu dem, was wirklich war.

Al Das sind prinzipiell zwei verschiedene Dinge, und diese Tatsache an sich sagt schon viel aus. Aber damit die Leute wirklich anfangen, ihre Gedanken offen auszusprechen, ist noch eine bestimmte Zeit erforderlich, und bestimmte Rechtsgarantien sind auch erforderlich, damit diese Gesetzlosigkeit sich nicht wiederholt. (An: Die Leute müssen nicht nur ihre Meinung sagen, sondern auch etwas tun.) Ja, aber zuerst müssen sie reden können, denn wenn der Mensch sogar Angst hat, seine Meinung zu sagen...

L   Und wenn er über die anderen die Wahrheit gesagt hat?

Al   Dann wird er zuerst getreten, weil immer die zuerst getreten werden, die sich zu weit aus dem Fenster lehnen. Und die wird man noch lange treten. Also, Kinder die Situation ist gar nicht so einfach. (Ju: Sie ist einfach idiotisch.) Wassil Bykow* hat auf die Frage, was ihn am stärksten im Leben beeindruckt habe, sinngemäß gesagt: »Ich hab alle nur möglichen Leiden und Qualen erlebt« – ich erzähl das jetzt mit meinen Worten – »ich hab den Krieg mitgemacht, ich habe furchtbare Dinge gesehen, aber ich fühle, daß ich meine stärkste Erschütterung noch vor mir habe, nämlich in dem Fall, daß die Perestrojka gelingt, aber auch in dem Fall, daß sie nicht gelingt.« So etwa hat er sich ausgedrückt.

An   Nein, wir müssen trotzdem optimistisch sein.

LA   Ich würde doch gerne noch etwas hinzufügen. Mit einer solchen Stimmung, wie du sie hast, Julija, kann man doch unmöglich leben. Skepsis ist sicher dann gut, wenn du Vorschläge machst und nicht einfach verneinst. Aber du, du provozierst, und das bringt uns nicht weiter.

Ju   Nein, das Problem liegt woanders. Was hat das alles mit meiner Stimmung zu tun? Als ob es bei mir nur an der Stimmung läge. Nein, die Sache ist die, daß der Mensch etwas mit sich tut, unabhängig davon, was in der Gesellschaft geschieht. (Al: Das stimmt nicht.; BP: Das geht gar nicht.) Ich hab das schon gesagt. Wenn ein Mensch vor der Perestrojka

---

* Bjelorusse, der sehr realistisch über den Zweiten Weltkrieg schreibt.

rechtschaffen war, dann wird er auch nach der Perestrojka ein rechtschaffener Mensch sein.

An Falsch. Das ist einfach falsch. Das ist ein grundsätzlich falscher Ansatz. (Ju: Warum?; K: Erklär' uns das mal!) Das ist eine prinzipielle Angelegenheit, weil bei uns nicht deshalb alles so schlecht ist, weil die Bürokraten in ihren Sesseln sitzen und alles wunderbar wird, wenn du sie auswechselst. Es ist einfach falsch anzunehmen, daß ein ehrlicher Mensch ehrlich bleibt und daß ein unehrlicher Mensch immer unehrlich bleibt. (Je: Nein, wie er war, so wird er auch bleiben.) Das stimmt nicht, weil die Menschen durch ihre Umgebung, durch die Umwelt erzogen werden. Und wer erzieht sie? Auch Menschen.

K Das heißt also, es muß in der Perestrojka eine neue Generation heranwachsen, die dann ihrerseits ihre Kinder erzieht, erst dann ist eine Veränderung möglich...

BP Nein, Katjuscha, die Perestrojka darf sich nicht nur auf diesen Bereich beschränken, sie muß auch in der Gesellschaft stattfinden. Marx hat vorhergesagt, daß der Staat absterben muß. Das heißt, der ganze bürokratische Apparat muß reduziert werden. (An: Das ist aber nicht der Punkt.; I: Das wird alles von oben angeordnet, man müßte aber für die Bürokratie einen Mechanismus der Selbstvernichtung schaffen.) Das wäre natürlich ideal, aber denk dir mal so einen Mechanismus aus!

Al Nun, das ist sehr leicht. Man braucht nur einen normalen Wirtschaftsmechanismus.

BP Also muß man den in Gang bringen.

I Das versuchen sie ja irgendwie jetzt auch... Aber wohin mit der Armee der Bürokraten?

BP In die Produktion!

K Aber nehmen wir einmal an, so ein Typ ist 40, 50 Jahre alt und kann nichts. (BP: Man wird ihm etwas beibringen.)

Al Soviel ich weiß, ging eine der großen Streitfragen in der russischen Sozialdemokratie vor der Oktoberrevolution darum, wie man eine Revolution machen kann, wenn man das Volk nicht hat, mit dem man den sozialistischen Staat aufbauen kann. Der gleiche Fehler wird auch jetzt wieder gemacht. Wir haben nämlich nicht das richtige Volk; wenn wir unser Volk in seinem gegenwärtigen Zustand nehmen, kann man wirklich nicht viel Kascha mit ihm kochen. Aber es würde ausreichen, normale ökonomische Bedingungen zu schaffen, damit das Volk sich ändert. Es würde ausreichen, ein für allemal das einzige Prinzip des Sozialismus durchzusetzen: Jedem nach seiner Arbeit. Und: Wer nicht arbeitet, der soll auch nicht essen. Aber wieviel Schmarotzer muß heute bei uns jeder Arbeiter ernähren. Es ist einfach schrecklich, in welchem Ausmaß die Schmarotzer sich bei uns vermehrt haben.

An Der Punkt ist aber nicht, daß z. B. der Mitarbeiterbestand eines Ministeriums reduziert wird. Das muß auf natürlichem Wege geschehen, und dazu muß den Betrieben, also unmittelbar den Produzenten, die Selbständigkeit gegeben werden. Und davon sind wir noch weit entfernt. Ich arbeite in der Fabrik und habe mit diesem Problem zu tun. Derzeit ist die ganze Macht in den Händen derer, die das verteilen, was andere produziert haben, und das fängt beim Handel an und hört bei den Ministerien auf. Und *das* sind die wichtigen Leute im Staat. (Al: Natürlich, da ist die Macht!) Der Produzent verfügt nicht über die Ware und hat mit der Verteilung überhaupt nichts zu tun. Er kann nichts kaufen (K: Das ist widernatürlich!) und verkaufen kann er auch nichts.

Al Das ist das eine. Außerdem gehören auch die Produktionsmittel nicht denjenigen, die arbeiten. Und diejenigen, für die die Waren bestimmt sind, haben auch keinen Einfluß darauf. Ob sie sie in die Hand bekommen oder nicht, hängt nicht davon ab, ob sie dafür bezahlen können oder nicht, sondern davon, ob sie ihnen zugeteilt werden oder nicht.

An Mit einem Wort, alle Beziehungen zwischen den Produzenten und den Verbrauchern sind vollständig zerstört, und deshalb scheint mir, daß die Wege, die jetzt gesucht werden, z. B. der Übergang der Betriebe zur wirtschaftlichen Rechnungsführung, zur vollständigen Selbstfinanzierung sowie die Entwicklung eines nicht mehr streng reglementierten Genossenschaftswesens in der Landwirtschaft und in der Industrie die richtigen Wege sind, obwohl bei uns alles so verdorben ist, daß es sehr schwer ist, etwas zu korrigieren.

K Nun, was kannst du mit unseren Leuten schon viel anfangen...

Al Man hat uns ja wirklich lange Zeit diese Dinge eingebleut, von denen Julija eben sprach, das sitzt uns tief in den Knochen: Immerzu möchte man sagen, das hier sind schlechte Menschen und das sind gute, und das ist das ganze Problem. Und man möchte die schlechten irgendwie umerziehen, aber man kann sie nicht umerziehen. (Ju: Ich kapier überhaupt nicht, wovon du redest, was willst du eigentlich sagen?) Es geht darum, daß das Wichtigste von allem doch das ökonomische System einer Gesellschaft ist – die politische Ordnung aber muß die Existenz dieses ökonomischen Systems garantieren.

An Ja, das eine entspricht dem anderen, an dieses wichtige und grundsätzliche Gesetz der gesellschaftlichen Entwicklung erinnern wir uns wohl alle... (lacht)

BP Ja, aber das ökonomische System bei uns entspricht überhaupt keiner politischen Ordnung.

Ju Und wie es entspricht! Und da liegt eben der Hase begraben. (Al: Natürlich stimmt es überein.) Absolut!

An Aber was besagt dieses Gesetz? Es besagt, daß – wenn Widersprüche zwischen dem ökonomischen System und der politischen Ordnung auftreten – alles umgekrempelt werden muß.

K   Wo muß man also mit den Veränderungen beginnen? Beim politischen Überbau oder bei der ökonomischen Basis? Natürlich bei der ökonomischen Basis. Vielleicht muß man auch beides zugleich reformieren?

BP   Schlag doch bei Marx nach!

Ju   Oh, diese Marxisten! Ich habe überhaupt keine Veranlassung, Marx zu glauben.

A   Ich kenne mich natürlich in der Wirtschaft nicht gut aus, um nicht zu sagen: Ich verstehe überhaupt nichts von Wirtschaft, aber mich persönlich hat bei allen unseren wichtigen sozialistischen Prinzipien immer die Tatsache verblüfft, daß die wachsenden materiellen Bedürfnisse jedes einzelnen befriedigt werden sollen.

I   Das ist das Hauptziel!

BP   Aber das ist eine Dummheit.

A   Die Bedürfnisse sind doch praktisch auch gar nicht zu befriedigen. Und ich meine, je mehr die materiellen Bedürfnisse jedes einzelnen befriedigt werden, desto größer werden seine Bedürfnisse... (BP: Genau.; K: Richtig, die materiellen Bedürfnisse kann man gar nicht befriedigen.) Ich persönlich bin mit meinen materiellen Lebensbedingungen vollkommen zufrieden, aber mit den geistigen...

I   Deshalb würde ich ja auch nicht in den Westen gehen, weil ich hier ohne viel zu arbeiten (Ju: Weil du hier Weizenkascha futtern kannst.) meine moralischen Bedürfnisse befriedigen kann.

Ju   Meinst du deine geistigen Bedürfnisse? (I: Ja, die geistigen.) Aber ich kann das nicht.

I   Dann fahr doch!

Ju   Was heißt hier: fahr doch! Als ob man das im Westen könnte!

Aber darf ich noch einen kleinen, vielleicht den allerletzten Einwand machen? Da sitzen wir und beobachten einander, und wir sehen, ehrlich gesagt, daß wir eigentlich alle nichts

Besonderes sind. Wenn dann solche Leute sich daran machen etwas zu tun, dann wird vielleicht alles noch viel schlimmer. Wir können in der eigenen Familie keine Ordnung schaffen und mischen uns in Angelegenheiten des Staates ein. Ihr wollt ein Problem lösen, das nicht zu lösen ist.

An Julija, sei froh, daß überhaupt jemand sich daran macht, so komplizierte Probleme zu lösen.

Ju Unlösbare Probleme!

BP Was stellst du dir eigentlich vor? Was wäre, wenn es solche Menschen nicht gäbe?

Al Wenn wir nichts tun, wer soll dann etwas tun? Wenn niemand anfängt nachzudenken, wer wird dann überhaupt nachdenken?

K Nun, verbal ist das alles sehr einfach!

Ju Lieber Aljoscha, du weißt nicht, wie du deine eigenen Kinder erziehen sollst, und willst die Gesellschaft verändern!

L Ja, das weiß ich wirklich nicht. Aber ich denke, daß es leichter ist, die Gesellschaft zu verändern als Kinder zu erziehen (lacht).

A Das ist doch alles miteinander verbunden. Die Erziehung der Kinder und die Umerziehung der Gesellschaft. Man verändert die Gesellschaft im allgemeinen ja auch für die Kinder.

An Ich meine, man muß es so machen: Zuerst kommt die Ausbildung, dann werden die Kinder gut erzogen, dann findet man zu sich selbst, kriegt eine gute Arbeit und bestätigt sich selbst, und dann, irgendwann mit 80, wenn du begriffen hast, daß du alles getan hast, dann ... (Gelächter)

Al Aber andererseits gewinnt nur derjenige an Erfahrung und Kenntnissen, der handelt. Wenn du nichts tun willst, wirst du nie etwas lernen. Es ist nämlich sehr leicht zu sagen: »Nein, ich werde nichts tun, weil ich dann auch nichts verderben kann.« Wenn du aber tatenlos zusiehst, wie Schaden angerichtet wird, bist zu zehnmal schlimmer als der, der Schaden anrichtet. Weil du alles verstehst und einfach daneben stehst und sagst: »Ich bin noch nicht so weit, ich werde damit vielleicht noch nicht fertig.« (BP: Einverstanden!)

Ju Du bist einfach krankhaft klug, Aljoscha!

I Und du hast zuviel Bücher gelesen!

Ju Und ihr redet viel zuviel.

Al Kinder, dann laßt uns damit für heute aufhören.

2. »Unser Traum ist geblieben...«
(Lena Alexejewna und Boris Pawlowitsch über Geschichte, Reform und Zukunft der sowjetischen Schule)

Die Probleme des sowjetischen Bildungswesens sind ohne einen historischen Rückblick und eine Einordnung der verschiedenen Reformansätze in den politisch-gesellschaftlichen Zusammenhang nicht zu verstehen. Ich hielt es daher für sinnvoll, Lena Alexejewna und Boris Pawlowitsch noch einmal einen »schulischen« Fragenkatalog vorzulegen. Die Antworten würden, so meinte ich, nicht nur erlauben, ihr »Familienexperiment« sinnvoll in den gesamtpädagogischen Kontext einzuordnen, sondern auch einen Einblick in aktuelle Entwicklungsprozesse zu gewinnen.

M   Die sowjetische Schule heute, was ist das? Warum ist sie in eine Sackgasse geraten, warum wird sie einer so starken Kritik unterzogen?
BP   Die Schule wurde vor langer Zeit erfunden. Es gibt sie, mit Klassen und Unterrichtsstunden, seit 300 Jahren, seit Johann Amos Comenius. Welche Aufgabe hatte das Gymnasium im zaristischen Rußland? Das Gymnasium bereitete auf eine Tätigkeit im bürokratischen Apparat, d. h. in den Behörden, vor. Und ein solcher Ort, an dem künftige »Beamte« herangezogen werden, ist die Schule meiner Meinung nach bis heute geblieben. Nach der Revolution hat man versucht, die Schule umzugestalten, aber als Stalin an die Macht kam, räumte er alle Neuerer, alle Anhänger der Revolution, des Sozialismus und des Kommunismus aus dem Weg und verkündete, die Schule müsse die Schüler auf die Hochschule vorbereiten – womit man wieder beim alten Gymnasium

war. Und dieser alte Schultyp ist uns bis heute erhalten geblieben, er bereitet einzig und allein auf eine Tätigkeit im Verwaltungsapparat vor. Sogar die schriftlichen und mündlichen Examen sind geblieben. Das mündliche, damit der künftige Beamte nachweist, daß er reden, sich also »herauswinden« kann, das schriftliche, damit er zeigt, daß er Schriftstücke aufsetzen kann, ohne sich damit festzulegen. Aber die Schule soll die Menschen auf die körperliche Arbeit vorbereiten – schließlich muß die Wirtschaft funktionieren, brauchen die Menschen Kleidung und etwas zu essen und zu trinken, müssen Maschinen gebaut werden – und auf die kreative wissenschaftliche und künstlerische Arbeit. Aber das hat unsere Schule nie geleistet.

Erst heute, nachdem wir angefangen haben, relativ offen über die bestehenden Mängel zu sprechen, dürfen wir auch sagen, wie miserabel unsere Schule war und ist. Früher ging das überhaupt nicht. Heute zeigt sich deutlich, daß die Schule in ihrer jetzigen Form zu nichts taugt, daß sie völlig unzulänglich ist. Sie bringt den Kindern weder das Arbeiten bei, noch die nötige Fürsorge für den Mitmenschen und die Welt, in der sie leben. Immerhin haben wir erheblich mehr ökologische Probleme als der Westen...

LA Wir sollten kurz auf die Vorstellungen eingehen, die die Befürworter einer neuen Schule seinerzeit hatten. Die Frage ist, mit welchem Ziel und *wie* die Schule damals umgestaltet werden sollte.

Nach der Revolution wollte man erstens eine demokratische Einheitsschule schaffen, um allen gleiche Bildungschancen zu geben, und zweitens zugleich eine Arbeitsschule: damit jeder Mensch auch körperliche Arbeit kennenlernt und sich sein Brot selbst verdienen kann. Wir teilen diese wundervolle Idee: Jeder soll sich seinen Lebensunterhalt selbst verdienen. Mir scheint, das ist sozial gerecht.

Es gab sehr interessante Versuche: Makarenko* ... Schon vor Makarenko gab es Ansätze, eine fröhliche Schule zu schaffen, in der die Persönlichkeit nicht unterdrückt wird und alle die gleichen Entwicklungsmöglichkeiten haben. Aber das Leben machte diese realen Neuansätze wieder zunichte. In unserer heutigen Schule ist nichts davon übriggeblieben. Die Schule wurde zu einer Kaserne, die die Kindheit, die kindliche Individualität erstickte, weil sie alle über einen Kamm schor. Deshalb wurde weder eine Arbeitsschule noch, im Unterschied zum zaristischen Gymnasium, eine hochrangige Bildungsstätte daraus. Ihr Niveau ist ständig gesunken, und schließlich entließ sie immer mehr Halbgebildete, die weder für die körperliche Arbeit noch für die Hochschulen richtig taugen.

M Wer hat schuld an dieser Entwicklung? Läßt sich das sagen?

LA Einen der Gründe hat Boris schon genannt: die Diktatur der Stalinzeit. Ich bin ja zu der Zeit aufgewachsen; ich war 22, als Stalin starb, und ich erinnere mich noch gut an dieses Gefühl, als wir alle »im Gleichschritt« gingen. Wir glaubten wirklich daran, daß dieser Mensch immer recht hat; womit er sich auch befaßte, mit der Sprachwissenschaft, der Landwirtschaft, der Genetik – was Stalin sagte, war richtig, war die absolute Wahrheit. Natürlich war das furchtbar: Seither haben wir diese Sklavenmentalität und diese Angst vor Repressionen, und das Volk ist verstummt. Die Menschen verstecken sich hinter ihren eigenen Angelegenheiten,

---

* Anton Semjonowitsch Makarenko (1888–1939), russisch-sowjetischer Schriftsteller und Pädagoge, u. a. Autor des Buches *Pädagogisches Poem,* in dem er romanhaft die von ihm gegründete Gorkij-Kolonie beschreibt. In der Kolonie wurden seit 1920 jugendliche Verwahrloste und Kriminelle resozialisiert. Makarenko, der erst nach seinem Tod zu Weltruhm gelangte, wurde in der Stalin-Zeit als Protagonist der gewünschten Kollektiverziehung dogmatisch interpretiert. Seine Kolonie gilt als das bedeutendste sozialpädagogische Experiment dieses Jahrhunderts.

obwohl sie zu allem ja sagen. Und diese besondere Form von Sklaverei, die Unfähigkeit und der Unwille, das eigene Schicksal selbst in die Hand zu nehmen, hat sich natürlich auch auf den ganzen Schulbereich ausgewirkt. Was die oben anordnen, das ist gut. Dadurch haben wir es völlig verlernt, selbständig und nach eigenen Vorstellungen zu handeln. Es gibt auch subjektive Gründe. In unserem Land existiert ja eine elitäre Gruppe, die Schicht der Bürokratie. Diesen Leuten ist es völlig gleichgültig, wie die Kinder bei uns ausgebildet werden. Für ihre eigenen Kinder haben sie Spezialschulen geschaffen, manche haben ihre Sprößlinge zum Lernen sogar ins Ausland geschickt. Was mit unserer Schule, mit unseren Kindern passiert, war ihnen egal, aber dem eigenen Nachwuchs verschafften sie auch akademische Bildung. Daß alles andere sich unweigerlich auf einen Abgrund zubewegte, betraf sie nicht persönlich. Deshalb war ihnen daran gelegen, daß alles beim Alten blieb, und jegliche Versuche, vor Ort etwas zu ändern, wurden von ihnen schon im Keim erstickt.

M Es hat ja schon mehrere Bildungsreformen bei Ihnen gegeben, die mit einem völligen Mißerfolg endeten. Ich meine vor allem die Reform unter Chruschtschow in den sechziger Jahren und die letzte, die 1984 eingeleitet wurde. Warum haben alle diese Reformen nichts gebracht?

BP Man kann im Leben Veränderungen nicht so durchführen, daß alle auf einen Schlag innehalten und die Richtung wechseln. Aber von diesem Irrtum kann sich auch unsere heutige Führung nicht befreien: Sie meint, bei einer Reform müsse man sofort alles auf einmal machen. Das geht nicht. Und deshalb ist bei all ihren Versuchen auch nichts herausgekommen.

Wie sah die Reform unter Chruschtschow aus? Die allgemeine Schulpflicht wurde um ein Jahr verlängert, und außerdem sollten die Jugendlichen in der Schule einen Beruf erlernen. Sie sollten deshalb, in den Klassen 9–11, auch arbeiten. Aber diejenigen, die mit der Durchführung der Reform beauftragt waren, hatten überhaupt kein Interesse an ihr. Sie brauchten keine Arbeiter, sondern willige Schreiberlinge/ Beamtenseelen, die die bürokratische Ordnung nicht durcheinander bringen. Und diese Leute haben die Reform so schlecht, wie es nur ging durchgeführt, und als sich herausstellte, daß das neue System schlecht funktionierte, wurde die Reform nach einigen Jahren rückgängig gemacht. Sie kehrten also zurück zu dem, was sie in Wahrheit wollten: nämlich erneut zu einer Bürokraten produzierenden Buch-Schule.

Bei der letzten Schulreform* war es genauso. Ob die Führung aufrichtig an dieser Reform interessiert war, wissen wir nicht, aber jedenfalls übertrug sie die Verantwortung dafür dem höchst bürokratischen Bildungsministerium und der ebenso bürokratischen Akademie der pädagogischen Wissenschaften, die die Reform de facto überhaupt nicht brauchen können. Ihnen genügt die Schule so, wie sie ist. Was konnte man da groß erwarten?

Ich denke, man muß diese Reform ganz anders angehen. Zunächst sollten sich nur die klügsten und fortschrittlichsten Pädagogen damit befassen. Nur ihnen kann man den Aufbau einer neuen Schule anvertrauen. Solche denkenden Menschen müssen zusammengeholt werden, und dann muß man ihnen die Möglichkeit zum Arbeiten geben.

Die letzte Reform hatte sich gute und richtige Ziele gesteckt. Man wollte die Kinder dazu erziehen, daß sie sich als ihre eigenen Herren fühlen. Die Ziele waren richtig, aber die er-

---

* Vgl. Marianna Butenschön: »Weiße Händchen oder Fabrikarbeit.« Und: »Das hohe Lied von der Arbeit«, in: DIE ZEIT, 12. und 19. 10. 1984; auch diese »Reform« läuft auf eine Professionalisierung der Mittelschule hinaus, die wiederum um ein Jahr verlängert wurde und in der 10. und 11. Klasse in einem »Massenberuf« ausbildet.

griffenen Maßnahmen waren völlig untauglich. Muß der Anteil des Arbeitsunterrichts erhöht werden? Unbedingt. Also wurde er erhöht – aber nur auf 16 Prozent. Darunter fällt alles: Arbeitsunterricht, produktive Arbeit und Berufsausbildung. Die restlichen 84 Prozent blieben weiterhin der Vermittlung von Buchwissen vorbehalten. Das heißt, es werden auch weiterhin Bürokraten herangezogen.

Statt dessen müßte man es so machen: Zunächst müßten einige Schulen zur Verfügung gestellt und denkende, talentierte, kreative Menschen dorthin berufen werden, die sich dann Mitstreiter suchen könnten. Bislang ist es einem Neuerer ja nicht erlaubt, sich die Menschen, die er braucht, selbst auszusuchen und sie entsprechend zu bezahlen. Ihm wird alles vorgeschrieben und zugeteilt, keinen Finger kann er selbst rühren.

Und dann müßte man sich anschauen, was sie erreicht haben, wo ihre Arbeit gut und erfolgreich war und was weiter verbreitet werden kann. Überall alles auf einmal machen zu wollen, ist falsch, und faktisch hat die Reform eben deshalb nichts gebracht. Dieser »Leerlauf« war schon im Entwurf angelegt. Wir tun so, als gestalteten wir uns um, aber in Wirklichkeit gibt es diese Perestrojka im Inneren nicht. Das Schlimmste ist, daß sich unter den Lehrern bereits eine Schmarotzerhaltung breitgemacht hat: Sie haben sich daran gewöhnt, daß man ihnen alles schon ausgearbeitet serviert, so daß sie selbst nicht mehr denken müssen.

LA Ich meine auch, daß der Mißerfolg der Reform schon in ihren Anfängen angelegt war. Der Reformentwurf wurde zunächst öffentlich zur allgemeinen Diskussion gestellt – was bei uns gewöhnlich auf allgemeine Zustimmung hinausläuft, und so hat es denn auch keine wirkliche Diskussion gegeben. Aber immerhin haben sehr viele Leute geschrieben, und es wurden sehr vernünftige Vorschläge von Leuten veröffentlicht, die in der Praxis stehen und denen die Schule

sehr am Herzen liegt – durchaus brauchbare Veränderungs-
vorschläge... Aber als wir den Entwurf dann mit dem end-
gültigen Gesetz verglichen, fanden wir nur minimale Unterschiede. Im Grunde genommen war das Gesetz von Anfang
an festgelegt.

Es gab noch einen weiteren Grund. Wir »kämpften« für die
Arbeitsschule, denn die Experimente Makarenkos und anderer zeigen, daß die Kinder sich durch richtig organisierte
eigene Arbeit selbst unterhalten können, und das ist wirklich
sehr nützlich für sie: Sie beginnen, sich bis zu einem gewissen Grad als ihre eigenen Herren zu betrachten, sie begreifen
den Wert einer selbstverdienten Kopeke, können sich selbst
organisieren. Und bei diesem segensreichen Unterfangen geriet und gerät jeder Praktiker in Konflikt mit dem Verbot
der Kinderarbeit. Dieses Verbot hat ja auch seine lange und,
ich würde sagen, tragische Geschichte, denn die Kinderarbeit, wie sie im vergangenen Jahrhundert, zu Beginn dieses
Jahrhunderts vorkam und noch heute, auch bei uns, vorkommt, ist eine Verhöhnung der Kindheit, eine Ausbeutung
der Kinder im allerschlimmsten Sinne. Wie wir heute wissen,
gab es sie in Usbekistan bei der Baumwollernte, und nicht
nur dort.* Für den Schutz der Gesundheit der Kinder, für
die Abschaffung der Kinderarbeit kämpften alle fortschrittlichen Parteien dieser Welt: die Sozialdemokraten und die
Kommunisten. Und in vielen Ländern erreichten sie ihr Ziel
auch, wurde die Kinderarbeit bis zum 15., 16. Lebensjahr ge-
setzlich verboten. Auch bei uns wurde dieser Punkt schon
ins erste Parteiprogramm aufgenommen, und er blieb bei allen späteren Veränderungen des Programms unangetastet.

---

* In Usbekistan und in den anderen »baumwollsäenden« Republiken Mit-
telasiens werden Kinder systematisch unter schlechtesten hygienischen Bedingungen und während der Schulzeit bei der Baumwollpflücke eingesetzt.
Der schlimme Brauch wird alle Jahre wieder als »Ausnahmeregelung« und
»schulische Maßnahme« gerechtfertigt.

Für unsere Schule hat dieses Verbot eine verhängnisvolle Rolle gespielt, weil alle Versuche, auf gesunder Grundlage Kinderarbeit zu organisieren, an diesem Gesetz scheiterten. Das Gesetz existiert bis heute und verbietet es uns, das Beste an die Kinder weiterzugeben, was der Mensch überhaupt zu vergeben hat: die schöpferische Arbeit.

Makarenko verstieß mit der Fabrik, die er aufgebaut hatte, faktisch gegen das Gesetz. Und alle Versuche, in unserem Land Kinderarbeit einzuführen, sind bis heute ungesetzlich. Als bei uns das letzte Mal eine neue Verfassung angenommen wurde, 1977, gelang es bei ihrer Beratung, wenn auch mit großer Anstrengung, eine Änderung des Artikels 42 durchzusetzen: Kinderarbeit ist bis zum 14. Lebensjahr verboten, solange sie nicht im Rahmen der Schule und der gesellschaftlichen Erziehung erfolgt. Das heißt, die individuelle Beschäftigung von Kindern blieb weiterhin verboten, aber die Schule darf, wenn sie will, laut Verfassung Kindern produktive Arbeit übertragen. Im Arbeitsgesetzbuch (KsoT) allerdings ist immer noch das Kinderarbeitsverbot bis zum 16. Lebensjahr festgeschrieben. Auf diese Weise ist eine Art »Schere« entstanden: Die Verfassung erlaubt, das Arbeitsrecht verbietet, und die fortschrittlichen Lehrer kämpfen nun schon zehn Jahre dafür, daß das Arbeitsgesetz der Verfassung angeglichen wird – ohne dabei von der Stelle zu kommen.

M Soll denn Ihrer Meinung nach die allgemeinbildende Schule einen Beruf vermitteln?

LA Sicher hat es keinen Sinn, in der Schule in Massenberufe auszubilden, die keine lange Ausbildungszeit erfordern. Andererseits zeigt sich, daß sich neun- bis zehnjährige Kinder viele Fertigkeiten, z. B. das Autofahren oder sogar Fliegen, erstaunlich leicht, geradezu spielerisch und wesentlich schneller als Erwachsene aneignen. Das muß genutzt werden. Die Kinder müssen die Gelegenheit erhalten, handwerklich zu arbeiten, damit sie geschickter werden und die Arbeit nicht scheuen: Setzt man sie auf einer unbewohnten Insel ab, müssen sie in der Lage sein, sich eine Unterkunft zu bauen und Nahrung zu beschaffen. Es ist doch ein Trauerspiel, zu beobachten, daß Männer und auch Frauen nicht in der Lage sind, sich selbst zu versorgen, daß sie überhaupt nichts können – das sind doch einfach hilflose, lebensuntüchtige Menschen.

In unserem Land gab es vor und nach der Revolution Beispiele dafür, daß Kinder sich phantastische Kenntnisse und Fertigkeiten angeeignet haben, daß sie zu arbeiten gelernt haben und auch zu leiten – gerade im Laufe der Arbeit... Was sich jetzt bei uns abspielt, ist doch eine Tragödie: Da lernt ein Mensch zehn Jahre lang in der Schule, dann noch in der Hochschule, und wenn er schließlich in die Produktion geht, hat er keine Ahnung, weil er sie nur anhand von Bildern kennengelernt hat – und dann muß er noch einmal zwei, drei Jahre lang lernen.

M Das heißt also, daß die jetzige Arbeitserziehung überhaupt nichts bringt?

LA Bislang nichts. Das Problem bei uns ist ja auch, daß Neuerungen gleich überall eingeführt werden – ohne daß man die Wahl hat, ohne daß man etwas ausprobieren kann: vielleicht so oder besser so... Nehmen wir mal an, es gibt dieses Ziel, die Einheits-Arbeitsschule zu schaffen. Da sind doch verschiedene Wege möglich, da gibt es unterschiedliche Ideen – also nehmt euch eine Schule und experimentiert! Danach kann man die Ergebnisse analysieren und sich das Beste heraussuchen. Aber so ist es ja nicht. Zuerst wird unbedingt ein Konzept erstellt, und zwar für alle Schulen, und dann wird der Plan bis auf den letzten Buchstaben erfüllt, überall gleich, ohne Ausnahme.

Es ist ja fast schon lächerlich: Für dieses ganze riesige Land gibt es die gleichen Lehrbücher, so daß zum Beispiel die

Tschuktschen lernen, wie man Kohl anpflanzt, obwohl sie eine ganz andere Landwirtschaft haben und bei ihnen kein Kohl wächst. Schließlich gibt es bei uns verschiedene Religionen, Nationalitäten, Traditionen, nicht zuletzt Interessen. Aber nein: für alle das gleiche Lehrbuch! So ein Stumpfsinn. Sie verwechseln Einheitlichkeit mit Gleichartigkeit. Schon Lenin hat gewarnt, daß Einheitlichkeit nicht Gleichartigkeit bedeute, sondern die Gleichwertigkeit verschiedenartiger Möglichkeiten. Bei uns gibt es diese gleichen Möglichkeiten aber gerade nicht, weil die Führungsclique sich nur um ihre eigenen Kinder kümmert und ihnen eine elitäre Ausbildung in Spezialschulen zukommen läßt, zu denen die übrigen Kinder keinen Zutritt haben. Dort ist das Ausbildungsniveau natürlich besser.

Kurz zum letzten ZK-Beschluß* über die Schule. Das Bildungsniveau unserer Schulabgänger ist sehr niedrig – das weiß die ganze Welt –, und also hat man sich um eine Anhebung bemüht, aber es ist das alte Lied: Die Hauptarbeit der Kinder bleibt das Pauken. Fragt sich nur, wie die Schüler begreifen sollen, wozu das Lernen gut ist, wenn der Mensch nach dem Studium 120 bis 150 Rubel** verdient, während ein Arbeiter ohne Hochschulbildung in der Fabrik 200 bis 300 Rubel erhält. Was hat es für einen Sinn, zu lernen, sich all die wissenschaftlichen Weisheiten anzueignen, wenn weniger Wissen besser bezahlt wird?

Andererseits hat uns dieser ZK-Beschluß insofern erfreut, als nun endlich Vielfalt möglich ist, die Erlaubnis da ist, anders als die anderen zu arbeiten, etwas auszuprobieren und dabei auch Fehler zu machen. Die Frage ist, wie das nun in der Schule umgesetzt wird. Man nehme nur die »Pädagogik der Zusammenarbeit« (vergl. S. 111): Da sind nun Wortfüh-

---

* Plenum des ZK zur Bildungspolitik vom Februar 1988
** umgerechnet 360 bis 450 DM

rer dieser Bewegung aufgetaucht, aber was passiert vor Ort? Dort hat man sich an Schrittmacher und Anweisungen gewöhnt und möchte, daß alle im Gleichschritt den neuen Strömungen, d. h. eben diesen Wortführern folgen. Abgötter sind sie glücklicherweise nicht geworden, aber Vorbilder, die den Leuten aufgedrängt werden, statt in den Lehrern das Bedürfnis zu wecken, selbst nachzudenken, nach eigenen Wegen zu suchen und Interesse am schöpferischen Tun zu entwickeln.

Die große Masse der Lehrer hat gar keinen Nerv, kreativ zu arbeiten, weil diese Leute, kraß gesagt, einfach angeschmiert sind: durch die schlechten Lebensbedingungen, die himmelschreiende Überlastung, die niedrigen Gehälter, einfach durch das niedrige kulturelle Niveau. Und so einer armen Maria Iwanowna, die Haushalt und Kinder zu versorgen hat (in der Schule sind die Frauen in der Mehrzahl), wird jetzt gesagt: Auf der Stelle her mit einer Liste kreativitätsfördernder Maßnahmen! So verwandelt sich eine gute Idee unter den Bedingungen der heutigen, überorganisierten Schule in ihr Gegenteil.

Diese krankhafte Angst davor, den Menschen zu vertrauen, ist durch unsere gesamte Geschichte bedingt: Was auch immer verbreitet wird – es wird sofort zur Losung, der alle folgen müssen. Wie wird sich denn da der Lehrer irgend etwas ausdenken! Nein, er braucht Pläne, die alles bis ins Kleinste vorschreiben, und zwar vom Kindergarten an, wo ja bei uns auch überall nach ein und derselben Methodik und ein und demselben Stundenplan gearbeitet wird.

M Kann man von einem Wiederaufleben der Ideen Makarenkos sprechen?

BP Man kann nicht nur, man *muss* davon sprechen, denn wir haben zwar seine Bücher herausgebracht, aber uns nichts davon zu eigen gemacht. Warum nicht?
Makarenko hat aus jugendlichen Verbrechern, aus obdach-

losen Jugendlichen gute Menschen gemacht. Wieso sind sie gute Menschen geworden? Sie lebten unter guten menschlichen Bedingungen, verdienten eigenes Geld, versorgten sich selbst, lernten und lebten im freundschaftlichen Miteinander (LA: Jeder war dort sicher.), sie hatten Schutz vor Beleidigungen und Verletzungen, vor Ausbeutung... Deswegen wurde Makarenko seines Postens enthoben, in der Blütezeit seiner Kommune, deswegen wurde die Kommune vernichtet und geschlossen. Und heute machen wir im Grunde überall aus guten Kindern Verbrecher, die Kinder- und Jugendkriminalität nimmt unaufhaltsam zu.

Makarenkos größtes Verdienst war, daß die Kinder bei ihm nicht nur lernten, sondern auch arbeiteten. Das Lernen war eine Erholung nach der Arbeit – und umgekehrt.

LA Hier haben wir also einen ständigen Wechsel der Tätigkeiten. Davon lebte Makarenkos Pädagogik, und seine Jugendlichen waren nach Abschluß der Schule gut für ein Studium gerüstet und konnten zugleich vieles herstellen: Sie arbeiteten an für die damalige Zeit komplizierten Werkzeugmaschinen und leisteten Präzisionsarbeit: Fertigten Fotoapparate, die sogar in den Export gingen.

Makarenko hat durch seine Arbeit bewiesen, daß Kinder und Jugendliche, die zu ernsthafter Arbeit herangezogen werden, dabei nicht verlieren, sondern im Gegenteil in vielerlei Hinsicht nur gewinnen. Solche jungen Menschen werden schon früh sehr stabil. Alle Zöglinge Makarenkos, die durch seine Schule der Arbeit und der Fürsorge füreinander und für die Umwelt gegangen sind – und die ja vorher halbwüchsige Herumtreiber, sozial verwahrloste, labile Menschen gewesen waren –, haben später ihre Lebenstüchtigkeit unter Beweis gestellt: Keiner von ihnen hat, soweit wir wissen, jemals den Namen seines Lehrers oder dessen Einrichtung kompromittiert. Das Leben selbst also hat die Machbarkeit und Richtigkeit seines Experiments bewiesen.

BP Heute dagegen entlassen wir aus unseren »guten« Schulen junge Leute, die dann später in den Arbeits- und Erziehungskolonien landen. Ich wiederhole: Nur zu lernen, ist einseitig. Das schadet dem Menschen genauso wie ein und dieselbe Arbeit von früh bis spät.

LA Das Ergebnis davon ist Konsum. Ich nehme an, diesen Prozeß gibt es auch bei Ihnen: Wissenskonsum, Unterhaltungskonsum, Konsum all dessen, was produziert und angeboten wird. Aber die Heranwachsenden haben keinen Anteil am Schaffensprozeß, sie kennen die Befriedigung nicht, die entsteht, wenn man eine Aufgabe bewältigt, selbst etwas hergestellt, etwas erreicht hat. Makarenko hat seinen Schülern dieses Gefühl vermittelt. Bei uns aber – und auch in unseren Familien – gibt es das kaum. Man erhält alles Mögliche kostenlos. Überhaupt hat uns der Staat in dieser Hinsicht verwöhnt: Er nimmt uns alles ab, wenn auch ziemlich schlecht, aber er tut es...

BP Und das ist falsch! Das verdirbt den Menschen!

LA Darin besteht nach meiner Ansicht die Tragödie. Da laufen gesellschaftliche Prozesse ab, die den Menschen faktisch unglücklich machen. Das Leben, so stellt sich heraus, ist nichts wert, es muß nicht mehr erkämpft werden... Bei uns – ich meine, in unserem Staat – ist es besonders schlimm: Man hat versucht, alle Menschen zu Werktätigen zu machen, und hat dabei eine Gesellschaft von Leuten geschaffen, die sich aushalten lassen. Und zwar in noch schlimmerem Sinne als bei Ihnen, weil bei uns alles vom Staat abhängt. Die Leute erhalten Ausbildung und medizinische Behandlung umsonst, sie werden im Alter versorgt, bekommen eine Wohnung – alles kostenlos, aber von ziemlich schlechter, um nicht zu sagen miserabler Qualität. Aber kostenlos! Nicht einmal für ihre eigene Gesundheit wollen die Leute heute noch etwas tun. Schlimmer noch: Es bringt Vorteile, krank zu sein. Es lohnt sich auch, schlecht zu lernen: Man spart

Kräfte und Geld dabei. Wenn die Eltern wenigstens dafür bezahlen müßten, daß das Kind schlecht lernt, wenn der Mensch wenigstens irgendwie dafür bezahlen müßte! Aber nein, alles ist kostenlos. Und das führt zu einem Teufelskreis: Denn wenn du etwas umsonst bekommst, dann halt gefälligst auch den Mund; du hast keine Wahl, dir werden die Wohltaten so oder so erwiesen. Du mußt also zu einem schlechten Arzt gehen, der dir eher schadet, als daß er dir hilft, und darfst dich nicht mal beschweren.

Kostenlose Ausbildung und kostenlose ärztliche Behandlung haben bei den Leuten den Wunsch geweckt, einfach »abzusahnen«, aber die Dienstleistungen sind qualitativ schlecht, weil die Beschäftigten nicht motiviert sind; man zahlt ihnen zu wenig.

M Wie kann man denn Makarenko konkret in die Schule zurückbringen?

LA Man muß einfach nur den Leuten, die sich zu seiner Lehre bekennen, die Gelegenheit zur selbständigen Arbeit geben.

M Was ist eigentlich die Pädagogik der Zusammenarbeit? Wie ist diese Strömung entstanden und was haben die einzelnen Neuerer jeweils dazu beigetragen?

BP Ich denke so: Da alle Neuerer die bestehende Ordnung in der Schule gestört haben, waren sie den Verantwortlichen – dem Bildungsministerium, der Akademie der pädagogischen Wissenschaften – ein Dorn im Auge, und man hat mit allen Mitteln versucht, sie zu unterdrücken. Aber die Menschen wissen trotzdem, wer ihre Kinder wie unterrichtet. In Sofija Nikolajewna Lysenkowas Unterricht zum Beispiel fühlen sich die Kinder sehr wohl, sehr frei: sind fröhlich, ungezwungen und aktiv. Ich habe ihre Schüler auf ihre geistige Produktivität hin getestet, und da erzielte ihre erste Klasse Ergebnisse, die in anderen Schulen erst die zweiten Klassen erreichen. In ihrer dritten Klasse, in der ich auch war, erreichten die Kinder die Werte von normalen fünften oder sechsten Klassen. Das heißt, daß sich die Kinder bei Sofija Nikolajewna geistig wirklich doppelt so schnell entwickeln.

Ähnliche Ergebnisse erzielt Viktor Fjodorowitsch Schatalow. Er nimmt in einem Schuljahr den Lehrstoff zweier Schuljahre durch, und alle seine Schüler wissen ganz genau, daß, wenn sie sich für einen Studienplatz bewerben, sie sofort angenommen werden. Das Volk hat trotz allem einen Riecher dafür, wo gut unterrichtet wird. Zu Schatalow kommen Lehrer zur Fortbildung, er organisiert Ferienkurse, an denen 200 bis 300 Leute zugleich teilnehmen. Sie gehen an kein einziges Institut der Akademie der pädagogischen Wissenschaften, aber zu Schatalow kommen sie, weil sie wissen, daß sie dort wirklich etwas lernen, etwas Wertvolles erfahren. Bei den Hindus gibt es ein Sprichwort: »Nicht der ist ein Lehrer, der lehrt, sondern der, zu dem man kommt, um zu lernen.«

Schalwa Amonaschwili versteht es, seine Stunden in der Grundschule so zu gestalten, daß die Kinder dort gleichsam spielen – so frei und ungezwungen fühlen sie sich! Er ist sehr gütig zu den Kindern, dem einen flüstert er etwas ins Ohr, dem anderen legt er die Hand auf die Schulter und lächelt ihn an... Mit einem Wort, in dieser Hinsicht ist er ein wahrer Zauberer.

M Das heißt also, daß bei der Pädagogik der Zusammenarbeit die Kinder und die Pädagogen zusammenarbeiten?

LA Ja, das ist die Idee, die dahintersteht.

BP Der Chefredakteur der *Lehrerzeitung*, Wladimir Fjodorowitsch Matwejew, und sein Mitarbeiter Solowejtschik haben einmal alle die Pädagogen nach Peredelkino eingeladen, über die die Presse damals schrieb. Danach hat dann Simon Solowejtschik den ersten umfassenden Artikel über die Pädagogik der Zusammenarbeit in der *Lehrerzeitung* veröffentlicht. Aber auf unseren Traum, daß Lernen und Arbeiten einmal ihren gleichberechtigten Platz in der Schule erhalten, ist er nur sehr kurz eingegangen. Diese unterschiedlichen Tätigkeitsformen sind doch wichtig, damit die Schüler nicht nur Wissen und Werte konsumieren, sondern auch etwas produzieren, das heißt produktiv und schöpferisch tätig werden. In dem ersten Artikel kam das nicht zum Ausdruck, und deshalb haben wir unsere Unterschrift nicht daruntergesetzt.

LA Wir fanden nämlich, daß in dieser Idee, der Pädagogik der Zusammenarbeit, wieder eine Idealvorstellung von den erzieherischen Prozessen überwog: Umarmen wir uns und seien wir gut zueinander, dann wird schon alles richtig laufen. Und das erschien uns falsch, denn guter Wille allein hilft hier nicht weiter. Das sind lediglich gutgemeinte Absichten, die zu nichts führen, damit orientiert man die Leute falsch. Jetzt haben, diesmal mit der Pädagogik der Zusammenarbeit, wieder alle angefangen, die Leute unter Druck zu setzen: Los, los, los!

Ich bin zutiefst davon überzeugt, daß jegliche Zusammenarbeit erst bei der Arbeit zustandekommt, bei vielfältiger, darunter auch produktiver, Tätigkeit der Menschen. Das wurde in dem Artikel aber mit keinem Wort erwähnt, und er kam uns vor wie eine »Vernebelung der Gehirne«. Die Hauptsache kam dort nicht zur Sprache. Immer hat doch die Menschheit ihren Kindern das beigebracht, was diese später im Leben brauchten. Das wirkliche Leben hat die Lerninhalte diktiert, das heißt, das Lernen hat sich dem Leben immer untergeordnet. Hier aber ist es umgekehrt: Das wirkliche Leben fordert nichts, und wir stopfen die Kinder mit irgend etwas voll. An den Neuerern erschreckt mich gerade ihre methodische Stärke. Ich würde meine Kinder weder zu Schatalow noch zu Lysenkowa geben: Ich weiß zwar, daß sie ihnen etwas beibringen würden – aber was? Ich bin einfach nicht überzeugt von der Notwendigkeit und Richtigkeit der Programme, die diese Leute den Kindern so geschickt unterjubeln.

Deshalb haben wir auch den zweiten Artikel in der *Lehrerzeitung* nicht unterschrieben. Noch heute bin ich sicher, daß das Wesentliche hier ungesagt blieb, obwohl in dem Aufruf an die Lehrer, es so zu machen wie die Neuerer, viele gutgemeinte Absichten steckten.

Aber den letzten, dritten Artikel haben wir unterschrieben, weil darin der Appell an die Lehrer stand: Jeder von euch kann die Schaffensfreude empfinden, die die Neuerer empfunden haben, während sie sich gegen Unverständnis, Nachstellungen, ja buchstäblich gegen eine Hetzjagd durchsetzen mußten. Aber! Nach meiner Ansicht können nur Enthusiasten, die fähig sind, über ihrer Arbeit alles zu vergessen, den Neuerern auf ihrem Weg folgen. Durchschnittliche Lehrer zu solchem Heldentum aufzurufen, ist unmoralisch, aber das tun unsere leitenden Funktionäre inzwischen: »Sie, die Neuerer, haben alle Schwierigkeiten überwunden, warum solltet ihr das nicht auch schaffen?« Aber die Bedingungen sind ja nicht gegeben.

Schulreformen sollten in erster Linie den Lehrern schöpferisches Arbeiten ermöglichen. Das heißt, man muß dem Lehrer mehr Zeit geben; ihn von unnötiger und unsinniger Schreibarbeit entlasten, von der es heute so viel in der Schule gibt; man muß ihn materiell besserstellen; ihm Gelegenheit zur Weiterbildung geben und sein kulturelles Niveau heben. Ohne das alles zu gewährleisten, ist es einfach unanständig, an die Leute zu appellieren.

Indem wir die Neuerer hochloben, setzen wir die große Masse der Lehrer herab, die keine Möglichkeit hatten, wie jene zu werden, aber die gibt man ihnen nicht, man denkt nicht einmal daran. Auch die Pädagogik der Zusammenarbeit kann ein anderes Verhältnis zur Arbeit schaffen; es hängt alles nur davon ab, wie dieses ganze »Agitieren vor Ort« weitergeht.

Die Neuerer selbst sind im großen und ganzen anständige Leute, wobei sie mir menschlich unterschiedlich nahestehen. – Wie es weitergehen wird, kann ich schlecht beurteilen. Ich kann nicht sagen, daß dies nun ein ganz besonderes Konzept ist, das viele unserer Probleme lösen wird. Es sind wohl eher gute Absichten. Man möchte gerne daran glauben, aber zu entscheidenden Wandlungen wird die Pädagogik der Zusammenarbeit nicht führen.

M Die letzte Frage: Wie stellen Sie sich die Schule der Zukunft vor, wann haben Sie angefangen, darüber nachzudenken?

BP Über die Schule der Zukunft habe ich zum ersten Mal vor 35 Jahren nachgedacht. Damals tat ich mich mit 22 Gleichgesinnten zusammen, und wir gingen gemeinsam zum Bildungsminister. Das war 1956. Wir wandten uns mit folgender Bitte an ihn: »Jewgenij Iwanowitsch, geben Sie uns eine Schule. Wir möchten außerdem auch eine Fabrik dazu, wie bei Makarenko, und 100 Hektar Land, weil wir eine Farm einrichten wollen. Wir werden uns selbst unterhalten und den Staat nicht um Gelder bitten. Wir möchten, daß in unserer Schule Schüler und Lehrer produktiv arbeiten. Nach unserer Vorstellung sollen die Lehrer sowohl für die Arbeit in der Landwirtschaft als auch für das Unterrichten entlohnt werden. Sie sollen ihr Geld aber nicht für die Anzahl der gehaltenen Unterrichtsstunden bekommen, wie üblich, sondern für das, was sie den Kindern beigebracht haben. Wir werden jeden Lehrer für die ›Ernte‹, das Ergebnis seiner Arbeit, bezahlen. Zum Beispiel sagt ein Lehrer am Ende des Schuljahres, daß seine Schüler den Stoff von zwei Jahren gelernt haben, dann erhält er auch das Gehalt von zwei Jahren, zusätzlich zu dem, was er für seine Arbeit auf der Farm bekommt, wo jeder Lehrer täglich zwei Stunden arbeiten soll. So haben wir uns das gedacht.«

Damals war solch eine Schule nicht möglich. Wir bekamen zu hören, daß wir keine experimentelle Schule planten, sondern einen Staat im Staate. »Sie wollen alles anders machen. Ihnen gefällt nichts von dem, was ist. Sie wollen die Schüler zwingen, zu arbeiten, und ihnen Lohn zahlen – das ist unnormal.« In der Presse nannten sie uns »Projektierer« und beschimpften uns, wobei sie Wahres, aber auch viel Unwahres schrieben... Aber der Traum ist geblieben.

LA Nach meiner Meinung kommt Michail Petrowitsch Schtschetinin der Schule der Zukunft noch am nächsten. Er hat zweimal versucht, eine Schule aufzubauen, die ihr sehr ähnlich ist. Schtschetinin ging davon aus, daß jeder Mensch das Recht auf die volle Entfaltung seiner physischen, intellektuellen und schöpferischen Kräfte, kurz auf eine allseitige Entwicklung hat. Deshalb hat er vier Schulen gegründet: eine zur Aneignung des Wissens, das die Menschheit uns hinterlassen hat, eine Kunst-, eine Sport- und eine Arbeitsschule – alle unter einem Dach. Die Kinder haben sich bei ihm erstaunlich erfolgreich entwickelt. Hier hat die Praxis gezeigt, daß allseitig entwickelte Kinder in allen Tätigkeitsbereichen, auch im Wissensbereich, sehr gute Ergebnisse erzielen.

Ich stelle mir die künftige Schule nicht als isolierte Institution zur Erziehung der neuen Generationen vor, sondern als einen Ort gemeinsamer Arbeit, in die auch die Eltern und alle anderen Interessierten einbezogen werden, um das, was sie jeweils können, an die Kinder weiterzugeben. Sehr oft ist es ja so, daß ein Meister in seinem Fach niemanden findet, dem er sein Können vererben kann. Hier aber sind die entsprechenden Bedingungen da: Der Meister arbeitet zusammen mit den Heranwachsenden und gibt seine Geheimnisse direkt an sie weiter. Das heißt, die Schule muß ein offenes

System, ein Teil der Gesellschaft sein. So werden die Eltern, die wieder in die Schule gehen, bessere Menschen, und die Kinder bekommen Gelegenheit und Lust, am Erwachsenenleben teilzunehmen.

BP Ich möchte noch etwas ergänzen: Wenn es nach uns ginge, dann würden Lernen und produktive Arbeit in der neuen Schule gleichgestellt, und auch die Kinder bekämen Geld für ihre Arbeit, so daß sie also schon früh richtige Arbeiter werden und begreifen: Je mehr einer arbeitet, desto mehr kann er verdienen und desto besser wird er leben. Auf diese Weise könnten wir das Interesse an der Arbeit wieder herstellen, das heute verlorengegangen ist.

Zweitens. Unsere Schulen vermitteln dem Schüler bis heute aufbereitetes Wissen, das er sich nur noch aneignen muß. Dabei können sich aber nur reproduktive Fähigkeiten entwickeln: Der Schüler lernt zu behalten, zu verstehen, etwas zu wiederholen, aber er lernt nicht, kreativ zu sein. Das hat man ihm nicht beigebracht, seine schöpferischen Fähigkeiten sind verkümmert.

Das Schlimmste ist: Die schöpferischen Fähigkeiten der Kinder lassen, nach meinen Erkenntnissen, schon in der Grundschule nach, sie verkümmern. Wir mindern also, indem wir die ausführenden Fähigkeiten ausbilden, das Vermögen eines Menschen, kreativ zu sein. In der Schule der Zukunft aber wird der Schwerpunkt vom Ausführen auf das kreative Tun verlegt werden, auf die Fähigkeit, etwas Neues zu schaffen: Bist du künstlerisch begabt, dann male, bist du Mathematiker, denk dir neue Programme aus, bist du ein Erfinder, dann erfinde! Dann wird das schöpferische Tun für den Menschen die Hauptsache, und wir bekommen einen Menschen von ganz neuer Qualität.

Ich finde es beschämend, daß wir überhaupt noch nicht begriffen haben, wie unterentwickelt wir sind, wie wenig wir unsere Fähigkeiten nutzen, auf welch niedrigem Niveau sich die Menschheit noch befindet... Ich glaube, daß der Mensch, wenn seine Möglichkeiten zu schöpferischem Tun wachsen, auch geistig und seelisch wachsen wird.

Wir träumen von einer Schule, die die Menschen schon früh zur Kreativität und zum Humanismus erzieht, damit nirgendwo auf der Welt mehr Waffen hergestellt werden und wir endlich menschlich leben können. Kurz gesagt, wir träumen von einem gerechteren Leben auf dieser Erde.

M Welche aktuellen Entwicklungen im Bildungsbereich halten Sie für wichtig?

LA Das wichtigste Ereignis in diesem Bereich war der Pädagogen-Kongreß vom Dezember 1988. Zuvor waren die Entwürfe für eine »Konzeption der allgemeinen Mittelschulbildung« öffentlich erörtert worden, dabei war es zu leidenschaftlichen und erregten Auseinandersetzungen gekommen. Aber... all das lief nur in einem Bereich, nämlich innerhalb der Lehrerschaft, und in einer Zeitung, der *Lehrerzeitung,* ab. Die übrige Presse und das Fernsehen zogen sich mit den bekannten Phrasen und »Tagesberichten« aus der Affäre. Man muß also leider sagen, daß diese Sache, die doch alle Kinder und damit überhaupt alle Menschen betrifft, unsere Gesellschaft nicht sonderlich zu berühren scheint.

Natürlich gibt es genügend andere Sorgen: die Perestrojka und die Widerstände dagegen, die Wiederherstellung der historischen Wahrheit, die furchtbare Tragödie in Armenien*– darauf konzentriert sich alles, während die Schule, wieder einmal, hintenan steht und sehen muß, wie sie zurechtkommt. Das ist traurig. Aber es gibt auch Hoffnung: Wir haben endlich die Möglichkeit erhalten, zu denken und zu tun, was wir wollen, wenn auch noch nicht in vollem Umfang, und der Wunsch zu experimentieren ist geweckt.

* Gemeint ist das Erdbeben vom 7. Dezember 1988

Es sind Projekte für Autorenschulen entstanden, über die diskutiert wurde; die Urheber der besten Projekte haben grünes Licht bekommen, und obwohl dann in der Realität alles viel komplizierter und schwieriger war, ist das Eis doch gebrochen. Wenn nur nicht wieder eine Frostperiode eintritt!

Auch Boris und ich sind von diesem Wirbelsturm der Ereignisse so erfaßt worden, daß wir kaum mehr zum Atemholen kommen. Wir sind Mitglieder des Organisationskomitees des Lehrerverbandes und gehören verschiedenen Kommissionen an, wir diskutieren und schreiben Artikel. Manchmal kommt es mir so vor, als ob wir aufgrund unserer Unfähigkeit und mangelnden Gewohnheit, selbständig zu arbeiten, zuviel reden. Bestimmten Leuten ist dieses Reden vermutlich nur recht, weil man hinter derlei Aktivität alles beim Alten belassen und »weiterflorieren« kann wie gewohnt.

Unsere größte Freude ist, daß die neue Schule auch der freien Entfaltung der Persönlichkeit auf der Grundlage allgemeinmenschlicher Werte Rechnung tragen soll, was u. a. bedeutet: freie Wahl der Schule, des Lehrers, des Lernprogramms und -tempos.

Die größte Enttäuschung hat uns bereitet, daß die wirkliche Teilnahme der Kinder am Leben, an der produktiven Arbeit, wieder einmal erst an zehnter Stelle steht. Wieder heißt es: »Die Hauptaufgabe des Schülers ist das Lernen.« Das ist alter Wein in neuen Schläuchen. Produktive Arbeit schreckt die Leute, als wäre sie Zwangsarbeit. Natürlich kann sie das sein, aber doch nicht jede! Was ist denn ein Mensch, der nicht arbeiten kann und will, der die Freuden der schöpferischen Arbeit nicht kennt? Ein Tier in Menschengestalt, das bestenfalls Mitleid hervorruft, ein Wesen, das als Mensch geboren wurde, aber nicht Mensch werden konnte. Ist das nicht ein beklagenswertes Los? Aber nein, diese einfache Wahrheit erreicht unsere durch das Nichtstun verdorbenen

Menschen nicht, erreicht nicht einmal die Mitglieder der Akademie der pädagogischen Wissenschaften, die sogenannte Intelligenzia – die vor jeder Arbeit zurückscheut und ihre Kinder nicht durch »schmutzige« Arbeit »versklavt« sehen möchte.

Ich hoffe nur, daß das Leben selbst alles zurechtrückt. Wir werden ebenfalls versuchen, etwas dafür zu tun.

BP Leider wird über die Perestrojka der Schule bisher nur geredet.

Doch hat in Krasnojarsk ein Treffen von Lehrern stattgefunden, die den sogenannten »Heureka«-Klubs angehören. Sie begutachteten dort rund 100 Projekte für Autorenschulen und wählten die tragfähigsten aus, die dann in Ishewsk geprüft wurden. In diesen Schulen wird versucht, die Lerninhalte und, zu einem geringeren Teil, auch die Unterrichtsmethoden zu ändern. Sie schrecken die Obrigkeit nicht, weil sie die Beziehungen zwischen Schüler und Schule, Schule und Gesellschaft nicht wesentlich revidieren. Darum werden sie vom Staatlichen Komitee für Volksbildung – das jetzt die drei ehemals zuständigen Ministerien ersetzt und aus ihnen hervorgegangen ist –, unterstützt.

Die Auffassung Makarenkos, daß nur die Umgestaltung der Schule zu einem Betrieb sie zur sozialistischen macht, wird bis heute von niemandem geteilt.

Die Idee der Schule als Betrieb ist erneut in Vergessenheit geraten, obwohl doch nur die finanzielle Unabhängigkeit die Schule vor der Macht des Apparats schützen kann. Die Schule muß sich aus der staatlichen Bevormundung befreien. Gegenwärtig wird von der Umwandlung der staatlichen in eine staatlich-gesellschaftliche Schule gesprochen, doch meiner Ansicht nach kann das nur eine Übergangslösung sein, Ziel muß die gesellschaftliche Schule sein.

Auf dem Kongreß der Pädagogen im Dezember 1988 hatten die »Apparatschiks« die Oberhand, und es wurden keine sonderlichen Veränderungen der Schule und der Situation der Lehrer beschlossen. Gegen Ende des Jahres wurde durch eine Verordnung des Ministerrats die Gründung genossenschaftlicher Schulen verboten, die nach meiner Meinung eine erste Stufe bei der Erprobung neuer Ideen und Methoden hätten darstellen können.

Im Mai 1989 fand die Gründungsversammlung des Lehrerverbandes statt. Hier kamen endlich einmal nicht Angehörige des Apparats, sondern die Lehrer zusammen, die direkt in der Praxis stehen und sich eine Veränderung der Schule wünschen. Zum ersten Mal traten auf einem solchen Forum auch Vertreter der Schülerschaft, insgesamt elf Oberstufenschüler, auf. Sie gründeten eine Schülerabteilung im Lehrerverband, die die Interessen der Schüler vertreten soll. Bislang sind diese noch ungeschützt.

Der Lehrerverband wird die Neuerer unter den Lehrern unterstützen und verteidigen. Geplant ist außerdem die Herausgabe eines eigenen Presseorgans, denn die *Lehrerzeitung* hat ihre Funktion als Sprachrohr der Perestrojka in der Schule verloren, nachdem sie dem ZK der Partei unterstellt wurde und ihr Chefredakteur Wladimir Fjodorowitsch Matwejew seinen Posten zur Verfügung gestellt hat. Deshalb also wird der Lehrerverband aller Voraussicht nach seine eigene Zeitung herausgeben, als unabhängiges neues Sprachrohr der Lehrerschaft.

3. »Die Nikitins haben vielen Menschen die Angst vor der Erziehung genommen...« (Walerij Chiltunen über die Familienklubs in der Sowjetunion)

Der Moskauer Journalist Walerij Chiltunen, Redakteur bei der beliebten KOMSOMOLSKAJA PRAWDA, *der größten Tageszeitung der Welt, ist seit vielen Jahren mit den Nikitins befreundet und hat regelmäßig über ihr Familienexperiment berichtet. Außerdem hat Chiltunen, der selbst Vater von vier Kindern ist, Ende der siebziger Jahre den ersten Nikitin-Klub in Moskau mitgegründet, der viele Nachfolger in der ganzen Sowjetunion gefunden hat. Eine inoffizielle Nikitin-Bewegung ist entstanden, die nicht nur die Gemeinschaft mit Kindern propagiert, sondern auch alternative Lebensformen erprobt, die ihrerseits an die zwanziger Jahre erinnern. Eines Abends kam Walerij Chiltunen nach Bolschewo, um mir zu erzählen, wie die Nikitin-»Gemeinde« entstanden ist. Auslöser waren mehrere Artikel in der angesehenen* LITERATURNAJA GASETA *(Literaturzeitung) und in der* KOMSOMOLSKAJA PRAWDA.

Nachdem die Artikel erschienen waren, nahm der Strom der Besucher bei den Nikitins sprunghaft zu. Plötzlich interessierten sich wirklich viele Leute für das, was hier geschah, das zeigten auch die Leserbriefe, die wir bekamen. Der erste große Nikitin-Klub, der »Begründer«, entstand in Moskau. Die Idee dazu wurde unter eher komischen Umständen geboren: Eines Tages kamen hier bei den Nikitins an die 70 Menschen zusammen, Eltern und junge Leute, die von Boris Pawlowitsch wissen wollten, wie man aus seinen Sprößlingen gesunde und intelligente Kinder macht. Unter diesen Besuchern waren zwei sehr aktive Väter, Anatolij Malkow und Sergej Kontscherenko, denen die Nikitins wohl leid taten – bei all dem Andrang war ja kaum mehr ein normales Leben möglich! Also schlugen sie vor, in Moskau eine Art öffentliches Beratungs- und Informationszentrum einzurichten, an das die Leute sich würden wenden können, statt die Nikitins weiterhin in Bolschewo heimzusuchen. Das war die Geburtsstunde des ersten Nikitin-Klubs. Die nächsten Schritte gestalteten sich dann allerdings schwierig. Malkow und Kontscherenko zogen von einem Moskauer Kulturpalast zum nächsten auf der Suche nach Räumen für ihr Projekt, das viele überhaupt nicht verstanden und sehr merkwürdig fanden: Eine Art Universität sollte da entstehen und dazu eine Werkstatt, in der man die Nikitinschen Sportgeräte herstellen wollte. Außerdem sollten hier, in größerem Rahmen als bisher, auch Veranstaltungen mit den Nikitins stattfinden.

Schließlich nahm sie ein kleines Kulturhaus auf, das »Begründer« hieß und einem Betrieb gehörte, der Stahlbetonkonstruktionen für den Häuserbau herstellte. Und hier ging es dann los.

Ich hab einmal versucht, herauszufinden, was das für Leute waren, die den Klub aufsuchten. Dabei bin ich, grob gesagt, auf zwei Kategorien gestoßen. Zum einen kamen sehr viele Elektroniker, das heißt Leute, die mit Informatik zu tun hatten. Warum gerade die kamen, weiß ich nicht, aber in allen anderen Städten war es genauso. Die zweite Kategorie bildeten Leute, die ein naturnahes Leben anstrebten, das heißt, die versuchten, nach ökologischen Grundsätzen zu leben. Das sind ja zwei durchaus verschiedene, ich würde sogar sagen, gegensätzliche Menschentypen – hier der moderne, technologisch ausgerichtete Typ, dort die Anhänger einer natürlichen Lebensweise, vergleichbar den westeuropäischen Grünen. Aber beide Lager fanden bei den Nikitins ihre Wahrheit. Offensichtlich ist gerade die Tatsache für andere interessant, daß die Nikitins eine Art Brücke zwischen verschiedenen Epochen, Lebensformen und Kulturauffassungen bilden. In ihnen steckt von vielem etwas – wie es im Leben ja auch sein sollte, denke ich.

Ein Großteil der Leute gehörte natürlich zur Intelligenz. Derzeit stehe ich in Kontakt mit Andrej Belyj in Leningrad, dem Präsidenten des mittlerweile größten Nikitin-Klubs. Er hat eine Arbeit darüber geschrieben, wie man einen Nikitin-Klub aufbaut. Außerdem hat er acht Vorträge zu dem Thema ausgearbeitet. Das Ganze ist, wenn man so will, eine richtige Wissenschaft geworden: Man muß sehr planvoll vorgehen, genau wissen, welcher Schritt zuerst kommt und welcher danach... Belyj jedenfalls erzählt: »Als wir in Leningrad mit unserem Klub anfingen, waren wir zunächst ziemlich enttäuscht darüber, daß zwar einerseits Leute aus den entlegensten Ecken der Stadt zu uns kamen, sogar aus den Vororten, aber andererseits die Angehörigen des Betriebes, in dessen Nähe wir unseren Klub gegründet hatten, wegblieben. Sie konnten mit dem, was wir machten, nichts anfangen, das kam ihnen alles irgendwie spanisch vor. Mittlerweile ist mir die Gesetzmäßigkeit klargeworden, die hinter dieser Haltung steckt. In der Regel brauchen die Leute sechs Jahre, bis sie sich mit unserer Arbeit angefreundet und begriffen haben, daß sie sinnvoll ist und viele Probleme löst. Heute, nach sechs Jahren, erst haben wir wirklich Zulauf; jetzt kommen die unterschiedlichsten Leute, auch sehr einfache, eher ungebildete Menschen.«

Es gibt diese Klubs übrigens noch gar nicht so lange, etwa seit Ende der 70er, Anfang der 80er Jahre. Damals hat die *Komsomolskaja prawda* die Klubs sehr unterstützt, geradezu bemuttert, wir gaben uns die größte Mühe, den Menschen klarzumachen, daß das Ganze kein Hirngespinst ist. Sie fanden eben vieles an der Tätigkeit der Klubs einfach merkwürdig. Als beispielsweise der »Kulturelle Austausch« zwischen den Klubs ins Programm aufgenommen wurde, sagten mir Leute: Das gibt es doch gar nicht, daß man in eine fremde

Stadt fahren und da in einer fremden Familie leben kann, bei Menschen, über die man nichts weiter weiß, als daß sie auch Mitglieder in einem Nikitin-Klub sind; daß es da ein Kulturprogramm gibt, daß man verpflegt wird etc.... Dabei hat es das alles schon in den zwanziger Jahren bei uns gegeben, es ist nur eben in der Zwischenzeit völlig in Vergessenheit geraten und kommt den Leuten heute, wo es wiederauflebt, abwegig vor.

Oder nehmen wir die »Klub-Kongresse«. Wir hatten damals ein Ferienlager auf einer Insel im Ladoga-See. Da verbrachten Mitglieder der einzelnen Klubs die Sommermonate zusammen. Und ich muß sagen, dort sind Sachen passiert, über die ich hinterher wirklich nicht zu berichten gewagt habe. – Auf jeden Fall kamen auf dieser Insel die intelligentesten und gesündesten Kinder und die bemerkenswertesten Eltern zusammen, Leute, die sich wirklich bemühten, neue Wege in der Erziehung zu gehen. Es enstand dort sehr schnell eine Art Dorf für sich, eine »andere Welt«. Alles vermischte sich irgendwie, die Kinder gehörten allen, liefen unbeaufsichtigt über die Insel... Wir haben damals viel auf die Beine gestellt: Es gab archäologische Expeditionen, Ausflüge in den Wald, ein Museum, ein Theater; die einen formten mit den Kindern Figuren aus Ton, die anderen klöppelten Spitzen, wieder andere strickten. Leute, die sich gut mit dem Baden im kalten Wasser auskannten, erklärten den übrigen, was man dabei beachten muß, es gab jede Menge Wettschwimmen. Das Wichtigste aber waren die nächtlichen Sitzungen am Lagerfeuer, in denen die Eltern sich stundenlang und bis ins Detail Gedanken darüber machten, an welchen Grundsätzen sich die Pädagogik der Zukunft orientieren müßte.

Vielleicht besteht die Bedeutung des Nikitinschen Experiments vor allem darin, daß es nicht so sehr ein Modell ist, sondern vielmehr zum eigenen Nachdenken anregt. Daß es einem die Angst nimmt, eigene Vorstellungen zu entwikkeln, daß man diese Verzagtheit ablegt: »Was können meine Ideen schon taugen, wo doch nicht mal die Akademie der pädagogischen Wissenschaften heute weiß, wie Kinder richtig zu erziehen sind.«

Dort auf der Insel ließen sich die Eltern wirklich viel Neues einfallen – unter dem Eindruck der entspannten Atmosphäre, der Nähe zu den Kindern, der Sterne und des Lagerfeuers. Es gab zum Beispiel Mutproben, denen sich die Kinder unterziehen mußten, Unternehmungen, die sie sozusagen emotional aufrütteln sollten, was ja gerade für die Halbwüchsigen von heute sehr wichtig ist. Die Kinder wurden in Boote gesetzt und mußten zu bestimmten Felsen draußen im See paddeln. Wobei man nicht vergessen darf, daß der Ladoga-See der größte See Europas ist, auf dem oft hoher Wellengang herrscht. Das Ganze war also schrecklich: Hier die Mütter, die am Ufer standen und durchs Fernrohr schauten, dort, weit draußen auf den hohen Felsen, ihre Söhne, manchmal tage- und nächtelang. Außerdem wurde oft ein Halbwüchsiger zusammen mit einem Kleineren losgeschickt; dann mußte der Ältere den Jüngeren beschützen. Einmal setzten sie zwei Jungen zusammen in ein Boot, die sich spinnefeind waren, die einfach nicht miteinander auskamen. Und die saßen dann ein paar Tage auf dem gottverlassenen Riff mitten im Wasser… Im übrigen gehörte es zu den Bedingungen, daß jeder seine Expedition selber vorbereitete – daß also niemand einem sagte, was man mitnehmen mußte, wie man das Boot repariert, falls es kaputtgeht, etc. Diese Probleme mußte man alle selber lösen. Hatte man vergessen, Brot oder ein Messer oder Streichhölzer einzustekken, dann mußte man ohne auskommen.

Inzwischen gibt es in unserem Land eine ganze Reihe hervorragender Pädagogen, die, als Antwort auf die vorhandenen Probleme, neue pädagogische Ansätze ausprobieren, wenn auch zum Teil noch ohne offizielle Anerkennung. So gibt es zum Beispiel eine Gruppe, die sich um stark alkohol-abhängige Jugendliche kümmert, es wird erfolgreich mit Drogensüchtigen gearbeitet, bei der Behandlung von Schizophrenien gibt es neue Ansätze. Eine Gruppe beispielsweise arbeitet mit schwererziehbaren Jugendlichen, mit Punks und Beatniks, das Problem gibt es bei uns ja auch. Die Gruppe hat eine Art Kommune gegründet, und da stehen dann immer wieder weinende Mütter vor der Tür mit ihren Kindern, die schon mit 16 das Leben satt haben... Worauf ich hinaus will, ist, daß jeder Neuankömmling sich dort einer Mutprobe unterziehen muß: Man gibt ihm drei Rubel und eine Landkarte. Und dann muß er, zusammen mit einem anderen Halbwüchsigen per Autostop 11 000 Kilometer zurücklegen, sagen wir von Leningrad bis ins Pamirgebirge, quer durch das ganze Land, und möglichst ohne dabei die drei Rubel anzurühren. Spätestens gegen Ende dieser Reise geschieht etwas mit dem Jugendlichen, er wird ein anderer Mensch, weil er inzwischen ein neues Interesse am Leben gewonnen hat.

Ich glaube, daß die Begegnung mit den Nikitins manche Menschen auf ganz ähnliche Weise wachgerüttelt hat. Und zwar hat vor allem das selbstbewußte, freie und unabhängige Leben der Nikitins viele beeindruckt. Frei waren die Nikitins, weil sie ihr eigenes Glück und nicht irgendwelche äußeren Konventionen zum Maßstab nahmen. Das wirkt in unserer Zeit merkwürdig und schockiert nicht wenige, aber bei vielen weckt es auch den Wunsch, es selbst so zu machen.

Diese Familienklubs sind also wie Pilze aus dem Boden geschossen. Wie viele es heute genau gibt, ist schwer zu sagen, weil die Grenzen zwischen einem Familien- und einem »normalen« Klub oft fließend sind. Es gibt ziemlich viele echte Nikitin-Klubs, also Klubs, die von diesem Haus hier ausgegangen sind oder vom »Begründer« in Moskau, dem ersten Nikitin-Klub überhaupt. Es gibt aber auch Klubs, die einfach nur entstanden sind, weil die Eltern irgend etwas gemeinsam mit ihren Kindern machen wollten. Und dann existieren schließlich noch eine Menge Hobbyklubs: Reise- und Bergsteigerklubs, Singkreise, Laienkunst-, Esperanto- und Spielgruppen oder Gruppen, deren Mitglieder sich für indianische Lebensformen begeistern und im Sommer in Wigwams im Wald leben.

Es sind also die verschiedensten Interessen vertreten. Ich denke, praktisch alles, was es im Westen gibt, haben wir auch, nur daß es manchmal nicht an die Oberfläche dringt. Die meisten dieser Klubs beziehen auch den Nachwuchs mit ein, und auf diese Weise entstehen wiederum »Familien- klubs«. Im übrigen greifen Leute, die sich ernsthaft mit ihren Kindern beschäftigen wollen, oft auch nach den Büchern der Nikitins und machen sich die eine oder andere der hier be- schriebenen Erfahrungen zunutze – kommen also, sozusa- gen auf Umwegen, zu ähnlichen Standpunkten.

Sehr wichtig finde ich, daß die Nikitins ihr Familienexperi- ment als späten Nachhall unserer zwanziger Jahre betrach- ten, die wir erst jetzt wiederentdecken. Wir wußten bisher ja nur wenig über diese Periode unserer Geschichte. Das Wich- tigste in den zwanziger Jahren war der Glaube, so naiv er auch gewesen sein mag, daß sich der Mensch, wenn er unter vernünftigen und humanen Bedingungen lebt, grenzenlos entwickeln kann – unabhängig von seinen genetischen Anla- gen. Das läßt sich natürlich schlecht beweisen, aber wenn man derart an den Menschen glaubt und wenn du weißt, daß du auch als Bauer Flaubert lesen kannst, dann läßt sich, wie sich damals gezeigt hat, wirklich etwas erreichen.

Viele der Kommunen in den zwanziger Jahren haben sich um Kinder gekümmert. Erstens gehörte ja zu jeder Kom- mune eine Schule. Und zweitens waren viele Menschen der Überzeugung, man könne in diesem Land voller Analphabe- ten und Armut nur dann Stätten zivilisierten und geistigen

Lebens schaffen, wenn man bei den Kindern anfängt. Das war das Credo von Schatzkij, von Makarenko und anderen. Ich denke, daß die Nikitins hier auf guten Schultern stehen: Mit dem, was sie gemacht haben, haben sie die unterbrochene Linie weitergeführt. Nachdem sie Ende der fünfziger Jahre versucht hatten, eine Kommune zu gründen und damit gescheitert waren, weil einfach noch keine »Nachfrage« danach bestand, haben sie ihre Ideen in der eigenen Familie verwirklicht. Ihre Familie ist dann eine Art kleine Kommune geworden, und ihr »Laboratorium« hat gezeigt, daß all das, woran wir in den zwanziger Jahren geglaubt haben, vor allem der Glaube an den Menschen, bis heute weiterlebt.

Der Durchbruch für die Nikitins kam dann erst 1977. Ich erinnere mich noch genau daran, weil ich damals in der Zeitschrift *Junostj* (Jugend) darüber geschrieben habe. Mir fällt sogar der genaue Tag wieder ein, an dem wir endlich davon ausgehen konnten, daß sie über den Berg waren. Das war ein Tag in Dnepropetrowsk. Boris Pawlowitsch sollte einen Vortrag halten, und es waren Scharen von Zuhörern gekommen. Bis dahin hatte ich mich immer etwas unsicher gefühlt, weil ich jedesmal einen sehr langen einführenden Vortrag halten mußte, in dem Sinne, daß Boris Pawlowitsch sehr wohl ein Recht auf seine merkwürdigen Ansichten habe, und »deshalb bitte ich Sie, ihm zunächst einmal aufmerksam zuzuhören und nicht schon gleich zu Anfang über ihn herzufallen«. Boris Pawlowitsch ist ja ein Mensch, der kein Blatt vor den Mund nimmt, und also sagte er auch an dem Tag genau das, was er wollte, das heißt, er zog vom Leder gegen das herrschende Erziehungssystem und das Gesundheitswesen. Und im Saal saß die ganze Stadtverwaltung: Die Leiter des städtischen Gesundheitsamtes und der einzelnen Bildungsbehörden waren da, Parteifunktionäre etc. Aber alle hörten aufmerksam zu! Nach dem Vortrag führte man uns in einen Bankettsaal, in dem gewöhnlich hohe Gäste empfangen werden, und – alle saßen da und schwiegen, weil sie partout nicht wußten, wie sie auf diese Rede gegen die herkömmliche Medizin, das Gesundheitswesen etc. reagieren sollen. Die Stellvertretende Bürgermeisterin war eine gewisse Soja Sumina, die sogar einen Leninorden bekommen hatte, weil Breschnew aus Dnepropetrowsk stammte und die Stadt ein Aushängeschild der Breschnew-Zeit war. Soja Sumina also hatte die Stadt fest in der Hand, sie war eine ganz strenge Frau. Jedenfalls kam sie als letzte in den Raum, trat energischen Schrittes auf Boris Pawlowitsch zu und sagte: »Ich denke, wir sind uns wohl alle einig, daß das, was Sie uns heute abend vorgestellt haben, ein echtes sowjetisches kommunistisches Erziehungssystem ist, nicht wahr, denn heute ist es ja wirklich immens wichtig, daß unsere Kinder erstens gesunde, zweitens intelligente und drittens gute Menschen und dabei aktive Staatsbürger werden.« Das war das Signal dafür, daß alle aufstanden, um Boris Pawlowitsch zu seinem Vortrag zu gratulieren. »Ja«, hieß es von seiten des Gesundheitsamtes und der Bildungsbehörden, »natürlich werden wir uns Ihre Erfahrungen zunutze machen, alle Kinder werden von jetzt ab barfuß durch den Schnee laufen und schwimmen lernen, bevor sie überhaupt gehen können, wir werden uns Gedanken darüber machen, wie das alles umzusetzen ist...« Als letzter ergriff ein Mann von der Rentnersozialfürsorge das Wort. Er wußte im Grunde überhaupt nicht, was er sagen sollte, was hatte er schließlich schon mit den Nikitins zu schaffen, aber dann meinte er: »Lassen Sie mich den Redner beglückwünschen und, so merkwürdig es klingen mag, einen Toast auf die Großmutter ausbringen, das heißt auf die Mutter von Boris Pawlowitsch; sie muß eine sehr soziale, sehr engagierte Frau gewesen sein, wenn sie einen solchen Sohn erzogen hat. Mögen unsere Rentner sich ein Beispiel an ihr nehmen und ebensoviel Aktivität entfalten...«

An dem Abend stand für mich fest, daß man die Nikitins von jetzt an ohne einführende Worte in die Arena schicken konnte. Sie reisten viel, und da zeigte sich wieder, daß sie am besten in Städten mit hohem kulturellem Niveau wie Petrosawodsk, Grodno oder Puschtschino ankamen, also überall dort, wo der Anteil der Intelligenz an der Bevölkerung hoch ist – oder aber in weit entfernten Landstrichen wie Jakutien, wo es noch viel Natur gibt. Dort waren den Leuten die philosophischen Ausführungen von Boris Pawlowitsch nicht so wichtig und wohl auch kaum verständlich, aber sie begriffen, daß er viele volkstümliche Erziehungsmethoden übernommen hatte. Die Vorstellung zum Beispiel, daß jemand barfuß durch den Schnee läuft, irritiert Menschen vom Land überhaupt nicht, im Gegenteil, das erinnert sie an ihre eigene Kindheit. Damals lief man ja in den russischen Dörfern noch barfuß aus der Banja direkt in den Schnee. Irritiert sind vielmehr die Halbgebildeten, nicht aber die einfachen oder die sehr gebildeten Menschen. Diese Leute verstehen, wieviel Richtiges in den Nikitinschen Ideen steckt.

Ja, und was kam dann? Dann wurde immer mal wieder über die Nikitins geschrieben, sie hielten weiter Vorträge und traten auch im Fernsehen auf, aber sie hatten im Grunde nie die Möglichkeit, wirklich alles zu sagen. Das liegt eben daran, daß sich bestimmte Ansichten auch heute noch nur sehr schwer unter die Leute bringen lassen, vor allem, weil sich die Fachleute dagegen wehren. Boris Pawlowitsch aber erteilt, unbekümmert wie er ist, überall Ratschläge, und deshalb gibt es auch Intrigen gegen ihn. Es ist ja wirklich interessant: Die Akademien der medizinischen und pädagogischen Wissenschaften waren sich lange Jahre ihres Monopols und ihrer Macht in all diesen Fragen absolut sicher, und es herrschte entsprechende Ruhe im Land: Nirgendwo wurden bei Auftritten von Akademiemitgliedern Einwände geäußert. Boris Pawlowitsch war einer der wenigen, der sie ständig angriff, er störte ihre Ruhe. Vor kurzem haben die Kinderärzte der Akademie einen offenen Brief in der Zeitung *Selskaja schisn* (Landleben) veröffentlicht. Die Ärmsten hatten sich offenbar eine Menge Gedanken darüber gemacht, wie sie Boris Pawlowitsch seine Artikel in der Presse heimzahlen könnten. Am Ende einer langen Liste von Anschuldigungen stand da der Vorwurf, Boris Pawlowitsch sei – ein Agent der russischen Kirche. Schließlich schlage er vor, die Kinder nach der Geburt in kaltes Wasser zu tauchen – das habe verdächtig viel Ähnlichkeit mit dem, was die Geistlichen propagierten und rieche im Jahr der Tausendjahrfeier der Russisch-Orthodoxen Kirche 1988 ganz besonders nach Sabotage. Nun ja, solche Vorwürfe zeugen von der Hilflosigkeit dieser Leute und zugleich davon, wie sehr ihnen Boris Pawlowitsch auf die Nerven geht. Sie wollen ihn wirklich loswerden. Aber ich denke, das geht vorüber, das sind ja im Grunde Bagatellen.

Die Klubs, muß man sagen, treffen sich sehr häufig. An solchen Tagen werden dann überall in der jeweiligen Stadt Plakate angebracht, die alle Interessierten einladen. Diese Zusammenkünfte finden reihum bei allen Klubs statt. Aber der jeweilige Gastgeber versucht immer, möglichst etwas ganz Besonderes, Ausgefallenes zu bieten. Als wir uns beispielsweise in dem Jahr nach unserem Inselaufenthalt an der Nördlichen Düna trafen, hat der Klub *Aist* (Der Storch) einen Schaufelraddampfer gechartert, ein Schiff noch aus dem vorigen Jahrhundert, das in dem Ort vor Anker liegt und inzwischen übrigens zum Erholungsheim umgebaut wurde. Auf diesem Dampfer quartierten sich die Familienklubs ein, und dann schipperten sie los in Richtung Arktis und zurück. Das Schiff stampfte vor sich hin wie auf dem Mississippi. Und überall, wo es unterwegs anlegte, wurden Folklorefeste und Spiele am Lagerfeuer veranstaltet, während das Schiff selbst zur schwimmenden Universität wurde.

Dort wurden Dias und Filme zu Erziehungsfragen gezeigt, auch Bücher lagen aus. Oder nehmen wir die Zusammenkünfte, die wir in Puschtschino abgehalten haben: Die waren einfach dadurch interessant, daß sich zwischen den Teilnehmern ganz zwanglose und freundschaftliche Beziehungen herausbildeten. Und daß die Kinder dabei waren, war auch sehr wichtig. – Alle diese Familienklubs versuchen, das eigentlich Unmögliche möglich zu machen: Formen gemeinsamer Betätigung zu finden, die für die Kinder und Erwachsenen gleichermaßen interessant sind.

Noch ein Beispiel: Einmal hatten wir eine Zusammenkunft in Sagorsk. In dieser Stadt gibt es eine einzigartige Einrichtung, ein Heim für taubblinde Kinder. Und wir, die Familienklubs, gehörten damals zu den ersten, denen klar wurde, daß man hier helfen muß. Wir fuhren dann häufig hin, obwohl ja das eine mit dem anderen kaum etwas zu tun zu haben scheint: hier die Familienklubs, da die taubblinden Waisen. Aber wir haben viel für das Heim getan, haben geholfen, den Garten umgegraben, gebaut, und dann haben wir auf einer kleinen Insel im Fluß eine Art Akademie eingerichtet. Unter jedem Busch wurde da über irgendein Problem diskutiert – über alles, was einem so in den Kopf kam; von Esperantisten über Ökologen bis zu Restauratoren war alles vertreten.

Ich erinnere mich noch gut an folgende Episode: Ein schwarzer Wolga fährt vor, zwei Männer mit Hut und eine Frau steigen aus. Der eine der beiden sagt: »Ich bin Professor an der Moskauer Universität und Freud-Spezialist. Falls es Sie interessiert, würde ich Ihnen gerne ein bißchen über Freud erzählen. Mir gefällt Ihr Lagerplatz hier.« Daraufhin wir: »Wunderbar, erzählen Sie uns etwas über Freud.« Er: »Ich habe nur zwei, drei Probleme. Erstens weiß ich nicht, wo ich mich hinstellen soll.« Dort gibt es in der Tat kein Podium und nichts. Also sage ich: »Stellen Sie sich doch auf den Baumstumpf dort.« – »Und wohin hänge ich meinen Hut?« Der Hut wird an einen Ast gehängt, und nun hat er nur noch ein Problem: »Ich werde Ihnen auch Sachen erzählen, die nicht unbedingt für Kinderohren bestimmt sind. Hier aber laufen überall Kinder herum.« – »Na, dann machen Sie uns einfach immer dann, wenn es heikel wird, ein Zeichen, dann halten wir den Kindern die Ohren zu.« Und so hielt er also seinen Vortrag.

Der zweite Mann war, wie sich herausstellte, der stellvertretende Vorsitzende des Komitees für Sicherheit und Zusammenarbeit in Europa, das gerade das Madrider Treffen vorbereitete. Ihm gefiel die Ungezwungenheit bei uns auch, und er schloß sich uns sozusagen als Freiwilliger an. Er hatte davon gehört, daß wir uns zu der Zeit sehr für die Rettung des Kinderheims einsetzten, und deshalb schrieb er, auf den offiziellen Briefbögen des Komitees, »Drohbriefe« wie den folgenden an den Bürgermeister von Zagorsk: »Das Komitee macht Sie darauf aufmerksam, daß die Farbe, die Sie dem Kinderheim in Sagorsk zugesagt haben, noch immer nicht geliefert wurde. Wir bitten Sie, die Lieferung umgehend zu veranlassen. Das Komitee behält sich weitere Schritte in dieser Angelegenheit vor.«

Das heißt, einerseits bereitete er das Madrider Treffen vor, das war die Arbeit, mit der er sein Geld verdiente, andererseits engagierte er sich in Sagorsk im Familienklub, machte also zusätzlich etwas sozusagen für die Seele.

Das war auch ein Beispiel für eine der Überzeugungen der zwanziger Jahre, und Boris Pawlowitsch hat sie sich zu eigen gemacht: daß in jedem Menschen potentiell etwas Gutes steckt, das unter veränderten äußeren Bedingungen auch zum Vorschein kommt.

Die Frage ist nun: Was haben die Zusammenkünfte der Familienklubs bewirkt, welchen Nutzen haben sie unserem Land gebracht? Die Eltern waren ja sehr tatkräftig und engagiert, und deshalb haben sie im Laufe der Zeit alle möglichen Fachleute zu den Treffen eingeladen: Psychologen, Soziologen, Literaten, Journalisten, Leute, die die unterschiedlichsten Ansichten vertreten und sich normalerweise schrecklich in den Haaren liegen. Aber hier konnte man, wie sich zeigte, Vertreter ganz gegensätzlicher Richtungen zusammenbringen – und es kam bei den Diskussionen etwas Vernünftiges heraus.

Interessant ist nun, daß alle, die heute über die Schule der Zukunft nachdenken, unweigerlich auch auf die Nikitins stoßen, und zwar weil sie begriffen haben, daß ein ernstzunehmendes Schulmodell die vorschulische Erziehung einschließen muß. Deshalb beinhalten alle Vorschläge zur Veränderung der herkömmlichen Schule die vorschulische Erziehung, und da tauchen dann automatisch auch die Nikitinschen Ideen auf.

Es gibt natürlich eine Menge merkwürdiger Vorstellungen heute. Zum Beispiel die Idee, kleine Inseln für die Kinder zu schaffen, das heißt, Ansiedlungen, in denen die Kinder völlig isoliert von der Gesellschaft und ihren negativen Einflüssen leben, also auch von Alkohol, Drogen etc. Die Gruppe, die diese Idee hat, geht davon aus, daß sich auf diese Weise nach drei Generationen, also sagen wir nach 66 Jahren, ein qualitativer Sprung vollzieht. – Das Komische ist, daß sich auch diese Leute auf die Nikitins berufen. Nach ihren Vorstellungen soll sich die Erziehung der Kinder auf jenen »Inseln« an den neuesten Erkenntnissen der Pädagogik orientieren, das heißt, auch an den Ideen der Nikitins. In Wirklichkeit geht der philosophische Ansatz der Nikitins bei einem solchen Projekt aber gerade verloren. Dieser ganze Zusammenhang ist sehr problematisch. Dabei gibt es Leute, die behaupten, die Nikitin-Kinder hätten auch auf einer »Insel« gelebt. Alle Probleme, die sie in unserer Gesellschaft hätten, rührten daher, daß sie mit diesem Schuß Lebensmut und Optimismus, der ihnen in der Kindheit verpaßt wurde, in dieser Gesellschaft nichts anfangen könnten. Ich denke aber, daß das Haus der Nikitins durchaus keine abgeschottete Insel war. Sie haben sich ganz im Gegenteil eine Menge Probleme dadurch aufgehalst, daß sie aus ihrem Haus eine Art öffentlichen Platz gemacht haben, und genau das hat ihnen enorm geholfen. Dadurch entstanden eine Menge Probleme, und die Kinder waren einfach gezwungen, sich mit dem ständigen Besucherstrom und all diesen Ideen auseinanderzusetzen. Natürlich ist eine derartige, quasi öffentliche Existenz sehr anstrengend. Aber sie hat verhindert, daß die Kinder sich zu Menschen entwickelten, die der Welt sozusagen den Rücken kehrten und sich nur noch um ihre eigenen Angelegenheiten kümmerten.

Deshalb scheint mir, daß jeder, der die Erziehung im Namen der Nikitins auf die Technik, Wunderkinder zu züchten reduziert, eine falsche und gefährliche Richtung einschlägt. Wer das versucht, wird aus seinen Sprößlingen zwar gesunde und gescheite Kinder machen, aber nicht automatisch auch humane Menschen, die Mitgefühl mit anderen haben. Die Nikitins bekennen sich zu der Idee, daß die Seele ein Organ ist, das seinen Sitz im Mitmenschen hat. Das bedeutet, daß jeder Mensch Anteil am Leben möglichst vieler anderer Menschen und an ihren Problemen nehmen sollte. Nur dann hat er eine große Seele. Andernfalls besteht die Gefahr, daß er mit all seinen Fertigkeiten nichts erreicht oder sogar Schaden anrichtet. Das ist jedenfalls meine Überzeugung.

Und noch etwas: Die Nikitins haben den Leuten die Angst vor Kindern genommen – in einer Gesellschaft, die sich bislang nicht wirklich für Kinder engagiert hat. Man weiß zwar, daß es gut ist, Kinder, auch viele, zu haben, aber solange das ökonomische System so ist, wie es ist, kann das Land es sich nicht leisten, auch etwas für das Glück seiner Kinder zu tun. Die Nikitins haben gezeigt, daß man auch unter diesen Bedingungen viele Kinder haben kann und daß Kinderreichtum glücklich macht. Ich kenne viele Familien, die ihren Kinderreichtum der Bekanntschaft mit den Nikitins verdanken. Und ich erlebe immer wieder, daß sich in Familien mit vielen Kindern viele Probleme von selbst lösen. Das ist das eigentlich Wichtige am Kinderreichtum. Ich selbst habe vier Kinder, und ich weiß genau, daß es mit vieren leichter ist. Wenn ich unsere Situation im Nachhinein analysiere, dann komme ich zu dem Schluß, daß ich viele der Erziehungsprobleme, die ich mit meinem Sohn hatte, nicht hätte lösen können, wenn er ein Einzelkind gewesen wäre. Ich kann mir nicht mal vorstellen, was dann aus ihm geworden wäre.

Ich erinnere mich gut an meinen ersten Besuch bei den Nikitins, bei dem ich begriff, daß es sich hier um eine Welt mit ganz eigenen Gesetzen handelte, zu der man durchaus nicht auf Anhieb Zugang fand und Zutritt hatte: Ich komme dort an und sehe eine Unmenge von Konservenbüchsen im Hof herumliegen. Nun ja, denke ich, das sind eben sehr beschäftigte Leute, die keine Zeit haben, sich um ihr Grundstück zu kümmern. Also beschloß ich, ihnen zu helfen. Ich nahm mir einen Korb und machte mich ohne Vorwarnung daran, die Büchsen aufzusammeln. Und da gab es wirklich eine Menge zu tun! Ja, und auf einmal kam Iwan angelaufen und schrie: »Onkel, Onkel, warum machen Sie unser Stadion kaputt? Mit den Büchsen haben wir doch die Bahnen markiert, auf denen wir laufen müssen!«

Offenbar sind solche Reaktionen wie meine sehr verbreitet. Ich werde nie vergessen, wie einmal eine Lehrerdelegation dort auftauchte und eine der Lehrerinnen nach kurzer Zeit ganz empört sagte: »Erstens gibt es hier kein Lenin-Bild, ich habe überall geguckt, aber Lenin hängt nirgends, und zweitens ist uns ein Junge über den Weg gelaufen, dessen Hose an den Knien völlig aufgerissen war, ein Loch neben dem anderen, wo bleibt da der Respekt vor dem Besuch?« Diese

Sachen gingen offenbar über ihren Verstand, obwohl ihre Kinder das vielleicht ganz anders beurteilen.

In letzter Zeit haben wir Verbündete in den sog. »Wohnkomplexen für junge Menschen« (MŽK)* gefunden. Der erste Wohnkomplex ist in Moskau entstanden, der zweite in Swerdlowsk. Lange Zeit blieben dies die einzigen MŽKs in der Sowjetunion, weil man es komisch fand, daß die jungen Leute sich ihre Häuser selber bauen sollten. Niemand verstand das, alle lachten über die Idee. Die aber, die sich dafür begeisterten, kamen wegen der vielen idiotischen Vorschriften, die man beachten mußte, ständig mit dem Gesetz in Konflikt. Dann verging eine ganze Zeit, die Leute gewöhnten sich an die MŽKs, und plötzlich entstand eine gewaltige Bewegung daraus, heute gibt es sie in vielen großen Städten. Übrigens interessieren sich MŽKs, die ihre Sache wirklich ernst nehmen, sowohl für die Nikitins als auch für die Familienklubs. Sie wollen in den Wohnkomplexen eine menschliche Atmosphäre und ein anregendes geistiges Klima schaffen. In materieller Hinsicht haben die MŽKs wenig Probleme: Die technische Ausstattung ist gut und das Angebot an Dienstleistungen besser als anderswo. Aber die Verantwortlichen plagen sich damit herum, daß es im menschlichen Bereich nicht klappt. Solange die Leute noch mit dem Bau beschäftigt sind, fühlen sie sich in der Gemeinschaft wohl, diskutieren zusammen, singen, tragen Gedichte vor. Aber sobald sie in die Wohnung eingezogen sind, für die sie gekämpft und sich abgemüht haben, setzt die magische Wir-

* Wie der Name sagt, handelt es sich um Wohnanlagen, in denen ausschließlich junge Familien leben. Die Familien planen ihre Wohnungen selber. Die Anlagen verfügen über Gemeinschaftsräume zur Freizeitgestaltung, sind aber nicht als Ansammlung von Wohngemeinschaften zu verstehen. Jede Familie lebt für sich, kann (und soll) aber Kontakte zu den Mitbewohnern pflegen. Die MŽKs stehen unter der Schirmherrschaft des Parteijugendverbandes Komsomol, werden also offiziell gefördert und auch wissenschaftlich betreut.

kung der eigenen vier Wände ein, und schon beginnt die Vereinzelung. Der Versuch, Freizeitprogramme für die Kinder zu entwickeln, führt in der Regel dazu, daß für viel Geld Erzieher engagiert werden, denen die Bewohner ihre Kinder gerne überlassen. Darum suchen die MŽKs, die sich über diese Entwicklung Sorgen machen, den Kontakt zu Familienklubs, und es sieht ganz so aus, als ob da, wo die beiden Bewegungen sich überschneiden, eine neue soziale Bewegung entsteht. Das heißt, die Leute werden künftig nicht mehr nur einfach Häuser zusammen bauen – oder besser gesagt: die Initiative für ein solches Projekt wird künftig nicht einfach von Mitarbeitern eines Betriebes ausgehen, wie bisher, sondern entweder von Familienklubs oder von einem Klub, der sich speziell zu diesem Zweck innerhalb des Betriebes gebildet hat. Und dann werden sich die Leute schon während des Bauens, aber auch hinterher gemeinsam mit den Kindern beschäftigen.

Es ist nämlich offensichtlich, daß das Interesse an der Pädagogik und das Interesse an Kindern den Menschen davor bewahrt, geistig und seelisch zu verkümmern.

Und noch etwas wissen wir inzwischen: Familienklubs sind zwar eine interessante Sache, aber sie haben ihre Grenzen. Der erste Familienklub, der »Begründer« in Moskau, entstand 1978. Er war ein Sammelbecken für alle Moskauer Familien, die anders leben und darüber diskutieren wollten. Auf den Veranstaltungen erzählten die Familien, wie sie zu Hause ihre Probleme lösen, aber auch bekannte Referenten kamen gerne in den Klub, weil sie dort außergewöhnlich interessierte Zuhörer hatten, mit denen sie auch diskutieren konnten. Der Klub hatte einen enormen Zulauf: 508 Mitglieder hatten wir zuletzt in der Kartei. Aber irgendwann merkten wir, daß wir unsere Kräfte überschätzt hatten. Wir waren ja alle berufstätig, und die Mitarbeit im Klub war freiwillig. Aber dafür gab es einfach zuviel zu organisieren:

Ausflüge in den Wald, Fahrten in andere Städte, Seminare, die wöchentlichen Sitzungen, auf denen wir unsere Probleme besprachen. Das war einfach zuviel.

Dann stellte sich heraus, daß viele Leute nur als Nutznießer kamen, die nur nehmen, aber nichts geben wollten. Alleinerziehende Mütter, die nur ihre Kinder irgendwo unterbringen wollten, wo auch Männer anwesend waren. Viele Leute wollten einfach nur zum Zeitvertreib vorbeischauen, es kamen aber auch viele Unglückliche und Einsame und sogar Touristen. Solange wir nur 100 oder 200 waren, ging es noch, aber als es dann 500 waren, wurde die Lage kompliziert. Wir verloren die Kontrolle, weil wirklich die unterschiedlichsten Leute kamen. Und in dieser Situation beschlossen wir, obwohl wir gerade angefangen hatten, das Gebäude zu renovieren, Filialen des Klubs in einzelnen Moskauer Stadtteilen einzurichten und auf eine zentrale Anlaufstelle zu verzichten. Hinzu kam nämlich, daß Moskau im Hinblick auf die Entfernungen tatsächlich ein Alptraum ist. Viele Leute, die in das erste Gebäude des Klubs kamen, verbrachten viele Stunden mit der Anfahrt und bei den Diskussionen, während die Kinder zu Hause warteten, und das war ja nicht der Sinn der Sache. Oder sie schleppten die Kinder mit, quer durch Moskau, was ebenfalls nicht sinnvoll war, zumal es in diesem Kulturpalast nicht viel Abwechslung für die Kinder gab. Und statt etwas Gutem entstand ein allgemeines Durcheinander. In dieser Situation bildeten sich Fraktionen. Viele meinten, wir müßten ausschließlich Kenntnisse vermitteln, weil das Volk so ungebildet sei. Ein solcher Klub ist dann auch entstanden. Er heißt »Kontakt«, und dort versucht man, die Leute durch Vorträge und Diskussion aufzuklären.

In den letzten zwei Jahren ist die Tendenz zu beobachten, daß immer mehr neue Leute in die Klubs kommen, sich ihre Aktivitäten anschauen und dann mitmachen. Und erfreulicherweise entstehen die Klubs jetzt nicht mehr nur in Städten mit einem hohen Anteil an Akademikern, sondern auch in Industriezentren mit einem hohen Facharbeiteranteil. Inzwischen gibt es Klubs in Tscherepowetz, Nischnij Tagil, Swerdlowsk usw. Und das bedeutet, daß unsere Idee sich nicht mehr im Stadium der Erprobung befindet.